本书内容为厦门市社会科学界联合会、厦门市社会科学院2011—2013年厦门市社会科学调研重大课题"闽台历史民俗文化遗产资源调查"系列课题研究成果之一，课题由厦门理工学院承接并组织完成。

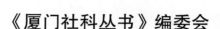

闽台历史民俗文化遗产资源调查系列

2013 年
厦门社科丛书

中共厦门市委宣传部
厦门市社会科学界联合会 合编

闽台

农林渔业传统生产习俗文化遗产

资源调查

刘芝凤 徐苏 王文静 马诚 王晓 刘少郎 著

厦门大学出版社
XIAMEN UNIVERSITY PRESS

国家一级出版社
全国百佳图书出版单位

《闽台农林渔业传统生产习俗文化遗产资源调查》

本 专 题 主 持 人：刘芝凤

本 专 题 组 成 员：徐　苏　　王文静　　马　　诚　　廖贤德
　　　　　　　　　刘少郎　　郑振嗣　　王　　晓

本 专 题 图 片 摄 影：刘芝凤　　徐　辉　　王煌彬　　刘少郎
　　　　　　　　　郑振嗣　　黄雅芬

参加田野调查人员：彭一万　　蔡清毅　　徐　苏　　吴应其
　　　　　　　　　王文静　　黄雅芬　　伊水财　　刘少郎
　　　　　　　　　康　莹　　郑慰琳　　朱秀梅　　田　楠
　　　　　　　　　曾丽莉　　唐文瑶　　王煌彬　　林江珠
　　　　　　　　　池荣秀　　王美琴　　卓小婷　　康　莹
　　　　　　　　　王　晓　　陈燕婷　　林婉娇　　季玉清
　　　　　　　　　雷婉聪　　康加宝　　黄辉海　　陈春香
　　　　　　　　　徐　辉　　高江孝怀　　　　　　王建平
　　　　　　　　　廖德贤　　蒋忠益　　柳秀英　　黄东秋
　　　　　　　　　曾晓萍　　柯水城　　潘启茂　　李　琦
　　　　　　　　　陈仲胜

2012年正月十二，龙岩市长汀县举河、举林村抬菩萨巡田，以求菩萨保佑风调雨顺、五谷丰登

菩萨巡田

1. 传统的牛犁田
2. 平整水田
3. 插秧
4. 薅田
5. 收割（图为刘芝凤教授在做田野调查时帮农民割稻）
6. 打谷（图为蔡清毅副教授在做田野调查时帮农民打谷）
7. 晒谷

1

福建农业民俗

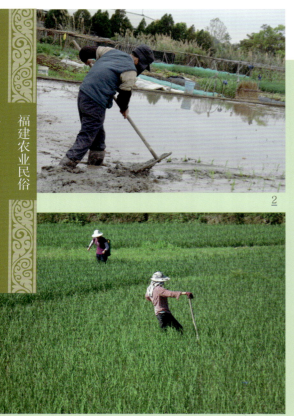

2

3

4

5

6

7

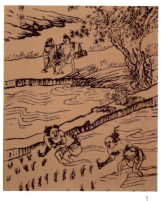

1. 1717年台湾"原住民"插秧图
　（台湾"中央研究院"民族所提供）

2. 1917年的台湾春米图
　（台湾"中央研究院"民族所提供）

3. 台湾新竹县农村春耕时机耕专业户插秧

4. 台湾苗栗县农业水稻收割（廖贤德 摄）

5. 新竹县新丰乡福德宫内拜土地公祭祀

6. 新竹县南埔乡境内1845年清道光二十五年
　修建的南埔圳水渠

7. 在修补中运作了二百多年的南埔圳水车

3

6

4

7

5

台湾农业生产民俗

闽台渔业民俗

1. 莆田湄洲岛上的妈祖雕像
2. 漳州龙文区西江岸边的疍民生活
3. 台湾基隆万里区内寮奥渔港
4. 出海捕捞的渔船开始陆续回港，
   平潭流水镇东美村的渔民繁忙起来
5. 泉州渔村的居住习俗 ——海蛎壳墙
6. 泉州蟳埔渔村的有应公庙，
   祭祀从海上打捞上来的无名尸骨
7. 泉州渔民的饮食习俗

总　序

　　闽台历史民俗文化是民族文化和地域文化的融合体,是中国当代文化的有机组成部分。对闽台历史民俗文化进行全方位的调查与研究,是继承和发扬优秀传统文化的基础性工程,也是厦门社科工作者义不容辞的责任。

　　经过多位社科专家学者数年的努力,《闽台历史民俗文化遗产资源调查》丛书终于面世了。该套丛书涵盖闽台民间信仰习俗、民间文学、民间艺术等十三个方面,视野宽广、资料翔实。注重田野考察,掌握第一手资料,是该套丛书的一个鲜明特点;收集保存珍贵的民俗文化遗产资源,纠正相关研究中的一些资料文献误差,是该套丛书的又一个重大贡献。

　　两岸同根,闽台一家。福建和台湾文化底蕴相通、学术传统相似,《闽台历史民俗文化遗产资源调查》的出版就是一个很好的范例。习近平总书记最近指出,"要使中华优秀传统文化成为涵养社会主义核心价值观的重要源泉"。如何进一步挖掘闽台特色文化资源,让人民群众在优秀历史文化的传承中受到启迪和教育,切实"增强文化自信和价值观自信",是时代赋予的重大课题。我期待厦门社科研究工作一直走在全省、全国的前列,体现出应有的担当。

中共厦门市委常委、宣传部部长

叶重耕

目录

第一章
综 述

第一节 生产民俗及其研究意义

一、什么是生产民俗

生产民俗是在各种物质生产活动中产生和遵循的民俗。这类民俗伴随着物质生产的进行,多方面地反映着人们的民俗观念,在历史上对保证生产的顺利进行有一定的作用。人类文明经历了渔猎采集时代、农业文明时代(包括新石器时代、青铜时代、铁器时代)、工业文明时代(包括手工工场时代、蒸汽时代、电气时代和信息时代)。在近代工业文明从西方传入之前,中国传统的产业主要有农业、林业、渔业、畜牧业和手工业,就闽台地区而言,农业、林业和渔业乃是传统产业中最基本的成分。而这三种产业在漫长的历史发展过程中衍生出的众多生产民俗现象,有不少至今依然在民间延续流传。但是随着工业化、城市化的快速发展,这些传统生产民俗文化遗产正在面临逐渐被遗忘乃至濒临湮灭的局面。因此"闽台历史民俗文化遗产资源调查"课题组将"农林渔业生产民俗"列为一个子课题,进行调查研究,以求有利于这些文化遗产的保护、传承与利用。

二、研究生产民俗的意义

研究生产民俗的学术意义,是因为"在早期的民俗学研究中,学者们多将民俗学的研究对象定位于民众的精神生活层面,而不将物质生活中的生产劳动本身及技术应用视为一种民俗事项。"[①]在中国,从 20 世纪 80 年代

---

① 詹娜:《农耕技术民俗的传承与变迁研究》,北京,中国社会科学出版社 2009 年版,第 8 页。

起,在老一辈民俗学家的倡导下,生产民俗作为物质文化的重要组成部分被列入民俗学的研究对象,"例如钟敬文的《民俗学概论》、乌丙安的《中国民俗学》以及陶立璠的《民俗学概论》等均将生产民俗视为重要的研究对象,充分肯定它在民俗系统建构中的基础性定位"。① 从那以后陆续有与生产民俗相关的论著问世,但专题研究福建省生产习俗的论著数量不是很多。② 台湾省的民俗学研究硕果累累,但民俗学家对生产民俗的关注不够,有关成果较少。这个子课题,就是在参考学界已有成果的基础上,从各类有关著述中爬梳整理出有用资料,并专门针对农林渔业生产民俗在闽台两省做一些实地调查研究,使两者紧密结合,综合分析成一项新成果,以求在这个领域的研究中有所突破,添砖加瓦。

本子课题调查与研究的主要内容有四个方面:

1. 农林渔业的传统器具、技艺的传承、发展和现存状况;

2. 农林渔业的传统生产习俗与禁忌;

3. 农林渔业的传统民间信仰;

4. 农林渔业的民间文学艺术。(见图 1-1 ~ 图 1-8)

图 1-1 武夷山区的水车

图 1-2 0 点 20 分,出海捕捞的渔船开始陆续回港,平潭流水镇东美村的渔民繁忙起来

图 1-3 2014 年 3 月 7 日台湾基隆万里区内寮奥底渔港

① 詹娜:《农耕技术民俗的传承与变迁研究》,北京,中国社会科学出版社 2009 年版,第 11 页。

② 关于福建农业和渔业生产民俗的论著主要见林蔚文的《中国民俗大系·福建民俗》(甘肃人民出版社 2003 年出版)和石奕龙的《福建民俗》(甘肃人民出版社 2008 年出版)两书中的相关部分,以及林蔚文论文《福建省农业生产习俗》(载《农业考古》2003 年第 3 期)等。

图1-4 漳州市长泰县江都村农民每年收获后都有排大猪
祭三公的祭祖习俗

图1-5 龙岩市长汀县童坊镇举河村和举
林村每年正月立春时节,有抬着关
公菩萨神轿一村一村巡稻田的习
俗,以求菩萨保佑新年五谷丰登,
人畜平安

图1-6 龙岩市长汀县童坊镇举河村立春
稻田祭祀

图1-7 2014年3月12日台湾高雄市永安
乡维新里渔民清醮进香时布的宋
江阵

图1-8 台湾新北市三芝区少数民族丰
年祭

此外,对调查过程中关于与生产习俗有关非物质文化遗产的保护和开发问题做了新的分析。

第二节　闽台地区的自然环境

物质生产民俗文化的形成与传承,都需要一定的自然环境和人文环境,其中自然环境是最基本的。物质生产就是利用自然资源,改造自然环境,提高人类的物质生活水平的过程,因此自然环境和资源决定了生产的方式、对象、工具及技艺等,而生产是产生其他习俗、信仰、文学、艺术等文化形态的基础。

一、福建的自然环境[①]

1. 地理概况

福建地处祖国东南部、东海之滨,陆域介于东经 115°50′ 至 120°40′、北纬 23°30′ 至 28°22′ 之间,东隔台湾海峡,与台湾省相望,两省最近距离仅 70 海里,东北与浙江省毗邻,西北横贯武夷山脉与江西省交界,西南与广东省相连,全省耕地面积约 123.47 公顷。

福建自古多山,素有"东南山国"之称。按地貌类型划分,山地、丘陵面积很大,占全省土地总面积的 82.39%,其中山地约占 53%,丘陵(包括浅丘陵台地)约占约 29%。山地丘陵所占比重之大,在全国沿海各省区与亚热带东部各省区中居前列。福建地势西北高,东南低,境内山地丘陵面积约占福建省土地总面积的 90%,所谓"八山一水一分田"。省内有闽西与闽中两大山带大体平行,闽西山带以武夷山脉为主,横跨闽、赣两省(见图 1-9),长约 530 千米,平均海拔 1 千米。最高峰黄岗山海拔 2158 米,位于武夷山市西北部,是中国东南地区最高峰。闽中山带从北至南分为鹫峰山脉、戴云山脉、博平岭。福建山地丘陵面积大,而平原面积却很小,最大的漳州平原,面积不过 566.7 平方千米,且在平原内还有不少残丘、孤山。平原面积小,山地面积大,制约了种植业的发展,但却适宜发展林业。

---

① 本目的编撰主要参考了以下论著:1. 福建省地方志编纂委员会编:《福建省志·地理志》,北京,方志出版社 2001 年版;2. 鹿世瑾等编:《福建气候》,北京,气象出版社 2012 年版。

图 1-9 闽北农村

福建海域广阔,是海洋大省,海岸线长达 3751 千米,居全国第一;海域面积 13.6 万平方千米,大于陆域面积;岛屿 1545 个,占全国总数 1/6;作为亚热带海区,其海洋资源丰富,生物多样性显著,自古以来福建沿海居民以渔业和海洋运输为主要生计,全省有大小天然港湾 100 多个(见图 1-10、图 1-11),为渔业和海洋运输业提供了诸多方便,现代福建也还是以渔业和远洋运输业著称于世。

图 1-10 厦门老港口——鼓浪屿(厦门工会展览馆提供)

图 1-11　现代港口

　　福建海岸地貌格局以多海湾、多半岛的曲折海岸线为主体。闽江口由于山地逼近海岸,平原窄小;闽江口以南有较大的沿海平原,如福州平原、兴化平原、泉州平原、漳州平原。海蚀红土地分布广泛。闽东南沿海地带自古就是福建农耕地集中区域,到现代依然是福建省经济文化最为发达地区。

　　福建居于中国东海与南海的交通要冲,是中国距东南亚、西亚、东非和大洋洲最近的省份之一。特殊的地理位置,使福建成为我国历史上最早对外通商的省份之一,为"海上丝绸之路"的开辟作出了重要贡献。宋元时期(见图 1-12),泉州已取代杭州、四明(今宁波)、广州,成为全国最繁荣的对外贸易中心,是当时世界重要的商贸集散地和中国伊斯兰教等文化圣地。明万历年间,郑和七下西洋多次路经福建海域。

图 1-12　泉州宋代古船

2. 气候

福建省属亚热带湿润季风气候,西北有山脉阻挡寒风,东南又有海风调节,温暖湿润为气候的显著特色。年平均气温 15℃ ~22℃,从西北向东南递升。无霜期为 240 ~330 天,木兰溪以南几乎全年无霜。年平均降水量 800 ~1900 毫米,沿海和岛屿偏少,西北山地较多。每年 5—6 月降水最多,夏秋之交多台风,常有暴雨。

福建气候区域差异较大,属亚热带季风气候,区内水热条件和垂直分带较明显,气候复杂多样,利于发展农业多种经营。年均气温在 17℃ ~21℃,沿海全年高于 10℃。冬季温暖,1 月沿海平均气温 7℃ ~10℃,山区 6℃ ~8℃。夏季炎热,平均气温 20℃ – 39℃,多台风。无霜期内陆为 260 ~300天,闽东南沿海 300 ~360 天,可一年三熟,适宜甘蔗等喜高温作物和亚热带植物生长,其他地区可一年两熟,适宜种植水稻和茶树等。年降水量 1400 ~2000 毫米,从东南向西北递减。季节分配不均,有较明显的雨季和干季;3—6 月为雨季,占全年降水 50% ~60%,7—9 月是台风季,降水量较多,年际变化极大,容易发生水旱灾害;10 月至次年 2 月为干季,降水较少。年日照时数为 1700 ~2300 小时。不同季节的降水量为闽台地区提供了水稻、林业和渔业生产的季节性特征和生产技术与经验。如闽东南沿海地区可种植三季水稻,闽西、闽北平地可种二季水稻,丘陵和山区只能种一季水稻等丰富的生产技术与经验。渔业生产也因闽台特殊的气候变化,形成特殊的渔业生产技术与经验。特殊的气候为福建地区的林业生产也提供了丰富的给养和形成自然灾害的条件。

3. 河流

福建境内河流众多,水系发达,水利资源丰富。全省有 29 个水系,集水面积在 50 平方千米以上的河流有 597 条(见图 1-13),集水面积达 1128 万千米,干流长度总计 3134 千米,包括支流在内河流总长度 13569 千米,河网密度为每平方千米 0.11 千米,实属全国罕见。主要河流有闽江、晋江、九龙江、汀江和交溪。福建的河流都是外流河,多发源于省内,并在本省独流入海。因此福建的洪汛主要取决于省内降水,基本无外域的径流干预。福建河流水量丰富,含沙量少,河床比降大。源短流急,遇强降水,洪水易暴涨、暴落。险滩多、水流湍急,这是山洪多见、洪峰迅猛的重要原因。福建河流径流量的年际变幅不大,但季节差异十分明显。因而径流常显示出明显的季节怍丰枯现象。梅雨季节和台风季节是气候上的丰水时期,而秋冬季节是盛行的少雨枯水期。福建河流的上述特点对福建水涝的时空分布及洪水过程特征具有重要影响,从而关联着农林渔业生产。

图 1-13 闽江

4. 土壤

福建有 12 种土类,红壤占全省土地面积的 63.3%,砖红土壤性红壤占53%、黄壤占 7.2%,水稻土占 8.8%,其他为紫色土、石质土、黑色石灰土、滨海盐土以及潮土、冲积土、风沙土、山地草甸土,总计 15.4%。其地理分布,山区以红壤、黄壤、紫色土为主,砖红土壤性红壤主要分布在东南滨海的低丘台地,水稻土、冲积土多分布于盆地、河谷和海滨平原,风沙土和滨海盐土多见于海滨和岛屿。

红壤类土壤一般呈酸性,质地以粘壤为多,为块状和碎块状结构;黄壤类一般为中酸性,质地多为中壤至重壤或轻黏土;紫色土大多质地疏松,也带酸性。各类土壤的物理属性不同,不但对农林布局、种植结构有一定影响,对福建各地的蒸发、径流和水旱频率、强度的地域分布也有重要影响。福建依山面海的特殊土壤,为这一地带林渔业生产形成特殊的生产习俗提供了特殊的地理环境。如沿海地区因出海作业的高危性而形成特有的水仙信仰、妈祖信仰等;山区开垦的艰难险阻、得来不易使这一地区的农民形成抬着菩萨巡境田保丰收的生产信仰习俗等。

5. 森林

福建的森林覆盖率为63.1%,在全国各省森林面积覆盖率中居首位。林地面积617.9万公顷,为全国六大林区之一。

福建的植被主要是森林(见图1-14),全省植被大致可分为南亚热带季雨林地带和中亚热带阔叶林地带,前者位于戴云山脉以东的丘陵、平原和沿海岛屿,后者位于戴云山东麓以西的广大地区,包括武夷山、戴云山两大山带及其间的盆地,即福建省的西部、中部地区。福建的树种以壳斗科、樟科、茶科和木兰科的常绿树种为主,包括常绿阔叶林、马尾松次生林、人工栽培的杉木林、灌木丛林以及草场、人工经济林、果树林和各类竹林。

图1-14　福建的森林

据《福建省志·林业志》载,福建省植物种类有4500种以上,其中国家重点保护的植物45种,木本植物1900余种,用材树种400多种。马尾松、杉木是主要优良用材树种。全省珍贵的树种还有樟、楠、银杏、华东黄杉、格木、花榈木和石梓。

茂密的森林资源得益于其特殊地理环境和气候的天然性以及后人千百年来植树造林的建设,为后人积累了丰富的林业生产技术与经验。同时,因林业生产而约定俗成的习俗,传承了福建林业历史。

6. 海洋

福建海域面积 13.6 万平方千米(见图 1-15),水深 200 米以内的海洋渔场面积 12.51 万平方千米,占全国海洋渔场面积的 4.5%;潮间带滩涂面积 19.88 万公顷。有闽东、闽中、闽南、闽外和台湾浅滩 5 大渔场,海洋生物种类 2000 多种,其中经济鱼类 200 多种,贝、藻、鱼、虾种类数量居全国前列。

图 1-15 福建泉州湄洲海湾

海岸港湾资源。福建陆地海岸线长达 3752 千米,海岸线曲折率 1∶7,居全国第一位。沿海岛屿星罗棋布,大于 500 平方米的岛屿有 1546 个(其中有人岛屿 102 个),总面积 1400.13 平方千米,岛屿海岸线长 2804.4 千米。大小港湾 125 个,其中深水港湾 22 处,可建设 5 万吨级以上深水泊位的天然良港东山湾、厦门港、湄洲湾、兴化湾、罗源湾、三沙湾、沙埕湾,港口吞吐量可开发潜力大。

据《福建省志·水产志》介绍,福建渔业自然资源丰富的其中一个体现是渔业水域宽广。福建水域资源可分为陆地水域、浅海滩涂和沿岸近海外海水域三类。陆地水域有江河、水库、山塘、池塘、河沟、湖泊、围垦区水面等,总面积达 384494 公顷(5767411 亩,1993 年数据)。其中 0~10 米等深线的浅海水域面积为 413144 公顷(6197157 亩),潮间带滩涂面积为 189174 公顷(2837610 亩),海洋渔场总面积为 125110 平方千米,其中以 40 米等深线内为近海渔业区,渔场面积为 17856 平方千米,占总面积的 14.3% ;40～100 米等深线内为近海渔业区,面积为 63025 平方千米,占总面积的 50.4% ;100 米等深线至大陆架边缘的水域为外海渔业区,面积为 44219 平方千米,占总面积的 35.3%[①],是全国海洋渔业资源优良之地。

二、台湾的自然环境[②]

1. 地理概况

台湾是中国的第一大岛,位于祖国东南沿海的大陆架上,地处东经 119° 18′至 124°34′、北纬 20°45′至 25°56′之间。台湾东临太平洋,东北邻琉球群岛,相隔约 600 千米;南界巴士海峡,与菲律宾相隔约 300 千米;西隔台湾海峡与福建相望,最窄处为 130 千米。台湾扼西太平洋航道的中心,是中国与太平洋地区各国海上联系的重要交通枢纽(见图 1-16)。

台湾海峡呈东北向西南走向,北通东海,南接南海,长约 200 海里,宽约 70 至 221 海里,平均宽度约 108 海里,是中国的海上交通要道,也是国际海上交通要道。东海和南海之间往返的船只从这里通过。从欧洲、非洲、南亚和大洋洲到中国东部沿海的船只也从这里通过。从大西洋、地中海、波斯湾和印度洋到日本海的船只通常也经过这里(见图 1-17)。

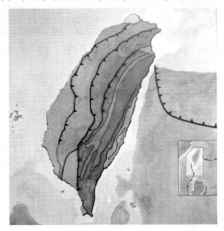

图 1-16 台湾地理结构图

---

① 福建省地方志编纂委员会:《福建省志·水产志》,北京,方志出版社 1995 年版,第 12 页。

② 本目的编撰主要参考了以下论著:1. 高育仁主修:《新编台湾省通志卷二·土地志气候篇》,台北:台湾文献委员会 1995 年版;2. 郭大玄:《台湾地理——自然、社会与空间的图像》,台北:五南图书出版股份公司 2005 年版;3. 中国闽台缘博物馆网站:"宝岛台湾"栏目,"台湾地理"篇。

图 1-17　台湾花莲东海岸的晨景

台湾省包括台湾本岛及兰屿、绿岛、钓鱼岛等 21 个附属岛屿,澎湖列岛 64 个岛屿,其中台湾本岛面积为 35873 平方千米。目前所称的台湾地区还包括台湾当局控制的福建省的金门、马祖等岛屿,总面积为 36188 平方千米。

台湾岛多山,高山和丘陵面积占全部面积的 2/3 以上。台湾山系与台湾岛的东北——西南走向平行,竖卧于台湾岛中部偏东位置,形成本岛东部多山脉、中部多丘陵、西部多平原的地形特征。台湾岛有五大山脉、四大平原、三大盆地,分别是中央山脉、雪山山脉、玉山山脉、阿里山山脉和台东山脉,宜兰平原、嘉南平原、屏东平原和台东纵谷平原,台北盆地、台中盆地和埔里盆地。台湾岛位于环太平洋地震带和火山带上,地壳不稳,是一个多震的地区。台湾特殊的地理条件形成了特殊的农林渔业生产形态和生产方式。

2. 气候

台湾气候冬季温暖,夏季炎热,雨量充沛。北回归线穿过台湾岛中部,北部为亚热带气候,南部属热带气候,年平均气温(高山除外)为 22℃,年降水量多在 2000 毫米以上。

台湾位于季风气候范围内,季风影响大于信风影响,5—9 月是台湾的夏季,夏季前期受西南季风带来潮湿而温暖的气流影响,之后则受副热带高压影响,是为热带海洋气团所控制,每日气温经常可达 27℃ ~ 35℃,且湿度也高。7 月的平均气温达到 28℃。夏季长,冬季相对短,冬季受冷空气影响,以台北测站的温度可分为大陆冷气团、强烈大陆冷气团、寒潮影响,加上台湾四面环海,一旦遇到来自贝加尔湖附近、中国大陆北方的寒流南下,亦因受海洋暖流中和了寒冷的气温,加上水汽阻挡,使气候也较温暖,相比华南沿海地区甚至是海南岛北部更显得温和、暖和,是为大陆气团所控制。1月平均气温为14℃,但在合欢山、玉山、雪山等山区地带仍然有降雪的机会。因此台湾夏季为西南季风,冬季则为东北季风,有时也会因气团位置而改变风向,例如,夏季8月太平洋高气压西伸受所吹的东南风,秋季干燥而凉爽的东北风,常见于10月,或是温暖的东风,常见于冬季冷气团东移出海变性后。

台湾平均年降雨量为2515毫米,但是伴随着季节、位置、标高的不同,降雨量会有所变化。北部、东部全年有雨,其中基隆被称为"雨港"。中南部的雨季则主要在夏季,因此南部干湿季分明。

台湾岛经常有台风经过,6—9月是台风季,每年夏、秋两季平均都有3~4个台风侵袭台湾。一方面台风为台湾提供了充沛的水分,但由于降雨空间和时间分布十分不均,容易引发洪水与泥石流等灾害。另一方面,台湾如果缺少夏季台风所带来的雨水,到了冬季就容易出现干旱。台湾冬季盛行来自蒙古高压的东北季风,夏季盛行西南季风,高峻山脉能阻隔季风,形成雨影效应,对闽台天气和农林渔业生产产生直接影响。

3. 河流

台湾岛河川众多,水网密集,但受地形、地质结构与气候等因素的影响,河流流程短,水势湍急,险滩、瀑布多,水力资源较为丰富。

台湾共有大小河流约150条,总长度42000千米,平均每平方千米拥有1.17米长的河流,是我国水网最密集地区之一。高耸入云的中央山脉成为台湾岛水系与河流的重要分水岭,其东部和河流注入太平洋或东海,西部河流则注入台湾海峡。较长的河流主要分布在西部,东部河流均不超过100千米。

台湾本岛主要河流有19条,长度在(见图1-18、图1-19)100千米以上的有6条,分别为浊水溪、高屏溪、淡水河、大甲溪、曾文溪与大肚溪。浊水溪为台湾第一大河流,全长186.4千米,发源于中央山脉的合欢山主峰与东峰之间的武岭,流域面积为4324平方千米。高屏溪又名下淡水河,全长170.9千米,是台湾第二大河流,发源于玉山山脉东麓和中央山脉的秀姑峦山西麓,

流域面积 3256 平方千米。淡水河全长 158.7 千米,是台湾第三大河流,主要
支流有基隆河、新店溪与大汉溪,流域面积为 2705 平方千米。大甲溪发源于
中央山脉西麓,全长 140.2 千米,流域面积 1272 平方千米。曾文溪全长
138.5 千米,流域面积为 1212 平方千米。大肚溪又名乌溪,全长 116.8 千
米,是台湾第六大河,流域面积 2072 平方千米。

图 1-18 台湾淡水河遍布(廖贤德摄)

图 1-19 在台湾,一路上看到的多是如宜兰老街这条枯水河一样的淡水河

4. 土壤

台湾地区的土壤是在母岩、气候、地形、水文、生物等自然因子及人为、时间等因素共同作用下生成的,主要有以下几种类型:

(1)石质土:泛指土体含碎石多,剖面层次不明显的弱育土,这种土型在台湾分布特别广,约占全岛面积的45%,凡海拔500米以上的丘陵山区,即见石质土混杂其他土之间,海拔1000米以上的山区则以石质土为主。此类土壤不宜农耕,多为林木分布区。

(2)灰化土:泛指在温湿气候森林及矮灌丛植被下,经灰化作用过程而发育成的一种定域土,主要分布在海拔1000米以上的地区,此类土壤呈酸性且肥力低,不宜农耕。

(3)黄壤:属于红化土壤的一种,在台湾分布面积甚广,主要分布于海拔500~1500米的山地,色泽呈黄、黄棕或红棕色,土壤呈酸性,肥力偏低,是低层山地开垦栽培旱作物的主要用地。

(4)红壤:主要分布在台湾西部海拔100~500米的丘陵台地。此类土壤剖面发育较完整,且其土层深厚从数十厘米到数米不等。土壤反应随地域而有不同,强酸、弱酸、中性的都有,适宜种植茶树、果树及园艺作物。

(5)冲击土:为海拔100米以下低平地区最常见的土壤型,主要分布在台湾西部沿海和河流下游一带,面积仅次于山区的石质土。由于台湾河流短促湍急,不断挟带新的风化侵蚀物质冲积于较低平地区,故冲积土一般属于成土不久的幼年土,正因为不断有直接源于山区新鲜且硅质多的碎土块,其肥力较高,为台湾最重要且完全利用的农业土壤,部分冲积土已经在长期灌溉利用的过程中转变为黏土类的水稻土。

台湾农耕面积约占土地面积的1/4,盛产稻米,一年有二至三熟,米质好,产量高,主要经济作物是甘蔗和茶树。蔬菜品种超过90种,栽种面积仅次于稻谷。台湾素有"水果王国"的美称,水果种类繁多,花卉产值也相当可观。

5. 森林

森林资源是台湾最具规模的生物资源,天然森林覆盖面积曾占全岛土地面积的2/3,相当于江、浙、闽三省森林覆盖面积的总和。如今全岛的森林面积约为186万公顷,占全岛土地面积的52%,林木种类繁多,约4000多种

（见图 1-20），经济价值较高的有 300 多种，是亚洲知名的天然植物园。台北的太平山、台中的八仙山和嘉义的阿里山是著名的三大林区，木材储量多达3.26 亿立方米，在台湾森林资源面积中，热带林占 56%，亚热带林占 31%，温带林占 11%，寒带林占 2%。按林木种类分，阔叶林、竹林分布最广，两者约占全岛森林面积的 69%；阔叶、针叶混合林约占 9%。台湾最知名的树木为樟树，数量居世界之冠，用樟树提炼的樟脑和樟油产量约占世界总产量的70%。经济价值较高的林木则是被称为"台湾五木"的油杉、肖楠、台湾杉、红桧与峦大杉，均是世界著名的优质良材。台北的太平山、台中的八仙山与嘉义的阿里山是台湾三大著名林区。

图 1-20 台湾村前屋后的生态林（廖贤德摄）

6. 海洋

台湾四面环海，海岸线总长达 1600 千米。因地处寒暖流交界，渔业资源丰富。东部沿海岸峻水深，渔期终年不绝；西部海底为大陆架的延伸，较为平坦，底栖鱼和贝类丰富，近海渔业、养殖业都比较发达，远洋渔业也较发达。

台湾几乎每个县都能接触到海洋，海洋环境可大致分为东西两边（见图 1-21～图 1-23），台湾东部濒临太平洋，水相当深，有的海域可以达到几千米；西部则面对台湾海峡，水深较浅，约 200 多米；北部海域和大陆的东海相接；南部则与巴士海峡相邻。冬天时，台湾有东北季风的吹拂，而夏天则有西南季风影响，造成海面扰动混合均匀，在海里更有终年不断的海流经过台湾的海域，带动海域中整个海水水团的移动，在这样的交替作用下，波浪、涌浪复杂多变,水中溶氧充足,外海水质佳,近岸海湾内则潮汐海流平缓且稳定。台湾海域因为纬度的关系,整年阳光照射充足,温度适中(年均温度20℃),更是许多海洋生物喜爱的栖息地,北方鱼群会集体迁移南下渡过寒冷的冬天,南方鱼群则会北上避暑,鱼的种类数量就会相当高,陆地营养盐、有机质冲刷旺盛,加上沿海及海底涌升流区营养盐充足,海洋植物群基础生产力高,浮游生物密度也相当高,各项营造生态环境因子优良,因此台湾海域生物种类数量高、生物量大,拥有世界各地都羡慕的活泼缤纷的海洋生态。

图 1-21 台湾海洋(摄于基隆)

图 1-22 台东绿岛勤劳的渔妇在太平洋海岸 9 级东北季风下摘海菜

图 1-23 在台东绿岛敲敲门民宿何先生家反拍的绿岛海洋生物

三、自然环境对生产民俗的影响

在众多的民俗系统中,人们首先从所处的自然环境出发,创造出与生存和发展相适应的生产民俗,并在此基础之上逐渐形成了与之配套的社会民俗、信仰民俗等。所以,生产民俗可视为所有民俗基础的基础。生产民俗是指围绕着物质生产而形成的风俗习惯,它由当地居民占主要地位的生计方式所决定。对一个地区的生产民俗进行生态学审视,就能发现不同人类集群之间的民俗差异完全是出于对不同自然环境的适应,某个地域的生产民俗必然带着当地自然环境的生态烙印。比如闽台地区共同信仰、信众最多的妈祖崇拜,就是闽台海洋环境和渔业生产的产物(见图1-24)。民俗的传播与扩散受自然环境的制约,民俗的区域差异是地理环境区域差异的反映,民俗也是人们适应自然环境、实现人地关系协调的具体表现。在闽台地区,山区民众的山神信仰在沿海就没有信众,也不见宫庙;而沿海地区的风神信仰在山区也难寻踪迹。

图1-24 泉州天后宫

几千年来,农业、林业和渔业生产一直是闽台地区人民的重要经济产业。农林渔业生产受自然环境的影响是不言而喻的(见图1-25)。就农业生产而言,自然环境不仅提供了农业生产所需要的原料与场所,而且作为农业生产力的一部分参与了农业生产过程。自然环境还是农业社会分工和农业生产地域分工的自然基础,传统农业的季节性、不稳定性以及生产周期长、劳动时间不均衡等特点,都是在自然环境的影响下形成。农业生产民俗随着人类的农业生产活动形成,随着生产工具的出现和改进、生产技术的进步而不断演变传承。

图 1-25　漳州云霄县水稻

　　比如闽台民众的先祖,有相当数量是历代从北方中原粟作或麦作地区迁徙过来的,南来后逐渐改行稻作,接受了南方古越人稻作文化传承下来的许多习俗与信仰,并在农业生产习俗之中融入原祖地的某些民俗,形成闽台特殊的民间生产习俗。如所有大祀都有粑祭和发糕祭,其糯米制作的粑祭是典型的古越祀奉品,而面粉制作的发糕是典型的中原祭典祀奉(见图 1-26 ～图 1-31)。这两者紧密结合的现象在福建和台湾庙会上现在仍然常见,这是因为两地多中原后人,这是南北文化融合的结果。

图 1-26　漳州云霄大面龟

图 1-27　台湾高雄内门区紫竹寺祭祀的大米龟

图 1-28　华安县仙都镇云山村祭礼的面龟

图 1-29 华安县仙都镇云山村祭祀的糯米龟

图 1-30　云霄粑祭　　　　　　　　图 1-31　供桌上的发糕和米粑

在台湾,不论是在新竹的城隍庙,鹿港、大甲、台南等地的妈祖庙,还是各地的关帝庙、保生大帝庙中,平日里每天有人祭拜,多带水果香烛,逢节祭祀是必带鸡、鱼、肉。与闽南一样,祭品中也是用发糕和糯粑作主祭品(见图1-32)。光复后台湾又有数百万大陆各地的汉人入台,但在民间祭祀中,很明显是闽人的农业生产习俗占主导地位。而闽人的农业生产习俗中又融合了早期的南北文化,所以仍然被后居台湾的大陆人所接受。

图 1-32　台湾新竹民间祭祖祭桌上供品

尽管随着科学的发展,农业生产对自然环境的依赖程度在逐渐降低,但在相当长的时期内,农业生产还脱离不了自然环境。至于林业、渔业生产,以及生产过程中衍生的民俗,它们的发展都离不开自然环境(图1-33)。

带龙牌的蛇王

蛇灯番蛇盛况

图 1-33 福建南平樟湖蛇神巡境盛况。身带木枷有几种说法,一是说向蛇神请罪;二是有可能他们的祖先是被强制(流放或被迫迁徙)至此地(王商书摄)

第三节 闽台地区的人文环境

人文环境是指由于人类活动逐渐形成的文化环境,主要是人为因素造成的。闽台地区由于临海形成的冲积平原、盆地和丘陵的自然环境,产生了历史悠久的农业生产;由于闽台两地都是天然的群山叠嶂,拥有茂密的森林,这使得其成为全国森林资源最多、覆盖率最大的地区之一,林业自然成为古代居民的重要生计方式;闽台地区由于临海,江河湖泊也很多,水产资源丰富,在远古时期就产生了渔业生产。优良的自然生态环境引来最早的人类开垦和居住,漫长的生活起居、生产劳动,不仅带来悠久而成熟的物质生产技术,而且产生出特殊的生产民俗。生产民俗又随两地之间人口迁移和文化交流,而产生出多种多样的传承与变异。这些生产民俗的养成,除了上文已述的自然环境之外,人文环境也是不可缺少的必要条件。

一、福建的人文环境

在距今5000年左右的原始时期,以闽江流域为主要活动区域的古代闽越民族就已经有了有规模的原始农业生产活动。当时的福建先民已经种植水稻等农作物,其生产形态还处于刀耕火种和渔猎采集并重阶段,由此创造了以"饭稻羹鱼"、"断发文身"、"便于用舟"、"猎首祭祀"、"歌舞娱神"以及行悬棺葬、崇拜蛇蛙等为特征的、与中原汉族相异的闽越稻作文化(见图1-34)。

图1-34　福建省博物馆拍的古人劳动照片

　　闽南地区漳州市华安县沙建镇仙字潭具有五组距今3000多年的古崖壁石刻画,有人、动物、太阳等图案,其中有两组画为明显的古代祭祀场面(见图1-35、图1-36)。一组画上有两人双手平肩展开,双腿曲弯祭舞,没有头;另一组是舞蹈人在上,最底下是人的头,没有身子。《漳州府志》载,唐朝就有人持其拓本到洛阳求教于韩愈,韩愈道:"似上帝责蛟螭之辞。"据宋《太平广记》引张读《宣室志》云:"泉州之南,有山焉,峻起壁立,下有潭,水深不可测,周十余亩……石壁之上有凿成文字一十九言,字势甚古,郡中士庶,无能知者。"

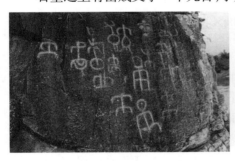

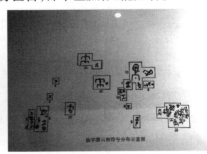

图1-35　漳州华安仙字潭崖画　　　　图1-36　华安仙字潭图

　　课题组据沙建镇文化馆陈馆长介绍:1915年,岭南大学黄仲琴教授专程赴仙字潭作实地调查,并在《汰溪古文》一文中,就岩画的位置、形态、结构第一次作了科学描述。但当时只能隔河遥观,仅发现10个图像,记述过于简略。1957年8月,福建省文管会林钊、曾凡再次到现场调查,所发现图像比以前增多,共分五组,较系统和较全面地对仙字潭岩画实测资料,包括岩画大小尺寸,形态结构,并附照片、拓片,为以后的科学研究提供了可靠的数据资料,引起了学术界的重视。

上述考古资料表明:早在 3000 多年前,九龙江就是古越人(一说为濮人)从内地迁徙到沿海地区的主要路径之一,沿途留下了他们的足迹、记号和标识,这种古老的标记法是古时迁徙民族常用的方法,后人将其作为古代迁徙史的文化特征之一。上述考古资料也说明当时闽南九龙江一带巫风极盛,猎首祭祀,且歌舞娱神等情况。仙字潭古崖画的图像与台湾"原住民"传承下来的民俗记忆相类似,说明两者之间应该有一定的历史渊源。

秦汉时期,始有北方汉族移民入闽,闽越族逐渐有汉族融合,为闽越文化多元化的形成与传播奠定了基础。汉晋以后,中原汉民不断向东南沿海迁徙,至唐末、五代时期,甚至出现了数次大规模入闽的高潮。这些汉民沿着不同路线进入福建后,寻找适宜的地点拓展生存空间。"大规模的汉族移民是汉文化传播的强大载体,它大大加强和深化了汉族文化在福建扩展浸润的历史趋势。由于不同的北方汉民迁至福建的时间、地点、路线不尽相同,甚至差别颇大,再加上福建境内山峦的阻隔和区域内自然地理环境的许多差别,这些不同的江河流域便各自形成了相对独立的小经济文化生活区域,致使福建文化结构系统中容易形成以相互排斥的地域文化心理为基础的众多的子系统,从而形成一种呈碎状割据的文化形态。"①这种文化形态上的碎状割据状态清晰地反映在福建民系的划分上,在更小的范围内,不同地域的人文内涵亦存在不同程度的差异。

福建人文的差异现象主要体现在方言及民俗两个方面。千百年来福建方言的纷繁复杂在全国是少有的,至今依然如此。福建民俗的差异性也是很典型的,不同区域对同一民俗事象有着不同的表达方式。"十里不同风,一乡有一俗",形象地说明了福建民俗的这种差异性。由于多山地丘陵、多江河溪流的自然地理环境,带来了交通的不便,加上汉人入闽后多采取家族聚居繁衍的方式而形成精神生活上的稳固性,在自给自足的社会经济生活背景下很容易使多数分散的自然村落鲜少往来,不易受外界影响,由此提供了各种民俗沉淀的极好温床。也正是从这个角度上,使福建民俗具有极强的传承性和多样性。方言与民俗的复杂性透视出由于福建文化特征上的相对封闭性,给福建人文及文化生态带来了深远的影响。省内各地域文化之间缺乏一种征服力极强的主流力量。

宋元明清时期随着社会经济的全面发展以及国家体制的变化,福建地

---

① 张燕清:《福建文化生态与历史文化传承》,载《东南学术》2003 年第 5 期,第 144 页。

区在政治一体化的基础上进行并完成了文化一体化层面上的整合,以宋儒理学为核心的社会文化模式逐渐在福建地域占据统治地位,而闽越土著文化因素成为"底层"并被"隐形化"、"边缘化",此阶段福建经济飞跃,文化发展很快,已由原来的"蛮风荒雨"之地转变为"人文蔚起"和"礼仪教化"之方。在这一阶段,福建地域社会的海洋文化特征得以突显。古代福建是个典型的移民社会,福建现有的大部分居民,源于汉唐以来北方汉人的南迁。南迁入闽的汉人在带来了较先进的陆地农业文化的同时,也不可避免地受到土著文化的影响。

如前文所述,闽越人善于使楫驾舟的生活方式孕育了福建地域社会的海洋人文特征。宋代福建已发展为经济贸易中心,人口激增,福建"八山一水一分田"的地理状况却在客观上限制了农业文化的发展,人多地少的社会矛盾状况促使沿海居民转向大海谋生(见图 1-37、图 1-38),而福建绵长曲折的海岸线、众多的港湾岛屿又为海洋生活提供了较好的条件。宋元时期,福建造船业十分发达,福建所造海船质量居全国之首,同时航海业已逐步由沿海贸易为主转向以远洋贸易为主,尤以泉州最为典型。泉州此时成为世界著名的贸易大港,中外客商云集,货物堆积如山,南宋时与泉州贸易的国家和地区有 50 多个,到元代则增加到 100 多个。商人、旅行家、僧侣以及各行各业的外国人云集于此,他们同时还带来了伊斯兰教、天主教、基督教、摩尼教等多种外来宗教文化,它们与传统的道教、佛教及自然崇拜、鬼神崇拜等民间信仰在同一时空里兼容并存,相互辉映,可见福建文化在这一时期受到西方文化较大的影响和冲击。

图 1-37　厦门工会展览馆的劳工出海旧照片

1843年厦门正式开埠，外国商品大量流入各地倾销

图1-38 厦门工会展览馆的清代商船照片

鸦片战争后，福建进入中西文化交融阶段。《南京条约》迫使福州、厦门成为近代中国最早对外开放的口岸，这对福建文化产生了巨大的冲击。同前三个阶段相比，此时西方文化属于外来文化，经历了前三个阶段的整合后已经相当成熟的福建传统文化反而成为新时代背景下的土著文化。福建文化此时经历着与近代西方文化的交融和激荡，具有强烈的使命感和鲜明的开放性，对中国思想文化界产生了巨大的影响。

总之，由于历史文化传承上的曲折历程，福建文化的构成成分极为复杂，它与闽越文化的遗风、中原汉文化的传入、海外文化的冲击等都有密切的关系，这也从侧面说明了福建文化本身具有强大的兼容能力。

二、台湾的人文环境

台湾自旧石器时代中晚期以来就有人类居住。在文化内涵上，都与福建等东南省份的原始民俗文化息息相关。多年来闽、台两地的考古发现确切证明，台湾自古是中国的领土，远在几千年前的新石器时代，台湾和福建就属于同一文化系统。多个民族的"原住民"，就是从不同时期、从不同地方漂流或迁徙入台的，其中最重要的一支是春秋至汉代时期从福建迁徙入台的闽越族，这一点从如今统称为高山族的"原住民"保留着断发文身、凿齿认祖、饮食喜酸等习俗和蛇图腾遗存可以看出来。这些民俗自古以来一直保留，至近现代。高山族中的鲁凯人、排湾人崇蛇习俗随处可见，他们奉百步蛇为祖先，严禁伤害蛇类，并喜欢在宗庙、住屋、器皿、服饰上雕刻或刺上蛇纹图案（图1-39～图1-41）。

图 1-39　刘芝凤教授在台湾屏东县排湾人木匠坊采访民间生产信仰习俗

图 1-40　台湾苗栗县后龙镇外埔
　　　　村洪姓祖庙蛇崇拜

图 1-41　屏东县排湾师傅木刻图腾物

　　宋代至明代，台湾高山族许多族群是生活在海边、河边和平原上，"原住民"的农业种植技术很原始，以渔猎、粗耕为主要生产方式，自给自足。水稻种以糯稻为主，少有籼谷。

　　据《北斗镇志》载，清朝以前，"原住民"以原始的渔猎粗耕为主要经济形态。据巡台六十七《番社采风图》之"刈禾图"载："彰邑各番社男妇耕种收获小米禾稻,至七月间定期男妇以手摘取不用镰、铚、淡防各社亦如此。"①在《北斗镇志》中,荷兰据台时期以至之前的"原住民",经济产业是渔、猎、稻、粟的原始农耕渔猎生产方式。生活上,居住的是以"填土为基,编竹为壁,茅草为屋罩,为防潮及雨水,土基架高,须架梯才能进屋。粟和稻谷置放在屋外数米远的粮仓,可防潮防腐。屋舍外围是圈围,四周种植果木,茂密的刺竹层层环绕"。吃的是糯米和籼米。出工时糯米捏成饭团带在腰间,或把米浸在竹筒内,以薪柴煮成竹筒饭。社民亦懂酿酒。一般而言不吃狗肉。其他肉类连毛带皮烧烤,肝生吃,肠熟食,小鱼腌食。②《续修台湾府志》曾收录一首《东西螺社度年歌》:"吧园吧达叙每邻无那(耕田园),马流平耶珍那麻留呵搭(爱年岁收成),夫甲吗溜文兰(捕鹿),甘换麻文欣麻力(易银完饷),密林吗流耶嚎曋含(可去酿酒过年)"。③

以上历史文献和台湾当地史志文献资料足以说明,那时台中平原一带的"原住民"是少数民族,而这些少数民族的原始生产方式以及生活方式与大陆西南、中南地区的苗族、侗族、壮族、水族等古代稻作民族的原始生产方式、生活方式基本一致。

闽南人从宋元时期开始有规模地移居和开发澎湖宜兰等地(俗称小琉球),逐渐形成村落和治理结构。宋政府在澎湖驻扎军队,保护航道的畅通。进入元代,澎湖地区得到进一步开发,元政府还在这里设立巡检司。"至于台湾本岛,宋元时期的闽南人以澎湖为中转站,与台湾西部的土著居民有贸易来往,但尚无汉人移居台湾岛的文献记载。"明代后期荷兰人占领台湾后,向台湾岛上"原住民"收购野鹿,大肆掠夺鹿茸、鹿皮,利益驱使,有些"原住民"开始向山上进发,狩猎为生。至清朝初期,大量的泉州人和漳州人涌进台湾岛内。古朴憨厚的平埔人也陆续失去了良田和耕地,由稻作民族转为山地民族,或与汉人融合,转为汉人。转移到山上的山民仍然坚持焚林辟土,烧垦锄耕,种水稻、豆类、胡麻、番薯、芋头,山花开而播种,禾粟熟则拔穗。他们从不知施肥灌溉到学习施肥浇灌,从不知历法与牛耕到学会节气

---

① 周玺:《漳化县志》第 300 页,转摘张哲郎总编,《北斗镇志·第一章 北斗的先居民》,北斗镇公所 1997 版,第 112~113 页,

② 选摘张哲郎总编,《北斗镇志·第一章 北斗的先居民》,北斗镇公所出版发行,1997 年 11 月,第 113~115 页。

③ 余文仪:《续修台湾府志》,乾隆二十五年,南投市台湾省文献会,1995 年重刊第566 页。

与牛耕,经历了一个漫长的发展时期。他们善于捕鱼。阿美人在河川、海上捕鱼,善射鱼垂钓。雅美人在海上捕鱼,善造渔船,分类食鱼。捕鱼用弓箭、刺、又、网及镖枪等。收获的鱼类实施共同分配,先老后幼。

高山族人保持着原来的宗教信仰,他们相信灵魂不灭,崇拜自己特定的神灵,定期举行仪式,进行献祭和祈愿,有祖灵崇拜、自然崇拜、图腾信仰、咒术崇拜和占卜活动(见图1-42)多种形式。"原住民"在农事、狩猎和祭祀活动中有许多禁忌,禁忌后来成为约定俗成的习惯。"原住民"盛行占卜,比如进行出征、祭祝、建筑、开垦等重大活动前,必先占卜以问吉凶。他们相信吉凶祸福皆由精灵所致。精灵分善恶,祭祀以求善灵,巫术以制恶灵。巫术为消灾去祸,其方法有宣抚、厌胜、禳拔等。生活方式仍然以狩猎、耕种粟米等旱作农业为主要生存方式,并延续至今。

图1-42 左起:台湾赛夏人矮灵祭总祭主朱家派人在祭祀前到各家慰勉督导;部落人以最古老最虔诚的态度迎灵颂歌;下图左起:祭灵招旗下请神灵;到河边送灵行后整个祭祀仪式结束(廖贤德摄)

2012年9月5日,课题组在台湾苗栗县后龙镇外埔村洪姓家族采访时,从他们的族谱中得知,洪姓一族因出人命案,六兄弟改名换姓四处逃难,其中一姓改为洪姓,从唐山(福建)逃至澎湖开垦,在澎湖生活了两三代人,迁至苗栗后龙镇的现住址后为赴台一世,至今传承了17世(以82岁的洪义为

17 代)(见图 1-43)。如此推算,洪姓祖先应该是宋末至元代迁徙到澎湖再迁台湾本岛的。在外埔村,洪姓、王姓、李姓等都是从闽南入台,且家家都在此居住了 20 世左右。

图 1-43 苗栗县后龙镇采访洪义老人(说话老人为洪义)

明清时期,大陆主要是福建汉族开始不断地迁移至台湾。明代中期,台湾西海岸已有一些汉人的村庄,半耕半渔或弃渔垦荒。1624 年至1664 年荷兰殖民者占据台湾时期,也有不少福建人移居台湾,在赤嵌附近形成了一个居民区。1662 年郑成功收复台湾后,除了郑氏军队外,又新增加移民 2～3 万人,使台湾的汉族移民增至 10～12 万人,与土著居民的人数差不多。康熙二十二年清政府统一台湾,将郑氏官兵及部分百姓迁回大陆,台湾人口减少一半。不久又实行严厉的海禁政策,限制内地人移民台湾。到了乾隆五十四年,清政府取消了海禁,大陆向台湾移民出现了新的浪潮,据嘉庆十六年(1811 年)的统计,当时台湾人口多达200 余万人(见图 1-44)。

图 1-44　台湾新竹人家里的老照片

　　明末至清代,随着大陆移民大量移居台湾,台湾岛内出现了大规模的垦殖活动。清代晚期,台湾土地的开垦与荷据和郑氏时期相比,耕地面积扩大了三十多倍,除了台湾山区以外全部开发殆尽。课题组在台湾闽人地区考察,闽人的祖先迁居台湾的时间,绝大多数是在清代。如苗栗洪姓到洪义老人(82 岁)这辈是 16 代;台中大法师李先生是 17 代;新竹湖口詹先生也是 16、17 代人。通过考察赴台定居的闽人、粤人,时间长的达 20 余代人,其中 16、17 代人居多,约占台湾闽人的 80% 左右(各地访谈时数据比较);少的有 4 代人以上(桃园添寿农家),与台湾光复后随蒋家部队入台的大陆各省汉人相比,台湾闽人居台湾总人口的 74% 左右,而闽人中从清代开始迁居台湾的人又居多。由此可见,清朝成为台湾开发的最重要时期,大陆的移民为台湾开发作出了不可磨灭的贡献,他们把大陆农业文化如耕牛技术、施肥方法、兴修水利和灌溉方法等在台湾传播,推动了台湾农业的发展。

　　大陆移民大多讲福建方言,闽南话几乎成为台湾通用的方言。他们保留着闽南地区的饮食习惯、服饰文化、建筑风格、婚丧喜庆和岁时节庆风俗;台湾的戏剧歌舞、文化娱乐和宗教信仰等也都基本上是从福建传去的。郑氏治台时期以及其后清政府对台湾的治理,都十分重视儒家教化,建圣庙、立明堂,创办学校,开科考试,使中华文化在台逐渐生根成长(见图 1-45)。可以说,汉族移民台湾的历史也是福建文化传播到台湾并在台湾进一步发展的历史。

图1-45 2014年3月3日廖贤德带课题组到台湾竹东北埔客家人稻田考察春耕插秧,这里的客家人赴台已有16、17代

但是需要特别指出的是,福建文化在台湾的传播并不是简单的移植,而是在新的历史条件和自然环境下有一些新的发展,从而显著地改变了台湾原始落后的经济和文化面貌,也极大地增强了闽台两地的地缘、血缘和文缘的密切联系。

三、人文环境对生产与民俗的影响

人文环境对民俗的内容与形式、发生与发展有着巨大的影响与制约,这是因为民俗只是社会人文体系这个有机系统中的一个组成部分。作为一个系统,社会人文体系中还含有政治、经济、法律、宗教、科学、教育、文学艺术等多种文化要素。这些要素是相互联系、相互影响的,其中任何一个发生大的变化,都会引起连锁反应,导致别的部分也发生变化。民俗作为人文要素之一,既以本身的发展变化促进社会的稳定,影响其他人文要素,同时也必然受到社会人文系统以及其他文化要素的影响和制约。

传统民俗传播与扩散的方式有多种,其中一种常见的方式就是因为大量人口迁徙造成的传播。在迁移过程中,有的民俗因为失去了存在的自然环境或人文环境而逐渐消亡,有的民俗则经过改造或和移入地区当地原有民俗相互交融,形成新的民俗。带来的民俗必须与当地的自然环境和人文环境相适应,否则就不具备形成新民俗的基本条件。

　　唐宋以后,中原文化随着多次因战乱等原因大量南迁入闽的北方移民进入福建,并逐渐取代闽越文化成为主流;明清时期大量福建居民迁台,带去了大陆汉族先进的生产技术和生产民俗,这些民俗的传播和扩散(见图1-46～图1-48),在改造台湾的经济、社会和文化面貌的过程中起到了一定的作用,证明了人文环境与包括生产民俗在内的民俗文化的相互作用关系。

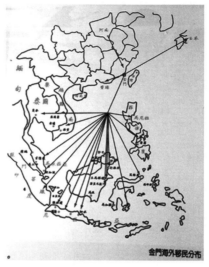

图1-46　从金门转走东南亚的劳工分市图(摘于金门金城展览室)

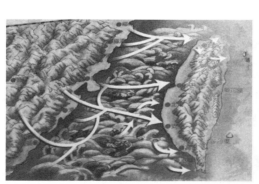

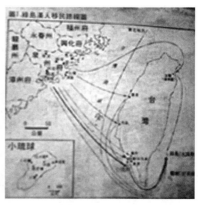

图1-47　明清时从大陆迁徙台湾的路线图　　　图1-48　泉州人迁徙台东绿岛路线图
（在台东绿岛资料中摘拍）

第二章
闽台农林渔业生产
的传统器具

　　闽台依山傍海、亦耕亦渔亦林的渔耕、农林生产方式,形成了闽台物质生产农业、林业、渔业的传统器具与技艺。闽台两地的许多传统器具,在制作风格、器物造型、材料质地和用途等方面,有的完全一致,毫无差别;有的即使有所差异,但在总体上仍然属于同一类型、同一物质文化范畴。① 虽然农林渔业等传统器具只是一些由人使用的物品,但是在某些特殊传统器具的使用方面,对人们的日常生活起居和宗教信仰等影响很大,蕴含着特定的传统器具与技艺所包含的社会民俗文化意识。

第一节　闽台农业生产传统器具与技能

　　闽台农作物以水稻为主,水稻生长受周期性的时间影响,对阳光、水、土壤和栽培技术、防虫技术有特别要求,因此,稻作民族在漫长的社会实践中积累了丰富的稻作生产经验,同时形成了成熟的生产工具。

一、闽台农业生产技术

　　课题组对有关考古资料进行了梳理:原始农业对土地的利用可分为刀耕和锄耕两个阶段。刀耕又称"刀耕火种",是用石刀之类砍伐树木,纵火焚烧开垦荒地,用尖头木棒或石器凿地成孔点播种子;土地不施肥,不除草,只利用 1~3 年,收获后即弃之;等撂荒的土地长出新的草木,土壤肥力恢复后再行利用(见图 2-1)。锄耕阶段是原始农耕的高级阶段,这时的稻作有了石耜、石铲等农具,可以对土壤进行翻掘、碎土等加工,植物在同一块土地上可

---

　　①　林蔚文:《闽台民间传统器具》,福州,福建人民出版社 2009 年版。

以有一定时期的连年种植,人们也因此可以相对稳定地居住下来,形成村落,为以后逐渐用铁器农具定期耕耘代替撂荒创造了条件。

图 2-1　花莲阿美人形成部落,为以后定期耕耘创造了条件(翻拍于台东史前博物馆)

从全国稻作地区文化遗址出土的生产资料看,在青铜器与铁器发明之前,当时的农业生产工具以木质和磨制石器为主,木质因木不耐用,无法保存上千年。这为寻找旧石器时代中晚期和新石器时代的稻耕工具带来了极大的困难,准确说是无法考证。但石器、骨制器却是理想的保存硬具,所以在各地文化遗址发掘的文物中能看到石器、骨器、角器、蚌器。这一时期的生产资料种类包括:整地工具石斧,用来砍伐树木和清理场地;翻土和松土的工具,如石耜、骨耜、石铲;收割工具,如石刀、石镰、骨镰、蚌镰、蚌刀等。此外,还普遍使用加工工具石磨盘、石磨盘棒和石臼、木杵等。

1. 福建原始农业生产技艺历史及文物考证

经课题组学术考察,福建地区在 18 万年前的旧石器时期就出现了用岩石制作劳动工具等原始制作技术。

在国家文物部门公布的 2000 年全国文物考古十大新发现中,福建三明市岩前镇万寿岩灵峰洞内,发现了 70 多件距今 18.3 万年的打制石器(见图2-2、图2-3)和早期动物化石。下层的船帆洞遗址距今 2 万~3 万年,挖掘出100 多平方米由人工铺就的石头地面,这个现象在全国绝无仅有,在世界范围内也是极其罕见,是华东地区迄今发现最早的洞穴类型的旧石器时代中晚期早期文化遗址。① 这一考古发现,说明福建地区早在18万年前就有先人在生活,他们已经学会了利用石头打砸成器具,提高了生产力。福建闽南地区也有同类的考古发现。

图2-2　省博物馆三明旧石器1　　　　图2-3　省博物馆三明旧石器2

福建漳州市郊莲花池山旧石器时代中晚期遗址,据专家测定,为4万~8万年前。下层发掘出27件石制品,包括石核、石片、砍砸器和刮削器等。其中砍砸器是我国旧石器时代中晚期常见的用于砍伐树木、制作挖掘工具和猎物所用;刮削器用于刮削兽皮、切割兽肉、修理木棒等。在同一处出土的旧石器时代中晚期、晚期的刮削器共有5件,采集小石器1457件,旧石器时代晚期的石器主要为石核、石片、石片加工器等(见图2-4、图2-5、图2-6),这些石器普遍细小,类型丰富。在373件刮削器中,有单边直刃、双边直刃、单边凹刃、双边凹刃、凸凹刃、凸刃、圆头、端刃、盘状、凹缺刃等10种类型,多用于动物食品加工和分解,也用于劳动木质工具的抛光、细作加工。② 如叉鱼和叉小动物的长梭,木杆顺溜光滑才能甩得远,梭头要尖才能扎进小动物的身体,获得食物。

---

① 中国考古学会:《中国年度十大考古新发现(2000年卷)》,生活·读书·新知三联书店2005年版,第6页。

② 龙玉柱主编:《漳州史前文化》,福州,福建人民出版社1991年版,第20~25页。

图 2-4　省博物馆漳州旧石器 1　　图 2-5　省博物馆漳州旧石器 2

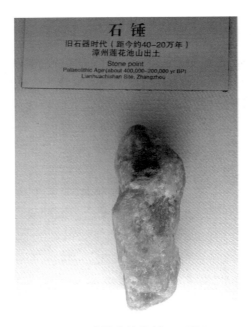

图 2-6　省博物馆漳州旧石器 3

　　莲花山遗址上层距今 9000～13000 年,为旧石器时代中晚期与新石器时代过渡时期。从发掘的石器数量和质量看,早在 1 万年前左右,闽南地区的古人类就开始了有规模的聚居并进行有秩序的渔猎生活,而且生产技术与生产工具已具有一定的原始科学性。

据课题组梳理的有关考古资料,福建省博物馆展示的、位于闽侯县昙石村的昙石山新石器时期遗址距今 4000～5000 年,当时生产工具中有背面带人字形纵脊的石锄和双孔或四孔的牡蛎壳铲,说明当时的先民主要的生产方式是渔猎,兼事农业、畜牧业。远古时代这里是海湾地带,是海洋和河流的汇合处,昙石山人以捕鱼捞虾、拾采贝壳生物为主,出土的贝壳有蚬、魁蛤、耳螺、牡蛎、血蚶等,从而证实了当时闽江入海口就在昙石山一带。该遗址出土的陶器种类繁多,有用于烹饪的釜、鼎,有用于储藏的罐、壶,洗濯用的盆(见图 2-7～图 2-11),饮食用的碗、盘、簋、豆、钵、杯之类,表明他们已定居,过着共同劳动、共同消费的原始公社生活。① 这一时期的生产模式已基本定型,并在生产工具的制作技术上产生了初步的审美意识。

昙石山遗址

昙石山遗址位于闽侯县甘蔗镇昙石村,1954年发现并经多次发掘。昙石山文化是我国东南沿海新石器时代的典型遗存之一,年代距今约5500-4000年,集中分布于闽江下游及沿海一带,经济生活以渔猎、采集为主,兼有原始农业、家畜养殖及制陶业。

昙石山遗址考古发掘现场

图 2-7　省博物馆展示的昙石山遗址

① 福建东南新闻网:《昙石山文化遗址》,2009 年 3 月 16 日。

图 2-8　省博物馆展示的昙石山文物——陶盘　**图 2-9　省博物馆展示的昙石山文物——陶簋**

图 2-10　省博物馆展示的昙石山文物——豆　**图 2-11　省博物馆展示的昙石山文物——钵**

　　远古时期的农业依靠刀(火)耕技术,即在用火烧过的荒土上,用尖头木棒凿地成孔点播种子,土地很少施肥,也不除草,一般三年一轮,收获谷子后即弃去。等撂荒的土地长出新的草木,土壤肥力恢复后再行刀耕利用。这种生产方式在闽北和闽西山区到汉代才为铁制生产工具所替代。

　　在福建武夷山兴田镇闽越王宫遗址(见图 2-12、图 2-13、图 2-14)、福建省博物馆和广东越王宫博物馆陈列的生产工具文物中,汉代闽北就使用铁锄和铁制生产工具,在闽越王宫遗址出土的五齿铁耙、铁锄、铁斧等,是国内同一时代先进的农业生产工具之一。当然,这不排除在闽台边远山区的山地稻作民族继续使用原始石制生产工具。

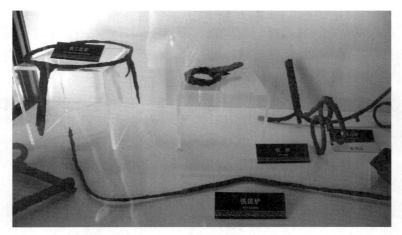

图 2-12　闽越王宫遗址出土的 2000 多年前的铁制生产、生活器具

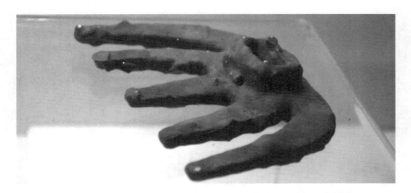

图 2-13　武夷山闽越王宫博物馆展出的遗址上的五齿铁耙

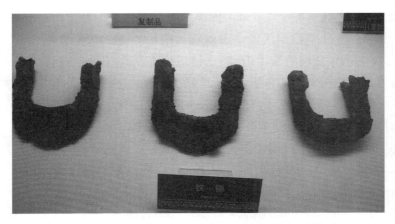

图 2-14　武夷山闽越王宫博物馆展出的遗址上的铁锄

　　福建农业种植的主要物产是水稻,早在距今 5000 多年前的新石器时代就有了。《逸周书·王会解》载:"东南曰扬州……其谷宜稻",福建古时为扬州辖区,从泉州、漳州、厦门等地的地名看,这一带的早期农业作物是"禾",而且因为谷粒饱满、丰产,被称为"嘉禾"(见图 2-15)。

图 2-15　云霄县稻田

　　闽西、闽北、闽东地区位于闽赣、闽浙交界之地,闽南与广东比邻,江西、浙江、广东都是我国最早的稻作区域,受其影响,稻作时间较长。南安丰州狮子山遗址中,在一些经过火烧的赤黑色草拌泥土块的断面,发现有稻谷壳和稻子的痕迹。《福建丰州狮子山新石器遗址》①载,1956 年在永春九兜山商周印纹陶遗址发现的陶器内壁,也清楚地显示出稻秆和谷壳的痕迹。据《一九五六年厦门大学考古实习报告》载,这一时期发掘出许多大型陶容器,其中一个大瓮高 51.5 厘米,直径 50 厘米,很明显与贮存粮食有关,说明在新石器时期福建地区的农业生产技术从栽培技术到储藏技术均已成熟。

　　据古籍记载,五代时期(公元 907—960 年),福建省建宁县就有莲田养

---

　　①　泉州海外交通史博物馆:《福建丰州狮子山新石器遗址》,载《考古》1961 年第 2期。转摘于卢美松、陈龙:《闽台先民文化探源》,福州,福建人民出版社 2003 年版,第 116页。

鱼、稻田兼作的生产技术和经验（见图2-16、图2-17）。课题组据蔡清毅整理
的历史文献资料得知,六朝时,沈怀远《次绥安》诗中"阻海粳稻熟"[①]和丁儒
《归闲诗二十韵》诗中:"杂卉三冬绿,嘉禾两度新",都说明稻作文化在闽南
云霄地区早已存在。其中的土砻、石臼、石碓、风柜长期是我国南方水稻地
区最主要的粮食加工工具,并沿用至今。中州人南迁后,不得不放弃其祖习
惯而改从越俗——"饭稻羹鱼"。[②] 这是经济生活中的最大变化。

图 2-16　建阳县水吉镇稻莲轮栽的传统技能 1

图 2-17　建阳县水吉镇稻莲轮栽的传统技能 2

① 　陈梦雷等.古今图书集成［M］.北京:中华书局,1985。
② 　司马迁.史记［M］.北京:中华书局,1982:3270。

就稻作民族生产资料变迁与发展历史看,闽台稻作生产资料主要发展轨迹为:火耕—锄耕—犁耕—机耕。火耕时期最长,约从商周以前一直延续使用到唐宋时期。虽然商代就发现了青铜器,但闽台位于东南边陲之地,在海上商贸没有得到大发展之前,这里交通仍然是有局限的。据国家文物局水下文物考古现有的发掘成果看,东南沿海发掘水下文物最多的大型商业外海船运时期是在唐、宋代。

大约在唐宋前后,随着海洋经济的发展带来生产资料的交流和发展,闽台沿海地区比内地进步的时间提前了一些。明代就有与现今款式和型号相差无几的铁锄、铁钉耙、铁犁头等耕耘农田的先进生产工具。

毕腓力在《厦门纵横》一书中记载:"闽南地区农田很多。广阔的区域延伸近300英里到汀州府,溪流与河水提供了良好的灌溉。农户耕地不大,有的还不到一英亩,其他的就更小了,每一寸土地都得到充分利用。贫苦的农家一年没有两次收成,相当多的土地用来种水稻,这些田地通常一块接一块地沿着山坡呈阶梯状。"①作者在中国和厦门有着二十多年的阅历,他的亲身经历应该是可靠的。

据课题组问卷得知,闽台地区传承至今,稻作大多栽种双季稻,稻田分祖传遗产稻田和围海造田两种。以宁德市屏南(见图2-18、图2-19)县双溪镇为例:福建省宁德市屏南县双溪镇位于县城东北部,全镇15个行政村,54个自然村,约1.8万常住人口。双溪镇共有田地1800多亩(原本是2000多亩,后建设水库占用了400多亩),水田1600多亩,旱地200多亩。主要种植水稻,并轮作。有的地方一季稻收成之后就种番薯,番薯是当地人的主要口粮,当地还有这样的歌谣:"屏南有三宝,番薯当粮草,火笼当棉袄,竹片当火把。"

南平市浦城县富岭镇双同村95%以上的村民都姓李,据村民讲其先祖是由浙江省丽水流域的龙船县上洋镇木袋村迁徙而来,至今已在这里住了17代左右。圳边村有6个村民小组,7个自然村,2100多人,1/3是畲族,沈姓、卢姓是汉人。汉人祖籍广东,从广东梅山迁徙而来,已有十二代人之久。全村有水田2171亩,旱地1000亩左右,林地19000亩,人均林地5亩左右,梯田与平地田的比率大概是1:1,主要农作物是水稻,一年一熟。

---

① [美]毕腓力著,何丙仲译:《厦门纵横》(In And About Amoy).厦门:厦门大学出版社2009年版,第89页。

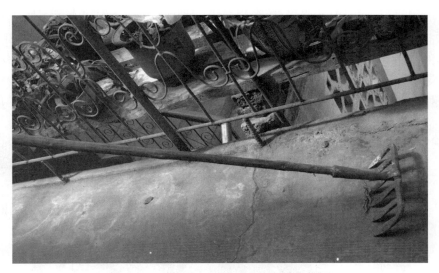

图 2-18　屏南县双溪镇稻禾的中耕薅草耙

图 2-19　屏南县双溪镇的锄具

　　富岭的村子都以水稻为主要农作物,双同村都是冷水梯田,产量低,以前大概亩产 300 斤左右,使用牛耕,用镰刀收割。现在加上一些红薯之类的杂粮,达到 500 斤/亩,多使用小型拖拉机。这里的田地多石头,土壤层仅十厘米左右,中耕若用脚踩的话很容易被划伤,所以村民都使用一种叫作田刨的工具(圳边村则是用手下去摸)。秋季用机器收割。打谷子用的是一个大木桶,外围用网子围上一半,筒子里放上一种叫作推子(像搓衣板一样的东西,中间镂空)的工具,大力把谷子甩进去,甩完的稻秆就放在一边留着烧草木灰或者作其他用途(见图2-20)。

图 2-20　福建漳州云霄县使用的打禾桶

　　漳浦县杜浔镇文卿村共5560人,1300户,2000多亩田地,单姓邱的就有1000多户,世世代代以种植水稻为主,现在只有小部分家庭还从事双季水稻种植。据课题组调查,如今的文卿村村民60%经商,40%务农。水稻种植方式根据地理位置的不同而有所变化,离海较远的水稻田多种植两季;离海较近的则种植一季。水稻单产为500~700斤/亩。现在多上半年为种植烟草,下半年种植水稻,也有种植蔬菜、红薯、花生等。旱地种植多以红薯、花生、饲料、黄豆、油菜、小麦("文革"前还种小麦)、马铃薯为主。当地很重视二十四节气,一般是在春秋两季种植,冬季以前种小麦和蔬菜。(见图2-21~图2-25)

图 2-21　漳浦县杜浔镇农田改为蔬菜基地

图2-22　村貌

图2-23　农家生产工具

图2-24　农业生产工具

图2-25　传统稻作生产工具辗—房

　　在福建,一季稻一般在清明之前就要完成犁田的准备,包括种子的准备,犁的更新和修理以及人、拉犁帮工(以前都是用的人来拉犁,只有大户人家才用得起耕牛,人拉犁需要两个人一前一后劳作,所以要找帮工)的寻找。犁完田还需要整理水田,使用的工具是耙,一般是七八寸到一尺宽(有五齿耙和六齿耙,五齿耙阻力较轻,但需要返工几次,才能把田整理平整,时间较长;六齿耙费力,阻力大,也比较辛苦)。看水也是一项技术活,要让水的深度保持在一个合适的水深处,一般要求水在稻谷根部以上三至五寸。清明到谷雨之间完成播种,夏至之前完成插秧(旧时的水稻品种生长期是145~150天,新品种则提前10天到半个月之间)。以前使用的是农家肥,一株苗一坨肥,不需要很早就开始耘地,一个月后才开始。现在由于用的化肥,土地肥力不足,因此半个月后就要开始耘地。这里的病虫害很多,以前只需要用桐树的油滴进水里就可以粘住蚊虫,现在一年要喷好

图 2-26　锄田

图 2-27　传统的牛犁田

几次农药才能保证作物的正常生长。传统的中耕是用手拔、脚踩,用脚将禾苗附近的杂草踩断再踩进禾苗的根下沤肥,达到保兜发根的目的。现在多使用农药喷洒。两季稻栽种,收割早稻时,晚稻插秧同时进行。① 近二十年,平原上的稻田开始使用机耕田。台湾机耕较早,三十年前工业腾飞时期就陆续使用机耕。如今在台湾,已基本不用牛耕,少数民族地区也是机耕(见图 2-26、图 2-27、图 2-28)。

据本课题组实地调查,屏南县双溪镇和漳州市漳浦县杜浔镇的农耕习俗只是闽台稻作技术与生产工具的一个缩影。在沿海和漳州平原等地区,从 20 世纪 90 年代起,多用机耕稻作。近十来年,闽台

图 2-28　台湾的机耕田

地区许多农村已不再耕种水稻,农田有的用来种植经济作物和花卉园林苗圃等,有的则被征用作工厂或建筑房屋。

2. 台湾原始生产技术历史及文物考证

据课题组对有关考古资料梳理:台湾的农业生产技术遗存在全岛各地新石器时代到近代的文物遗存之中。台湾地区最早的文化遗址是"长滨遗

_____

①　刘少郎:《屏南双溪镇农业民俗文化遗产资源调查》,本课题组学生田野调查报告。

址",距今 4600～15000 年,分布在东海岸和西部海岸地区(这一时期没有发现陶器等人类生活遗物)。

据《闽台先民文化探源》载,台东长滨八仙洞遗址(见图 2-29)发掘出6000 多件水里磨滚过的圆砾石打制石器和一些骨器,其中约 3000 件打制石器分别出自于干元洞、海雷洞和潮音洞。这些旧石器为典型的东亚型旧石器,主要类型有砍砸器、刮削器和尖状器,其中又以锐棱砸击法打制的石片石器为主。此外,遗址中还有较丰富的骨角器。① 专家认为,台东长滨八仙洞遗址出土的旧石器和新石器,其基本类型、制作技术与大陆贵州水城硝灰洞旧石器遗址、湖北大冶石龙头旧石器遗址、广西百色上宋村旧石器遗址以及陕西汉中梁山旧石器遗址、广东南海西樵山旧石器遗址、福建三明万寿岩等旧石器遗址出土的石器十分相似。

图 2-29　台湾长滨八仙洞遗址(摄于台湾台东史前博物馆)

将海峡两岸旧石器时代中晚期到新石器时期的发掘点、文物及旧石器形状、功能等进行比较分析,台湾最早的"原住民"主体很有可能是从大陆东迁台湾。大陆古人类东迁台湾时,把当时的生产技术与生产工具的制作经验也带到了台湾。这一点从台湾早期入台的少数民族泰雅人、赛夏人、布农人、卑南人、排湾人等的民间信仰和生产习俗、生活习俗中可以寻找到许多共同的文化元素。如这几个族人的祖源(先)崇拜中,没有海的概念(见图 2-30),都是以山为祖灵山、发祥地,全族崇拜祭祀。这些民族与稻作民族的生

---

① 卢美松、陈龙:《闽台先民文化源流》,福州,福建人民出版社 2003 年版,第 35～36 页。

产习俗大致一样,工具大体一致;禁忌和饮食习惯大体一致;审美观和民族秉性大体一致等。

图 2-30   台湾"中央研究院"民族博物馆藏"原住民"原始生产状态图像

台湾早期农业文化考古发现可能是"大坌坑文化遗址",在距今 5000 年以后的台湾西海岸北部、中部及南部地区普遍发现了古人生活使用的粗质陶器,且有绳纹拍印,考古学界和史学家将其统称为"粗绳纹陶文化"。这一时期还发现了磨制石器技术,其生产除了采集与狩猎外,已开始有原始的农耕,是台湾最早的新石器时代文化。①

《台湾农业史》载,1964 年秋,美国耶鲁大学日籍教授塚田松雄氏在台湾日月潭湖底探取了深达 12.79 千米的湖底泥标本,用作详细的孢粉分析。结果,在 1.80 千米的湖底泥中,发现了多量的禾本科花粉,据此认为 4200 年前台湾中部已有谷类农业。② 在台北东北方向的士林芝山岩一带发掘出的新石器时代遗址(见图 2-31 ~ 图 2-34),距今 3500 年以上,芝山岩遗址除发掘出陶、石器、骨器、土木器、纺织物之外,还挖掘出了碳化的带穗稻米、植物种子,为台湾首次发现史前稻作遗物。这一时期的生产工具主要有:石锄、石铲、石锛、

---

①   课题组在国立台东史前博物馆陈列图上查找的文献资料信息。

②   吴田泉:《台湾农业史》.台北:自立晚报社文化出版部 1993 年版,第 45 页、336页。

石锛、石镞、石刀、网坠等。除此之外,在台湾的中部地区史前文化遗址中,也都有稻作生产的考古发现。如牛骂头文化遗址发现了生产工具,营埔文化遗址发现了稻谷痕迹,时间在公元前1000年左右。在洞角文化遗址中,可以找到距今2000~4000年,台中地区陆续成为聚居区域的证据,当时洞角人的生活是以农耕为主,渔猎、木工、纺织为辅。

图 2-31　台湾史前博物馆展出的陶器

图 2-32　台湾史前博物馆展出的陶珠

图 2-33　台湾史前博物馆展示的五千五百年前的砍器

图 2-34   台湾史前博物馆展示的五千五百年前的石片刮器

台湾的农业记载却在 17 世纪的历史文献上才出现。比如,明万历三十年(1602 年)《东番记》记载了台湾当时的农业生产状况:"东番夷人不知所自始,居澎湖外洋海岛中;起魍港、加老湾、历大员、尧港、打狗屿、小淡水、双溪口、加哩林、大帮坑,皆其居也。……无水田,治番种禾,山花开则耕;禾熟,拔其穗,粒米比中华稍长,且甘香。采苦草,杂米酿,间有佳者;豪饮能一斗。""……蔬有葱、有姜、有番薯、有蹲鸱,无他菜。果有椰、有毛柿、有佛手柑、有甘蔗。"①

彰化县《北斗镇志》载,清朝以前,原居民以原始的渔猎粗耕为主要经济形态。据巡台六十七《番社采风图》之"刈禾图"载(见图 2-35、图 2-36、图 2-37、图 2-38):"漳邑各番社男妇耕种收获小米禾稻,至七月间,男妇以手摘取不用

图 2-35   1717 年台湾"原住民"插秧图

---

① 周玺:《彰化县志》第 300 页,转摘张哲郎总编,《北斗镇志·第一章   北斗的先居民》,台北,北斗镇公所 1997 年版,第 112~113 页。

镰、铚,淡防各社亦如此"。① 在《北斗镇志》中,荷兰据台时期以至之前的
原居民,经济产业是稻、渔、猎、粟的原始农耕渔猎生产方式。台中漳化平
原"原住民"平埔人在清代之前,一直努力与陆续入台的汉人友好相处,各
族人相安无事。

图 2-36　台湾老图片(摄于台东史前博物馆)

图 2-37　台湾老图片(摄于台东史前博物馆)

---

① 陈仕贤:《历史散步鹿港》,鹿港镇鹿水文史工作室,2007 年第三版,第 16 ～ 17
页。参考数据与事件。概括。

图 2-38　台湾老图片（摄于台东史前博物馆）

　　明末郑成功带领闽南数万人入台，台湾"原住民"被迫上山垦荒。台湾部分"原住民"从最早的稻作民族演变为山地粟作、猎渔民族。

　　清代康熙四十八年（1709 年），居住在鹿港的士绅施世榜开筑"施厝圳"，历经十年竣工，入台发财的现实引得闽粤移民纷至沓来，利用各种方式抢占平原，开垦稻田，平埔人逐步加入汉人族群或被迫背井离乡。雍正元年（1723 年），闽南移民越来越多，基本形成县制辖区。为规范化管理，清政府将鹿港及漳化虎尾溪以北、大甲溪以南，以入台汉人为管理对象，设置了一个管理辖区，即设彰化县，并沿用至今（见图 2-39）。

图 2-39　台湾鹿港稻田

闽南人入台后带来了农业生产资料和技术,随着灌溉沟渠的开发,漳化平原很快成为台湾中部的稻作基地,清政府在此设置官粮仓库称之为谷仓,为将稻谷迅速运至福建,乾隆四十九年(1784年),清朝廷官方除在福州开设对台的对渡之外,又在漳化鹿港开设台湾通往泉州蚶江的对渡。从康熙到光绪年间,为拓展利用台湾资源,清政府从严防渡海入台颁发"禁渡令"到鼓励东南沿海居民迁徙入台开垦,大量的闽粤人入台定居,垦荒拓业,台湾"原住民"变成粟作、游猎族群,以漳泉人、客家人为主的汉人形成台湾稻作族群的主体。1985年,台湾被清政府割让给日本,日本为保障国内粮食供应及战争的需要,又强迫台湾山地"原住民"下山种水稻,重新恢复和训导"原住民"栽种水稻技术。

　　1916年左右,日本殖民统治开始在各地设置"指导水田"或"模范水田"(实验水田)。当局将特定的某块地设定为"指导水田",在那里教授水田耕作的具体方法。(《理蕃志稿》第三卷)殖民当局由上而下地刻意灌输稻作文化,把整个"原生民"部落搬迁到适合稻米耕作的土地上,扶植稻作文化的强烈愿望可见一斑。

二、闽台农业传统器具

　　闽台地区民间传统生产工具有牛、铧梨、镢、水车、锛耙,铲、锄、镰刀等,台湾在日据时期出现半机械化操作,20世纪60年代以后出现机械化操作,福建地区在20世纪70年代以前多以传统的生产方式为主,70年代以后,陆续出现半机械化、机械化操作。

　　闽台农业传统器具大体可分为耕作农具、灌溉农具、收获农具和加工农具四大类。

1. 耕作农具

　　耕作农具主要有犁、耙、镢、锄、铲等。这些耕作农具虽然结构不同,形式不一,名称也不一样,但其主要功能都是翻土、耕作或掘地,属于闽台广大农村常见的耕作农具。

　　犁在农耕社会是最重要的农具(见图2-40、图2-41),垦荒、整畦、翻土、中耕、收获都需要用到犁。传统的木犁可分为犁头、犁壁、犁座、竖正、犁手、犁园、犁沟。犁头和犁壁是铁制的,其余都是木制的。因犁座要在泥土里摩擦,故材质要特别坚硬。犁园是整把犁的总枢纽,必须具有良好的弯度、曲线,材料较难找到。随着时代的进步,如今使用的犁几乎都是铁犁,传统木犁已经成为陈列观赏的器物了。

图 2-40 廖贤德家的木犁

图 2-41 福建古代牛拉犁

　　耙是铁制的农具,用来平整土地。当水田被犁翻耕以后,就要用耙将土中的杂草或前期作物未腐烂的根部去掉,同时把成块的泥土耙松、耙散。

　　镢,因其嘴尖如鹤嘴,又称鹤嘴,掘地部件为长条形,上有銎,可安装横柄,是深掘土地的得力工具(见图 2-42),多用于开垦荒地,农家亦用于刨掘作物的根株,是闽台农村主要的整地农具之一。

图2-42　镢（图中左边第一、四把农具）

　　锄，即锄头，用途极广。是耕种时不可或缺的工具，主要用于翻土、除草、挖地、填土。一把锄头可分为四个部分（见图2-43）：用来挖掘的部分叫腋，手握的部分叫柄，腋上用来穿握柄的孔叫框，套上握柄手，用来把柄固定的一小块薄铁叫"精"。

图2-43　锄头

铲，有大型铲和小型铲之分。大型铲用来翻土，属于整地农具；小型铲用于中耕除草。战国以后广泛使用铁铲，后来经过发展，兼有除草、松土和培土的功能。铲在闽台农村都可以见到。

2. 灌溉农具

灌溉农具主要有井灌、桔槔、水车等，据台湾林美容编的《白话图说〈台风杂记〉》(《台风杂记》为日本学者的文言文著作——编者注)记载："台湾的农业相当发达，耕作器具之精巧，不输给我日本国。我发现他们的灌溉方式非常巧妙，他们以优良的木材制作水车，长约一丈五尺多，宽一尺多，形状有如长形的水槽，并以小车依次送水，就像时钟转轮的样子，而且水量很多，有如溪水般滚滚而流。"2014 年 3 月 3 日，台湾廖贤德带领课题组赴新竹县南埔乡考察清代灌溉传承至今仍在使用的水渠、水车及私人发电灌溉（见图 2-44）。"南埔圳"水渠始建于 1845 年（清道光二十五年）8 月，由总垦户金广福及垦首姜家出资 700 元所建。在现今九份子嵌干引大坪溪入圳，经大分林至南埔，全长三公里。灌溉南埔一带面积约 60 甲水田。南埔圳共有 21 个隧道，为苗栗县农田水利会所管辖。水圳上的水车也运作了二百多年，翻修多次（见图 2-45、图 2-46）。位于南埔郭家水力发电的灌溉设施，是日本据台时期由郭光武的父亲郭宗维及二哥于 1941 年左右完成。

图 2-44 台湾学者廖贤德带路考察新竹县南埔乡境内的 **1845** 年清道光二十五年修建的南埔圳水渠

除了用于发电灌溉，还用于自家的电灯。据小水电房的指示牌介绍，1 小时可发 0.7 度电，一天有 16.8 度，长期累积，可足够自家使用（见图 2-47）。

图 2-45　运作了二百多年水的南埔圳水　　图 2-46　建于 1845 年清道光二十五年的
　　　　车,已翻修多次　　　　　　　　　　　　　　南埔水车仍在运作

图 2-47　南埔郭家 1941 年自家发明的水力发电,即可灌溉稻田,又可让自家的电灯亮起来

　　井灌,汉代出现的辘轳是最早的机械提水工具。宋元前后,在一些
缺水严重的山区和海岛,出现了诸如立石如表、辘水而灌和以桔槔机轮
激水等井灌设施。从明清开始,闽台各地使用井灌已经很普遍(见图 2-
48、图 2-49)。

图 2-48 台湾民间农业水利发电（廖贤德摄）

图 2-49 宋代水车

　　桔槔在闽南泉州等地被称为吊乌，它的一头绑着石块，这使得提水轻松了不少。时至今日，在闽台一些缺水的岛屿和山区，仍然可以看到桔槔的踪影。

　　要把河流或水渠中的水引来灌溉田地，就必须使用水车。闽南地区很少见到圆形水车，大多是长形水车。由于长形水车的沟槽和一节节的隔板如同长长的脊梁骨，所以也被称为龙骨水车（见图 2-50）。

　　戽桶是一种简易的灌溉工具。其桶沿系四条绳，由两人用双手各拉两条，相向站着，拉绳使桶往地沟里舀水，拉起时并顺势泼进田里，动作节奏须和谐一致，若四条绳有一条松弛，戽桶就会倾斜舀不出水或泼不进田里。

　　漏桶是以喷头来浇洒灌溉，在菜园和旱地经常可见。

图 2-50　水车

早先的漏桶是木制的，后来是白铁制的，现在大多是塑胶制的。

　　3. 收获农具

　　闽台各地的收获农具主要有各种样式的镰刀。镰刀是长条形带锯齿刃的收割农具。早期的镰刀是铁匠专门打造的，呈弯月形，刀背厚钝，刀刃锋利，用钝后再磨利使用。近代以来的镰刀是用一截宽约一厘米半的薄铁片制成的，刀刃呈锯齿状，直接插在木柄上，更为锋利，用钝即丢弃。早期的镰刀，除了用来割稻，还可以用来割草、砍小树枝等（见图 2-51）。

图 2-51　漳州云霄县列屿镇南山村稻谷收割工具:村妇手中的镰刀

4.加工农具

加工农具主要指粮食谷物的脱粒、扬弃、去壳净皮、磨研或切片等用具。闽台地区的传统加工农具主要有连枷、掼床、石碾、碌碡、风扇车、簸箕、石磨盘、杵臼、碓、石磨、砻、碾、番薯切等(见图 2-52、图 2-53、图 2-54)。

图 2-52　石磨

图 2-53　风扇车

图 2-54　簸箕

连枷是原始的脱粒农具，它由两根木棍组成，即在一根长木棍的一端系上一根短木棍，利用短木棍的回转，连续扑打禾秸谷穗使之脱粒。由于连枷使用方便，至今闽台民间仍有使用连枷脱粒的现象。

掼床是稻谷收割后的脱粒农具，是通过用力掼打来使谷物脱粒，有桶形和架床等造型样式。水稻较易脱粒,人们往往连秆收割,然后用手抓握在掼床上使劲掼打,使稻粒脱落在桶内或竹席上。现在闽台民间还有人工打谷机和电动打谷机等脱粒农具(见图 2-55)。

图 2-55　漳州云霄县列屿镇南山村脱粒打谷工具:打谷桶

谷物脱粒后,需将混杂在谷粒中的谷壳、茎叶碎片和尘屑等杂物清除,因此需要扬场工具。风扇车就是专门用来扬弃谷物中糠秕杂物和精理籽粒的加工农具。

簸箕一般为竹编制成,多与风车配合,用来扬弃谷物中的杂质,把米和谷壳分开。那些谷壳中,一部分是糠,可以用来喂猪,余下部分可以烧成灰做肥料。

石磨盘是原始的粮食去壳碎粒工具。古代多数谷物需要加工去壳或磨碎后才宜食用,最早的加工方法可能是舂打,之后方为碾磨。闽台地区目前发现最早的加工农具是新石器时代福清东张遗址出土的一件原始形态的石磨盘。这说明,早在原始采集时代,闽台地区的人们就已经可以利用这种原始器具来加工谷物了。

杵臼,粮食收获后,首先要净皮去壳,人类早期加工谷物的方法,可能是将木棍直接捶打谷穗使之脱粒,而后才发展为舂打。杵臼的使用原理就是将谷物放在土臼、木臼或石臼中舂打以使之脱壳(见图 2-56)。

图 2-56　武夷山杵臼

碓是由杵臼发展而来的。它利用杠杆原理,将一根长杆装在木架上,杆的一端连着碓头,下面置放一个石臼。当人踩踏踏杆的另一端时,碓头随即翘起,脚一移开,碓头就落下舂打谷米。用脚踩踏,比手工操作省力(见图2-57)。

图 2-57　碓

石磨可以将小麦磨成面粉,将大豆磨成豆浆。由于磨是连续运作的加工工具,因此极大地提高了功效,很快淘汰了原始的石磨盘。石磨一般是用人力推动的,也有用畜力驱动的(见图2-58)。

图2-58 石磨

砻是用于一种比较原始的加工谷物的器具,其加工原理同磨,但其主要作用在于脱去谷物的外壳,留下米粒。其形制较磨大,一般也是由人工推动通过旋转,碾脱谷壳。砻出现以后,谷物破壳的困难解决了,于是把杵臼和踏碓等工具转移到舂米上来,使粗糙的米变成精细的米(见图2-59)。

图2-59 永定县坎市镇报罗村辗谷舂磨

碾是用于碾脱谷壳或碾麦成粉的加工农具,由碾台、碾槽、碾磙、碾架等构成。碾一直是闽台各地农村常见的加工农具(见图2-60)。

图 2-60 石狮华山村旧石辗磨

第二节 闽台林业生产传统技术与器具

闽台地区因地处亚热带,境内山地广阔,全境地貌以丘陵低山为主,依山面海,林木生长的自然环境十分优越。据《福建省地方志·林业志》载,福建省林业用地面积中,立地肥沃和较肥沃的土地面积占全境的 28.35%,立地中等的占 58.8%,适宜林木生长。

一、闽台林业生产与传统生产经验

1. 福建林业生产

福建省晋江深沪湾海底保存着距今 7500 年,以油杉属植物为主的古森林遗迹。据考古发现,5000 多年前福建到处都是茂密的森林(见图 2-61),以栲、栎为主的南亚热带常绿阔叶林分布在全省境内。①《汉书》载,2000 多年前的福建地区,"行数数百千里,夹以深林丛竹;水道上下击石,林中多腹蛇猛兽"。

---

① 福建省地方志编纂委员会:《福建省志·林业志》,北京,方志出版社 1996 年版,第 1 页。

图 2-61 福建茂密的森林

综合各类史书资料看,福建在唐初时期仍然有大面积未开垦的茂密森林。

宋代《三山志》载:福建"穷林巨涧,茂林深翳,少离人迹,皆虎猱之墟"。元代意大利旅游家马可·波罗的游记中曾对福建建瓯、建阳一带有形象的描述,从福州"向东南走六天……那里有极大的森林,有许多树出产樟脑"。在马可·波罗的记忆中,13 世纪晚期的福建森林密布,野兽出没。

明清时期,福建省仍然是全国三大林业木材产区之一。直至民国二十三年(1934 年),虽然因为战乱等原因,森林资源遭到严重破坏,但当年统计福建省的林地面积仍然有 8897.17 万亩,森林 3168.55 万亩,平均每人占有森林 3.15 亩。新中国成立前夕,福建林木总蓄积量为 1.2 亿立方米(见图 2-62)。新中国成立之后,福建仍然是南方的重点集体林区,在南方 48 个重点林业县中,福建占了 28 个(分布在平南、三明、龙岩等地)。据福建省林业厅 2009 年统计,林地面积 9.14 万平方千米,占 75.29%;森林面积 7.66 万平方千米、占林地面积的 83.80%;森林覆盖率达 63.1%,居全国第一,有"绿色宝库"之称。活立木蓄积量 5.32 亿立方米,居全国第七位,其中人工林蓄积量 1.96 亿立方米,居全国首位;竹林面积 1489.65 万亩,约占全国的 1/5,居全国首位。[①]

图 2-62　福建森林资源

丰富的森林资源带来植物资源的丰富,福建的植物种类在 4500 种以上,其中全国重点保护植物 45 种,木本植物 1900 余种,用材树种约 400 多种。省内珍贵的树种有马尾松、杉木、樟、楠、银杏、华东黄杉、格木、花榈木和石梓等。[②]

2012 年 7 月课题组在浦城县富岭镇田野调查时,发现该镇林业资源非常丰富,不仅保持了传统的林业(见图 2-63)工具,还广泛培养菌类、笋类,经营农家乐。据福岭镇书记和镇长介绍:清城富岭镇境内 800 米以上的山峰有

① 　福建省地方志编纂委员会:《福建省志·林业志》.北京:方志出版社 1996 年版,第一章"森林资源"概括。

② 　福建省地方志编纂委员会:《福建省志·林业志》,北京,方志出版社 1996 年版,第 1－2 页。

61 座,最高峰 1401 米,海拔 500 米至 800 米的低山有 18 座,海拔 400 米到 500 米的丘陵 5 座,林地共有 42.7 万亩。以柳杉、福建柏为建群种的针叶林和以伞花木、青钱柳为建群种的落叶阔叶林是富岭重点保护的森林类①。在林区,私人经济林在乡村达到人均五亩左右的水平。

图 2-63 浦城县富岭镇林业照片

据课题组的实地考察:富岭属亚热带常绿阔叶林区,境内植物有 8 个植被 30 个群系 38 个群丛。其中古老而珍稀的植物有第三纪古热带植物区系

---

① 张先强主编:《富岭》,海峡文艺出版社 2011 年版,第 23—25 页。课题组在采访的基础上参考了此书数据。

的残遗或后裔物种。如厚朴、凹叶厚朴、深山含笑、江南油杉、榧树、红豆杉、钟萼木、穗花杉、柳杉、银杏、乌岗栎、福建青冈、福建柏等。蕨类植物也非常丰富，境内蕨类植物有 32 种 60 属 128 种，其中古生代的石松科石松属、木贼科的木贼属、中生代三叠纪的黑白科的黑白、白垩纪的古老孑遗植物卷柏科的卷柏属和海金沙科的海金沙属都是古老而珍稀的蕨类植物。课题组随林农在山上考察，遇到省、县林业专家在林区作业，据专家介绍，山中还有群丛多样。如柳杉—满山红—狗脊群丛，马尾松—映山红—苔草群丛，黄山松—满山花—黑紫黎芦群丛，香榧—毛竹—狗脊群丛，江南油杉—笔竹—五节芒群丛，茅栗—花香林—细齿叶柃—五节芒—芒萁群丛，青钱柳—笔竹—芒萁—华鸢尾群丛，甜槠—杜鹃—华里白群丛，甜槠—木荷—满山红—华里白群丛，细齿叶柃—满山红—黑紫藜芦群丛等。

富岭镇不仅林木丰富，竹类也非常丰富，在该镇考察的一周时间里，几乎每天都行走在森林竹林群山之中，采访过的五个村，村村都有古树为风水树。村前村后和祖屋前后有红豆杉、金钱柳、古木檀香、千年香榧和花榈树林。镇文化馆长带着课题组师生沿路介绍，如数家珍。富岭镇的竹林很多，全镇竹山面积有 4.2 万亩。还有人工造林，由私人经营，现经营面积 4 万亩。

2. 台湾林业生产

三国时期，吴国临海郡太守沈莹撰写的《临海水土志》①称（台湾）这片海上的土地是"夷州在临海东南，去郡二千里，土地无雪霜，草木不死，四面是山，众山夷所居。山顶有越王射的正白，乃是石也。此夷各号为王，分划土地人民，各自别异"。"土地饶沃，既生五谷，又多鱼肉。"该书对台湾形象的描述，让 1900 多年后的人们对三国时期的台湾有了形象的认识。

台湾在明代以前，"原住民"人口不多，大陆及东南沿海入台人更少，因此原始森林资源得以保护。

据《重修台湾省志·林业篇》载，康熙二十二年（1683 年），施琅攻克台湾后，向皇帝呈献台湾资源的利害关系："台湾地方，野沃土膏，物产利薄，满山皆属茂林，遍地俱植修竹，硫黄、水藤、糖蔗、鹿皮以及一切日用之需，无所不有。此诚天以未辟之方与，资皇上东南之保障。"康熙三十六年（1697 年），郁永河撰在《裨海游记》记载："……是日过大洲溪，历新港社、嘉溜湾社、麻豆社，虽皆番

---

① 《太平御览》第 780 卷。

社(少数民族聚居区,笔者注)(见图2-64),然嘉木阴森,屋宇完洁,不减内地村落。"①足见康熙年间台湾满山皆茂林,遍地植修竹之地。当地少数民族用木材建的房屋完整而干净,规模堪比内地村落。

图2-64 台湾"原住民"旧照片(屏东文化园)

据《重修台湾省通志·林业篇》载:台湾是典型的岛屿地理特征,山地占全岛面积的69%,主峰玉山海拔为3952米,为台湾最高峰。台湾的气候南北不同,东西互异。山地因海拔高度不同而产生一山生四季的现象比较普

---

① 台湾省文献委员会编印:《重修台湾省志·经济志·林业篇》,南投1992年版,第17页。

遍。专业上称之为 4 个气温带,即热带、暖带、温带和寒带。分带线也因地理
位置不同而划分标准不同。一般为北部较低,中部较高,南部则更高。以北
部南湖大山为例:90 米以下为热带;90～1500 米以内为暖带。中部以玉山为
例:750 米以下为热带,750～2000 米为暖带。南部以卑南山为例:1000 米以
下为热带,1000～2300 米以内为暖带。而平地,南部为雨季、干季分明的热
带,北部则终年湿润。

　　台湾森林资源丰富多彩,是因为受不同山区地势及气候异常影响极大,
不同气温带生长的森林各有特点(见图 2-65、图 2-66、图 2-67)。人们在漫长
的生产实践过程中摸索出林业生产的技术与经验。如热带林约占全岛总面
积 21% ,林业生产实践总结出这一地带适宜栽种红树林和海岸林。

图 2-65　刘芝凤教授在花莲县石梯坪太平洋海岸考察礁石上的植物

图 2-66　花莲县石梯坪太平洋海岸的植物

图 2-67　台湾森林生态照

红树林包括大卡红树、茄藤树、五蛟梨和海茄冬,均为常绿乔木,树皮光滑富含单宁,木材红色,材质坚硬深重,不易腐烂。适宜做桅杆、柁橹等物,更是优质的薪火炭材。台湾岛上高雄湾有红树林,花莲县石梯坪海滩也有自然生长的小面积红村林和植物。

海岸林指沿海之滨的树林。西海岸全部,东海岸有一部分,形成一狭长地带。海岸林因能适应沿海地带碱量高、风势大等特殊气候和环境而著称。海岸林包括花露兜、大华山榄、腊树、山木羡仔、榄仁树、琼崖海棠树、细叶棋盘脚树、白花苦蓝盘、树青、绿珊瑚、海檬果、土沉香、银叶树、黄槿、水黄皮、橄树。

海滨以至山麓为农耕地带,亦农亦渔的先民在生产实践中积累了丰富的人工植树经验。以榕树、相思树、桂竹及棕榈科植物为主。既可利用根深盘错保持土壤,又可以快速繁殖,形成树林。

暖带林是台湾岛面积最大、森林资源最为丰富的地带。森林面积约占全岛面积的30%。台湾先民总结出林业生产技术,将暖带林分为上部地带和下部地带。

上部地带为针阔混合林,若干针叶树穿插其间。阔叶林以樟科及榖斗科植物为多。主要树种有樟树、琼楠、厚榖桂、土楠、大叶楠、瑞芳楠、竹叶木姜子、台湾雅楠、水柯仔、石槠、青刚栎、台湾槠、乌心石树、厚果猴喜欢、木荷等。下部地带主要是阔叶树林(见图2-68)。

图 2-68　台湾林木

台湾温带林中,北部地区从海拔 1500 米到 2900 米之间,面积约占全岛面积的 11%。以针叶林为主,间或有散落的阔叶树混杂其中。温带区域有红桧纯林、台湾扁柏纯林,是台湾首要林带。其树的优质表现在高大挺直巨干,是优良的建筑材料。还有少量的台湾杉。另有阿里山栎、森氏杜鹃花、台湾高山木戚、台湾小叶等。

寒带林的面积约占全台湾岛面积的 2%。大部分为台湾冷杉纯林,唯有云杉杂生其间。在本地带最高处有广阔的山柏林,杂间有寒带落叶灌木,如台湾高山杜鹃花、玉山小叶等。寒带森林生长很慢,灌木多矮小,盘根交错。①

二、闽台林业传统生产经验

1. 福建传统人工造林技术与经验

据《福建省林业志》载,从唐、宋到元、明、清,都有造林的记载。尤其是

---

① 刘宁颜总纂:《重修台湾省通志·卷四经济志·林业篇》,台湾省文献委员会编印,1992 年版,第 78 - 83 页,概括。

明末到清代,出现了以人工栽植杉木为业的林农,并逐步形成租山、雇工、自耕、合伙、团体等多种经营形式;地方官府也将林业纳入富国裕民的重要政事之一加以重视和规划。光绪初年制定的《福建省劝民种树利益章程》①,台湾巡抚刘铭传用此《章程》劝谕导湾百姓植树造林。

据本课题组实地调查:林业传统生产技术与经验主要体现在人工植树造林、护林、改造自然环境等环节上。福建的闽东、闽南地区临海面积大,少雨干旱台风多,依山面海,风灾频繁。古人就发现树林能起到减弱风力、净化空气、保持水土等许多优点,于是在砍伐林木后,及时植树造林。据《福建省志·林业志》载,早在秦汉时期,福建已开始经营林木花卉。南北朝时,有成片造林的文字记载,这与湘黔交界之地的侗族地区人工造林的时间相差无几。公元424年,福建建安郡守华谨之,倡导植松1.5万株于今建瓯县黄华山峦。后魏贾思勰《齐民要术》载:"杨桃子生晋安侯官(今闽侯县)。"南齐谢朓诗述:"南中荣橘柚",说明当时的福建已经在经营经济果林。据《职方典·泉州》载,五代时,泉州人在城邑周围种植刺桐树,泉州从此有了"刺桐城"的雅称。据《福建省志·民俗志》载,公元1064年至1068年,福州太守张伯玉号召百姓绿化造林,广种榕树,后来蔡襄继为太守,继续动员百姓植树造林。几十年后,福州"绿荫满城,暑不张盖",因此得名"榕城"。②

福建境内发现唐代以来存活的人工栽培古树很多。比如武平县永平乡唐屋村的4株杉木,德化小湖和泰宁龙湖的巨樟,泉州开元寺的古桑,长汀县童坊镇彭坊村的古樟,漳州龙文区郭坑镇安寨关帝庙下面的几株古树,长泰山重村的古樟等(见图2-69、图2-70),七八个人都围不住,古树内杆都枯空成洞,钻进去能望天,树的外壳却仍然枝繁叶茂。

---

① 台湾焦国模:《林政学》,转摘《福建省志·林业志》,第3页。

② 《古今图书集成》卷1510《职方典·泉州》;福建省地方志编纂委员会:《福建省志·民俗志》,北京,方志出版社1997年版,第20页;《福建省志·林业志》第3页,总概括。

图 2-69　福建各地古树：漳州南靖云水谣榕树

图 2-70　福建各地古树：武夷山枫树

　　植树造林对农业生产的重要性十分明显。如福建典型的海岛县东山，历来风沙、干旱严重，自 20 世纪 60 年代开始植树造林以来，气候环境发生了明显改变。东山在沙地上建起了一条长达 30 千米、宽 60～100 米的基干林带和 166 条总长 184 千米的防护林带，在 6 万多亩的荒山上植树造林，林木覆盖率由新中国成立之初的 0.6% 提高到 37%，既减少了岛上的风沙，又改善了林带小气候。福建省林科所测定：风力减弱 41.3%～

61%,冬季温度提高 1.15℃,蒸发量减少 22%,相对湿度提高 10% ~
15%。因此。全县扩大耕地面积6000 多亩,改良农田 47 平方千米。① 平
潭县也是一个在沙地植树造林成功的例子。这种在沙地上植树造林的技
术是现代科技技术的成果。

护林也是林业生产的一项重要的工作。福建自古就有封山育林的习
惯。清代,为保护森林,乾隆二十一年(1756 年),由朝廷下诏,加强封禁闽、
浙、赣三省交界处的铜塘山,永禁入山樵采。课题组在福建考察时,发现封
禁山林的石碑有 20 多块,其中清乾隆年间(1736 年—1795 年)的禁碑最多。
永安、松溪、沙县、露浦等地的清代封禁碑帖至今保存完好。碑文内容包括
封禁山林的范围,保护森林的意义以及有关禁止事项和违禁处罚条例等。

民国期间,福建省提倡植树造林,曾一度创设四道苗圃,举办官民林场,
但不久停办。1916 年,福建省颁布的《福建省推广造林章程》有 9 章 28 条。
后修改为 31 条,即使在土地革命时期,在闽西北革命根据地,战斗如此残酷,
苏区政府也把植树造林当作一项重要任务。如永定县苏维埃作出决议:"所
在童山须一律培种竹木,禁止斩伐。"这一决议很快取得成效,1934 年春,福
建苏区造林 21 万多株。②

2. 漳江口红树林植树技术与经验

红树林是木本植物中保护海岸生态环境的最好植物。它是由水生木本
植物组成的沿海海岸植物群,具有"护岸卫士、鸟类天堂、鱼虾粮仓"等特殊
功能和作用。课题组在漳州市云霄县竹塔村考察红树林技术与经验时,遇
到台湾一位林业专家在此考察(见图 2-71),据这位专家介绍,红树林是世界
上极为珍贵的湿地生态系统,对调节海洋气候和保护海岸生态环境起着非
常重要的作用。红树林在福建、广东和台湾都有分布。

---

① 施伟青、徐泓主编:《闽南区域发展史》,福州,福建人民出版社 2007 年版,第 9
－10 页。
② 福建省地方志编纂委员会:《福建省志·林业志》,北京,方志出版社 1995 年版,
第 4 页,综述。

图 2-71 课题组在漳州市云霄县竹塔村采访台湾植物专家

红树林植物特别能适应海浪冲击,它的枝干上能长出众多支持根,扎入泥滩里以保持植株的稳定,能很好地防止海浪冲击。红树林主要分布在南北回归线之间,漳江口红树林是天然分布最北的红树林。经过多年的考察与经验积累,业界将漳江口红树林概括出七大种类(见图 2-72):

图 2-72 云霄县竹塔村海岸红树林

(1)木榄,开红色的花,叶背面及树皮呈红色,最顾名思义的"红树林"。

(2)秋茄,胚轴呈笔状,通过高渗透压,可以将海水中的盐分拒之于外。叶片颜色深于桐花树。

(3)白骨壤,叶片和枝干颜色较白。利盐。

(4)桐花树,觅盐。叶片颜色淡于秋茄。

(5)老鼠簕,开紫花,可入药,治风湿。

(6)黄槿,半红树品种,嫩叶可食用。

（7）无瓣海桑，外来引入物种。

漳江口红树林分布的自然条件：

（1）江河出海口，淡海交界处。

（2）有潮间旦（潮涨与潮落之间的时间），周期性海水浸泡。

（3）泥质滩涂，很少沙质。

（4）南北回归线之间，温度、湿度适宜。

红树林的作用：

（1）造陆，让潮浪缓冲，水流变慢，沉积成地。

（2）防风固沙。

（3）净化海水。

（4）吸收重金属（汞和铅）

红树林主要开发三个项目：

（1）红树林项目。

（2）湿地水鸟项目。

（3）优良水产品项目。

红树林的功能：

（1）经碳通量变化监测站监测，红树林是固碳能力最高的植物。

（2）净水功能。

（3）红树林具有国土保安的作用。

（4）生态复原功效强。

漳江口红树林群落现在是国家生态保护区，人人都在保护它。

3. 福建传统经济林生产经验

据《福建省志·林业志》载，福建经济林自古以来就十分丰富。人工栽培经营的经济林有 100 余种，主要有油茶、油桐、漆树、柿树、板栗、龙眼、荔枝等。战国时期的《山海经》载："南方油食也（油茶树）。"南北朝时期，文献上已有关于桔、柚、杨梅等果产的记载。宋《图经本草》记有油茶"可榨油燃灯，百越产者味甘可入蔬"。宋代蔡襄《荔枝谱》（见图 2-73），记载福州一带栽培荔枝之盛："延迤原野，洪塘水西，尤其盛处，一家之有，至于万株，城中越山，当州署之北，郁为林麓。"莆田城关现存古荔"宋家香"，系唐玄宗年间（712 年—742 年）所植。王安石《送李宜叔倅漳州》载："闽中富于水果，福州一郡，就有八种柑，八九样橘子，还有羊桃、黄淡子、金斗子、菩提果，为外省所罕见。丁香橄榄,比四川所出,风味尤为隽永。"①

图 2-73 莆田市仙游县盖尾镇前连村荔枝树林

福建的油茶树是福建木本油料的主要资源。因适应性强,丘陵山地均能生长,种后四五年开始结果,10 年进入盛产期,产果时间长达数十年,因此自古以来就是林业生产中的重要资源。如南平市屏南县棠口镇漈头村是传统茶油生产地,旧时村里有一套完整的种茶油和榨油的生产程序与技术。茶油生产技术和程序主要是:

从茶树上摘下茶油果(绿色的小果子,约拇指大小,圆形),洗干净,稍微晒几天让其保持干燥。备好料后进入榨油程序:

首先,把晒过的果子放进石臼(一种用于椿东西的工具里)捣碎,然后倒进石砻里椿磨得粉碎,再把它倒进蒸笼里面放在炉火上蒸,蒸成糊状再倒进圆柱形的模具里面,这样干了之后就成为一个个圆饼状的茶油饼,并用稻草包好。制成圆饼的这个过程称为色饼(据说色饼必须趁热做,这样才能出更多油)。最后一步是榨油,这一步也是最重要的一步,工具也是最大的,叫作油床(这种工具是用一棵大树的树干制成的,把树干首尾各留下一段,中央掏空,上下各有半圆形凹槽)。要把油饼竖着塞进中间,旁边用上窄下宽的木条塞紧。接着用很重的木杵或者石杵撞击木条对油饼进行挤压油就出来了流进地下的盆子里,如果中间松了就继续塞木条进去

---

① 《莆田古荔宋家香》,《文物》1987 年 1 期、王安石《临川集》,转摘福建省地方志编纂委员会:《福建省志·林业志》,北京,方志出版社 1995 年版,第 90 页。

接着锤（见图2-74）。榨完油后的油渣还可以用来洗头发或洗衣服（但是现在已经没有人这样榨油了,原因是过于劳累而且产出少）。（如图2-75,图片来自漈头村耕读文化大观园）。

图 2-74　屏南县祭头村张书岩收藏的本村传统榨油坊工具

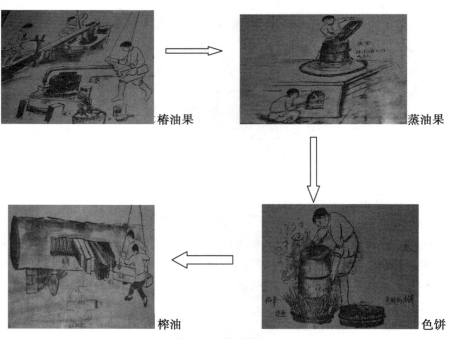

图 2-75　榨油程序

闽北经济林桐油树的垦殖也非常早,据记载,清代就有浙江省农民迁入专门经营桐油,每户垦殖数十、数百亩,年产桐油十余担至百余担以上。1949年新中国成立后,政府组织垦殖,全省每年营造油桐林 2～3 万亩,1966—1967 年,全省新造桐林 78 万亩,是历史上新造桐林最高的年份。中心区在武平、漳浦一带。①

　　经济林中乌桕已有上千年的人工栽培技术。分布在福州、闽福安、浦城、建阳、霞浦、寿宁、周宁、莆田、清流、连城等地。历史上乌桕资源少,油质好,但产量不高。

　　山苍子油也是福建传统经济林产业之一。主要用于食品、化妆品和医药工业。福建野生山苍子分布广泛,资源丰富。

　　福建经济林除上述工业、食品用油外,还有木本粮食类的植物。如板栗、锥栗、柿树等。古人们利用天然的山林条件,进行人工垦殖经济林,积累了丰富的林业经济林开发经验。如海拔较高、土壤较深厚肥沃的山谷宜种锥栗;柿子树对土壤要求不高,有地即可种。一般 10 年结果,20～40 年为盛果期。安溪人工栽培柿树已有数百年历史。山苍子对土壤要求不高,在贫瘠薄土上也能垦殖,山苍子喜阳光,但阳光不能太强,不能在山背阴处垦殖,在南坡稍有庇荫的山脊种植最佳等。

　　福建传统经济林除果树、油茶树之外,竹和藤的利用历史也非常悠久。福建与全世界一样,竹林的存在比人类的存在时间更早。当古人学会用竹、藤改善生产资料,提高生产力时,竹藤就发挥出其潜力和作用。

　　福建竹林开发利用最为鼎盛的文化时期是唐宋时期,当竹纸生产技术传入福建后,丰富的竹资源促使这一产业迅速发展。在唐代,福建的官税中就有"税有竹木之征"的记载,可见,早在唐代,福建的竹木器物制造业已形成可观的产业,被官方纳入征税的范围。

　　福建的竹林品种主要有毛竹、篓竹、麻竹、绿竹、藤枝竹、花竹、茶秆竹、箭竹、紫竹等(见图 2-76)。

　　竹、藤开发的传统产业非常广泛,从生产工具耙、箩筐、扁担、簸箕、篮子等到生活用具,是人们最常用的器具材料。

_____

　　①　福建省地方志编纂委员会:《福建省志·林业志》,北京,方志出版社 1995 年版,第 92～93 页,概述。

4.福建林产业开发与器具制作经验

福建因树木形成的林产业包括木材加工技术、果树栽培销售、木雕、根雕、林木制作、手工技艺文化等(见图2-77、图2-78、图2-79、图2-80、图2-81)。

图2-76 龙岩永定县坎市竹林

图2-77 福州软木画制作:锯木取材

图 2-78　木材的作用

图 2-79　闽南民俗中用实木制作的王爷船,图为厦门钟宅社区钟师傅造的实木王船

图 2-80　福建各地竹子最常用在农村生活用具上,如竹编猪笼等

图 2-81　屏南编织的竹篮,滴水不漏

福建历年考古发掘出土的文物中,由于木器经不起侵蚀,所以唐宋至新石器时期的木质器物很难找到实物。

福建地区先民的林木加工技术,约在新石器时期中晚期出现。建屋初期伐木无疑是用石斧和藤条,福建闽侯县昙石山出土的距今 5500～4000 年的新石器时期的陶片共 2229 片,其中与木纹、竹编(见图 2-82、图 2-83)相关的席纹、印纹、篮纹约 1714 片。[①] 由此可见,新石器时期福建地区已有古人类群居遗迹,且生活器具已经丰富多彩,带有鲜明的审美意识和质量要求。并且能够利用木纹、竹编的花纹拍打在陶坯上烧制成器具。

福建文化遗址中,铁斧、铁锯之类的林业生产和林木加工工具出土相对较少。闽北闽越王宫遗址出土有铁斧等生产工具。而利用木材制作生活器具的技艺却有较多的发现。如武夷山一带的悬棺制作技术,有 3000 多年的历史。

---

① 福建博物院:《福建考古资料汇编》(1953—1959),北京,科学出版社 2011 年版,第 248 页。

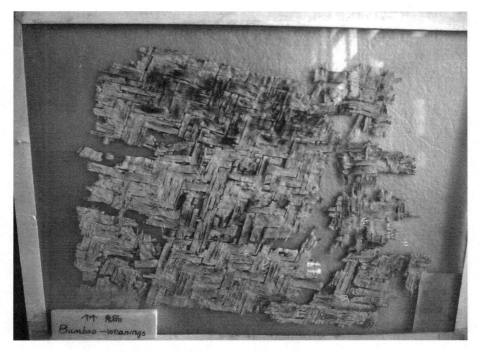

图 2-82 泉州宋代古船博物馆展示的竹编遗物

图 2-83 福建省博物馆展示的陶制品上的篾纹拍印古陶纹

　　福建省南平市武夷山悬棺遗址距今有 3235±80 年,树轮校正年代 3445 ±150 年。在武夷山悬棺类型文化遗址中,福建林业器具制作技艺表现在船棺制作技术和悬棺葬陪葬品中的木碓、砻、簸、箕、笭、箸什器及龟形木盘等物。悬棺的船型棺制作技艺十分讲究。这个资料说明,悬棺是从距谷底 51 米高的白岩洞穴取下的一具完整的船形棺木,船棺长 4.89 米,宽 0.55 米,高 0.73 米,棺底首尾起翘如棱形,中为方形尸枢,外形如古代独木舟,又似近代的乌篷船,为一棵大树制作而成(见图 2-84)。采用的手工技艺为砍、刨、凿等金属刀具加工弧状凿痕。从这一具悬棺发掘的遗物看,有尸骸上下覆盖的垫纹竹席、竹片、竹棍,纺织品有大麻、苎麻、丝绢、棉布。其间出土的纺织原料中有一块青灰色木棉布残片,是我国年代最早的出土棉织物之一。①

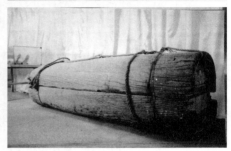

图 2-84 武夷山悬棺及文物图片

据现场实物参观、考察,船棺是用质地坚硬的楠木刳成,砍凿修削技术使其整齐、精巧,棺内还有雕刻的龟形木盘和纺织精致的竹席。与中国最早的农耕祭祀遗址——距今 7800 年的湖南高庙农耕祭祀文化遗址出土的葬坑遗存灰质竹篾纹基本相似。这说明福建人因地制宜、就地取材、造型奇特的手工技艺早在 3000 多年前就十分成熟和广泛应用。

5. 台湾林产业生产经验与器具制作技艺

台湾森林资源丰富,由此造林技术和林木技术与手工技艺出现的年代也很早。

（1）台湾人工造林

台湾史书上记载的人工造林历史发生在清代的很多。康熙朝给台湾颁布的“封山令”规定:“偷入台湾番境及偷越生番埔地界者,杖一百;偷越深山

---

① 高汉玉等:《崇安武夷山船棺出土纺织品的研究》,《民族学研究》第 4 辑,转摘卢美松、陈龙:《闽台先民文化探源》,福州,福建人民出版社,2003 年版,第 107 页。

抽藤、钓鹿、伐木、采棕者,杖一百,徒三年。"这是清朝为保护台湾森林资源较早颁发的封山令,由此可见,清政府从郑氏手上拿下台湾后,对台湾也进行了规范的管理。同年,清政府为在福建造船,也在台湾设船厂,伐木造船。从此,台湾的森林资源开始被大量地砍伐。

　　台湾森林资源遭到破坏有许多原因。一是军需砍伐。为抵御外侵,垦种大小木桩于沿海滩涂制造阻挠外船抵岸的障碍,加上修军营和筑城地,木材消耗很大。二是随着大量汉人入台。三是因造纸业的兴起,成片的森林资源被砍伐。四是用樟树制作樟脑。五是生产、生活用具用材等(见图2-85)。

图 2-85　樟树

　　台湾雍正年间,每13年发生一次洪水;到乾隆年间,频率加剧,约每4年半发生一次洪水;至嘉庆年间,约每2年发生一次洪水。以后,每隔两年或三五年就会发生"大水",[1]林业生态发生重大变化。有的山涧林道变为河床,有的森林则被泥石流填埋。因此,台湾早在清代时就有植树习惯,尤其是村前尾后,都有栽"风水树"(少数民族称神灵之树)的故土风俗。

---

　　①　台湾省文献委员会编印:《重修台湾省志·经济志·林业篇》,南投1992年版,第37页。

（2）台湾林产业开发

台湾林产业开发及器具制作技艺，早在新石器时期就开始了，芝山岩文化遗址出土的3500多年前的木器和纺织物就说明了台湾那时就有一定的木工制作技术与审美意识萌芽。

据台东"国立"史前博物馆图表显示，台湾在距今2000～4600年间，全岛各地都有大量的陶器、石器被发现。在古陶片中，绳纹是最普遍的装饰和特征，当时的古人们就学会了用树藤皮纤维揉搓成细绳，开始简单的手工加工纤维的技术工作。

从郑氏据台期间（康熙年间）开始，后龙镇就是台湾与大陆往来贸易的重要港口之一，也是渔民出海的港口。后因飞沙淤积，洪水破坏，河床改道，港口迁变，据1899年苗栗办务署统计，苗栗后龙镇有7个渔村，296户，其中专业渔户70户，兼职（渔耕）226户，渔获量17.2万斤。苗栗县后龙镇汉人入境开垦的时间大约在清康熙三十年（1691年），《苗栗县志》载，清康熙三十年，有金门人陈、谢、郑三姓经澎湖来台，居后龙沿海捕鱼，之后定居其地，渐事垦殖。至清康熙末年，有泉州人杜、谢、蔡、陈等姓，率众二百余人，唯以杜姓为主，而势大，购得后龙社荒垅庄。近代至当代，后龙镇现有外埔渔港、公司寮渔港、福宁渔港、南港渔港等小型渔港。船只大部分为拖钓渔船，年渔获量一亿零一百八十一万一千八百九十六斤（2002年）。

第三节　闽台渔业传统器具与技能

闽台地区依山面海的自然环境和丰富的海洋溪河资源，决定了两个地区形成一个文化圈的基础。也为最早迁徙此地的居民提供了群体物质生产形式，即采集、渔猎生产条件。据本课题组的学术梳理与实地调查，闽台地区渔业传统器具与技艺如下：

一、闽台渔业生产历史渊源

1. 福建的渔业生产

据课题组对福建省区域内发掘的旧石器和新石器时期文化遗址发现的梳理，福建省历史集体性海边采拾贝类、渔猎的生产，大约在新石器时期的中期,距今 6000 年左右。福建省东山大帽山新石器时代贝丘文化遗址出土过一批古代人类生活遗存,计有长身石、磨光小石、红褐色绳纹和素面泥质陶器口沿、夹砂陶器的口沿和圈足,脊椎动物骨骼,鱼类骨片和贝壳等。长约 24 米、宽约 20 米的发掘坑面主要由贝壳层组成。贝壳和泥的比例为 4∶6 或 2∶8,局部可达 8∶2。石器全在贝壳表层发现,陶片和动物骨片也在贝壳表层分布较多,仅少量碎陶片和骨片夹在贝壳层中。该遗址足以说明新石器时期福建沿海地区原始渔业生产的广泛与兴旺。

有关专家据福建平潭壳丘头和金门县富国墩贝丘遗址出土的贝壳及陶器碎片推测,福建闽东和闽南沿海地区在距今 6000 多年前就有采拾贝类,以贝肉为食的历史。

福建晋江庵山新石器沙丘遗址的年代为新石器时代晚期延续到商周时期,出土了大量的丽文蛤、泥蚶、青蛤、等边浅蛤、蝾螺、荔枝螺、锈凹螺、褶牡蛎等十几种贝壳类。遗址的范围很大,目前未被破坏的面积约 20 万平方米,可见古人们定居时间相当长。从地理上分析,该处地理位置优越,与地面相对高差 12 米,西北侧有小河流过,是早期人类理想的生存之地,是中国东南沿海最大的沙丘遗址。[①]

根据这些现象可推断出距今 3000～6000 年前,闽东、闽南沿海地区曾有规模较大的部落定居,并从事渔猎生产。

福建闽侯白沙溪头新石器时代遗址,距今 4000 年左右,出土文物有石器、骨器、玉器、贝器、陶器等 300 件;昙石山新石器遗址、溪头新石器遗址和庄边山新石器遗址发掘出陶网坠及大量的贝壳堆积。这里的贝壳主要以蚬为主,还有魁蛤、牡蛎、小耳螺等,至今仍栖息于福建沿海。这些考古发现都说明闽江两岸早在四五千年前就有先民从事捕鱼生产。先民这种食用贝壳、海产、淡水鱼的习惯一直延续至今。遗址中的生产工具主要有石锛,此外还有石箭镞、骨箭镞和陶网坠等(见图 2-86、图 2-87、图 2-88),人们的食物主要来源于捕捞、采集和狩猎。[②]

————————

　　① 黄瑶瑛:《福建晋江沙丘遗址原始人或为太平洋岛土著祖先》,中国新闻网,2007 年 7 月 29 日版

　　② 郑金星、陈龙:《福建闽侯白沙溪头新石器时代遗址第一次发掘简报》,载《考古》1980 年第 4 期。

图 2-86　福建省博物馆展示的新石器时代　图 2-87　福建省博物馆展示的新的新石器
　　　　的陶网坠　　　　　　　　　　　　　　　　时代的骨锥

图 2-88　福建省博物馆展示的新石器时代的文物

　　此外,福建闽江下游昙石山诸遗址、霞浦黄瓜山遗址、平潭壳丘头遗址、诏安腊洲山遗址、漳州覆船山遗址、东山大帽山遗址、龙海万宝山遗址、晋江狮子山遗址等,都是典型的贝丘遗址,说明福建沿海沿江河一带在新石器时代就进入了用工具进行渔业生产的生活状态。

　　《闽台先民文化探源》载,福建各地的贝丘遗址内容略有差异,如闽江下游的昙石山文化诸遗址,贝类主要有魁蛤、牡蛎、蚬、小耳螺。闽南沿海如东山大帽山遗址的贝类品种有 24 种,海生蔓足类 3 种,还有为数不多的陆相贝类。这些海生贝类,绝大部分生活在溪河间带的岩石、石缝或泥沙中,仅有少量生活在沿岸浅海的泥沙中。[①]　因此,学者们认为,在那个特定的历史时期,新石器时代晚期的闽人已经掌握了比较熟练的捕捞技术和经验。

　　课题组(见图 2-89、图 2-90)从福建省博物馆和福州市博物馆以及东山博物馆、漳州博物馆等了解到,新石器时代晚期至商周时期的生产工具主要有:石、骨、贝、陶等质地的生产工具,如石锛、石斧、石矛、石镞、砺石、网坠、

———————

　　① 卢美松、陈龙:《闽台先民文化探源》,福州,福建人民出版社 2003 年版,第 114 页。

石核、砍砸器、刮削器等。特殊的是,遗址中的骨具主要是用鳖腹甲、水鹿、野猪骨等制作的骨锥、骨针、骨钩、骨鱼镖、骨线坠等。其中数量最多的是小型扁平长方形石锛和平面呈柳叶形的镞。这些工具多用来加工、射杀野兽,是对野兽最有杀伤力的武器工具之一。

图 2-89　福建省博物馆展出的新石器时代的牡蛎器

图 2-90　福建省博物馆展出的新石器时代的蚌、贝器

新石器晚期至商周时期的渔业生产工具,普遍使用磨制出的凹石,用于加工贝类食物。据专家介绍,还有一种适用于浅海滩涂采集和垦殖等多功能的工具叫牡蛎器,牡蛎沿海滩生长,用其坚硬的外壳进行磨制,可加工成刀、铲、镰、斧绳等,一般长 12 厘米,宽 8 厘米,既可装柄又可系绳,是水上作业最为理想的原始生产工具,有些古老的工具一直用到民国时期,是福建渔业生产的基本保证。

福建的渔业生产是以外海捕捞为主,海水养殖并重,淡水渔业辅助的生产状态。据《福建省志·水产志》统计,1946 年,福建省渔民有 14.1 万人。1949 年福建省水产品产量为 67500 吨,其中海洋捕捞产量 34500 吨,占总产量的 51.1%;海水养殖产量 32000 吨,占总产量的 47.4%;淡水渔业产量 1000 吨,占总产量的 1.5%。可见,直到新中国成立,福建渔业生产是以外海捕捞为主,海水养殖并重,淡水渔业辅助。

但是,近半个世纪以来,尤其是近 20 年以来,渔业生产从规模到捕捞技术发生了很大变化。

2011 年 7 月至 2012 年 8 月,课题组在漳州云霄县进行渔业民俗调查,云霄县依山傍海,渔业生产历史悠久,水产资源丰富,素有"望海为田"之称。全县浅海滩涂水域面积 89.22 平方千米,海岸线长 48 千米,沿海分布有大霜、浯屿等大小岛礁 16 个。

云霄县在明代就有造船的历史,织网制钓,渔业发展很快,但在清代有反复。据民国《福建渔业史》载,清顺治年间(1644 年—1661 年),朝廷强令沿海渔民"迁界"移民,以致渔业荒废。康熙十九年(1680 年)"复界",云霄渔业生产恢复。之后,渔业生产方式逐渐繁多。云霄境内漳江湾(即漳江下游近海口)的大滩涂,是海水与漳江水交汇处,淡咸参半,水质极佳,海产资源丰富。但是,近 20 多年来,由于水质变化,生态失衡,目前全县经济中,以商业、农业和手工业为主,渔业算副业,只占全县经济的 10%。如今,云霄渔业已经不是主业,尤其是在霞美村,十几年前居民都是渔民,现在渔民越来越少,还出现了两家渔民合用一艘渔船,以减少成本的情况。2012 年正月十五当天上午 9 点多,课题组在霞美村江边发现有新船下水。但是据村里人讲,现在的新船都不是用来出海打鱼的,而是供人在内海游玩烧烤的,新船下水的仪式比较简单,有拜妈祖,放鞭炮,开到海上巡一圈然后回来。

淡水区域以船为家的疍民,在新农村建设中,政府出部分资金,也为其在陆地上建新房,疍民船上生活现象在福建基本消失。海上作业的渔业已成公司集团型生产模式,渔民以船(一家或一族人)为单位的捕捞生产规模由大变小,由壮变弱。至 2012 年,除了专业的渔业公司外,全省纯以捕鱼为职业的渔民不足 5 万。如平潭东美村(见图 2-91)最高峰时期的渔船多达300 多艘,到 2012 年 8 月课题组做田野调研时,还保留着十余条外海捕捞渔船,全村 1000 多人,捕鱼职业者不到一半,其他人多是外出打工或跑运输。东山传统渔村以捕捞为职业的渔民也不多见。沿海地区的原渔民,如今多以打工、经商、运输为主,捕捞渔业为辅。

图 2-91　平潭流水镇东美村的渔船

2. 台湾的渔业生产

台湾四面环海,气候温和,海域广阔,水产资源丰富,渔业发展条件十分优越,自古以来就是我国东南沿海海洋渔业资源最丰富的著名渔场。1983 年,台湾省水产品产量达 93 万多吨,占农产品总值的 21.5%。水产品出口创汇 6.6 亿美元(1983 年),占农产品出口总额的 34%。据《台湾渔业考察报告》,2009 年总产值近 1000 亿元新台币,在农业产值中的比重基本保持在 25% 左右。台湾水产品总产量近 150 万吨。台湾海洋渔业从 2001 年起成为农产品第一大出口产品(见图 2-92),水产品出口是台湾农业各类出口产品中唯一出口大于进口的产业。但进入 21 世纪以来,台湾海洋渔业与大陆东南沿海海洋渔业生产一样,受生产成本增加、劳动力和渔业资源的缺乏等因素制约,台湾渔业发展日渐困难,生产出现明显衰退迹象。①

在花莲、台东等东海岸太平洋上作业的渔民还保存着"射鱼"的原始捕鱼习俗。课题组在绿岛考察渔业生产习俗时,62 岁的田亦生介绍说,田姓是 1804 年从福建泉州到绿岛捕鱼、农耕,以前用 6 桨木船捕鱼,开始捕鲣鱼,日据时钓鱼技术从琉球传入,还学会用夹饵钓鲔鱼和龙虾等。捕的鱼以飞鱼和鬼头刀鱼为多(见图 2-93)。捕鱼还有一个方法,就是射鱼(阿美人称梭鱼)郎将木棍削成一头尖的长条形,握在手中,闷一口气钻进海底十多米深处,用尖头棍去射鱼(见图 2-94)。日据时期前后,改有铁尖头,用橡皮(日、美军人用的橡胶皮,剪成条形有松紧性)绳捆在木棍上,如射弩一般,向身边的鱼射去。一次出海,多的可射七八条,二三十斤,系在腰上,太沉了就浮上水,回家。

在花莲石梯坪海岸边,清晨,太平洋的波浪之中,可见到勇敢、勤劳的阿美人乘着小筏,在日出前下海捕鱼,小筏时而跃在浪尖上,时而沉下海平面,惊险万状(见图 2-95、图 2-96、图 2-97)。

---

① 丹山市赴台渔业考察组:《台湾渔业考察报告》,载《舟山渔业》2009 年第 6 期。

图 2-92　台湾高雄旗津港繁忙的国际货轮　　图 2-93　台东绿岛田亦生捕获的大鱼

图 2-94　台湾花莲、台东传统的
射鱼木枪

图 2-95　台湾省台东县绿岛渔村妇女非常勤劳，每天天
刚亮或傍晚就到太平洋海岸边摘海菜

图 2-96　日出前，台湾花莲县石梯坪勇敢
的阿美人就迎着天穹的霞光在太
平洋乘风破浪，下海捕鱼，惊险万
状

图 2-97　台湾旧时海上渔业照片（屏东）

台湾海洋渔业历史久远,其亦渔亦猎从地球末次冰期东山陆桥连接台湾与大陆时开始,发展到当代的沿岸渔业、近海渔业至远洋渔业生产。

据《台湾农业史》载,台湾屏东县鹅銮鼻文化遗址有 5000 年历史,发掘出了大量的贝刮器、鱼骨、兽骨等(见图 2-98、图 2-99)。在台湾澎湖列岛,共发现贝塚遗址 80 余处。[①] 距今 4000 年前的新石器遗址中也发掘出了关于原始渔耕的生产工具,具有代表性的渔业工具是石网坠,采集农耕工具有石铲、石斧、有段石锛、石锄、石镞、石凿等,陶器以罐、盆、钵为多,还发现有陶纺锤与陶支脚。台湾距今 3500 年的芝山岩遗址,发掘的渔业文物更多,在水边捞贝食用,贝壳弃久积堆成贝塚。从发掘出的捕捞、生产工具看,有石锄、鱼叉、骨锄、网坠等,还有骨制的装饰品,木器有掘棒、矛、陀螺形器等,可以看出这一时期的台湾北部古人已掌握了较为高级的生产技术,从事渔猎和农耕的生活,并具有一定的审美观念。

图 2-98 鱼骨标本

---

① 吴田泉:《台湾农业史》,台北,自立晚报社文化出版部 1993 年版,第 44~48 页。

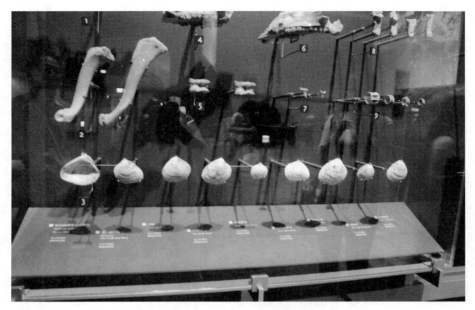

图 2-99　台湾历史博物馆展出的台湾兽骨文物

在台湾最早的新石器时代大坌坑文化遗址（公元前 4600—2800 年）中，发掘出 2800 多年前的管形石珠、石槌、凹石及磨制大锄、磨制石锄等渔猎劳作工具。还出土了大量的双壳及单壳贝类与兽骨片。这说明在商周前后，台湾北部就有了群体渔猎生产方式。明清以后，原来的渔业生产者因战乱或侵略者入侵等种种原因，有的离开沿海，迁往深山，失去渔业生产的环境和条件。如史书记载："……始皆聚居滨海，嘉靖末，遭倭焚掠，回避居山。倭鸟铳长技，东番狗恃镖，故弗格；居山后，始通中国，今则日盛，漳、泉惠民，充龙、列屿诸澳，往往译其语，与贸易；以玛瑙、瓷器、布、盐、铜簪、环之类，易其鹿脯皮角。"[①]据课题组沿海渔村调研，如今的渔村，多是明清前后从漳泉地区入台的汉人。

据课题组在台湾苗栗县后龙镇考察，以及根据《后龙镇志》所载，该镇西临台湾海峡，有良好的渔场，早期居民是平埔人，后有几支汉人陆续迁徙而来，他们就有一部分迁徙到山地，仍沿海居住的主要靠"石沪"和捕捞维生。"石沪"就是在沿海和出海口处，用天然大石头垒起大小不等的围田，利用涨潮时满盖围坝，退潮时，鱼落入围田之中，而海水则从石头缝流走，失水之鱼

---

① 吴田泉:《台湾农业史》,台北,自立晚报社文化出版部 1993 年版,第 337 页。

便可以小网捞或舀拾(见图 2-100)。当时石沪捕捉的渔获量已胜过捕獐与鹿的经济价值。在明末清初郑氏据台期间(康熙年间)开始,后龙镇就是台湾与大陆往来贸易的重要港口之一,也是渔民出海的港口。后因飞沙淤积,洪水破坏,河床改道,港口迁变,据日据明治三十一年(1899 年)日人调查苗栗办务署统计,苗栗后龙镇有 7 个渔村,296 户,其中专业渔户 70 户,兼职(渔耕)226 户,渔获量 17.2 万斤。但曾经繁华的后龙新港因某些历史原因一度变得十分萧条。

图 2-100　台湾苗栗县后龙镇石沪捞鱼

自清康熙三十年(1691 年),苗栗县后龙镇汉人入境开垦,金门人陈、谢、郑三姓经澎湖来台,居后龙。至清康熙末年,有泉州人杜、谢、蔡、陈等姓,率众二百余人,唯以杜姓为主,而势大,购得后龙社荒垅庄。[①] 近代至当代,后龙镇现有外埔渔港、公司寮渔港、福宁渔港、南港渔港等小型渔港。船只大部分为拖钓渔船,年渔获量一亿零一百八十一万一千八百九十六斤(2002 年)。

台湾早期的渔耕民族是现被称之为"原住民"的少数民族。在台东地区雅美人、阿美人等至今仍然保持渔业生产。如今的雅美人仍然有婚后第三天男方家父母要带新婚夫妻到海边拾贝以卜吉凶的民俗。雅美人在海上捕

---

① 　黄丙煌:《后龙镇志》,苗栗县后龙镇公所,2002 年版,第 90～91 页。

鱼,擅长造渔船。生活在溪河边的阿美人则擅长在河川捕鱼,居住在海边的也在海上捕鱼。渔业工具除了现代船的现代网鱼之外,传统的工具还保存有捕鱼的弓箭、刺、叉、网及镖枪等。

二、福建海洋鱼类与捕捞技术

1. 福建可捕捞的海洋鱼类

根据陈子英在 1933 年的福建渔业调查报告,当时可捕捞的海洋鱼类如表 2-1 所示:

表 2 − 1　福建各种鱼类时令表 1933 年

时令	出产鱼类	渔场	渔法	渔区
正月	带鱼、黄花鱼、狗母、鲨、红虾、鳗、蟹、青干、小黄鱼、海菜、蚶、龙虾	乌坵、南日岛、东南海中、兄弟岛至南澎湖岛附近海东木定外、东引、苔山沿海一带	网捕、钩钓	厦门港、湄洲、南日、东山、崇武、连江、福鼎、沙埕、平潭
二月	带鱼、五须虾、鰡、鳗、蟹、巴浪鱼、青干、小黄鱼、马鲛、海菜、蚶、光鱼	崇武近海、舟山群岛、湄洲、南日沿海、东木定与澎湖岛之间海中	曳网、钩钓	厦门港、东山、崇武、海澄浯屿、莆田、长乐、闽侯
三月	带鱼、马鲛、鲳、鲥鱼、黄花鱼、鳖、鳗、墨鱼、鳜、鰡、鳗光	东山港、东木定外、小金门、白犬洋、三沙港、三都澳、苔山近海	流网、钩钓	同安、金门、福鼎、东山、连江、霞浦
四月	乌鲳、黄花鱼、坂鱼、红虾、鳗光、鲲、墨鱼、鳜、鲍鱼、海猪	乌坵至南澎湖岛附近间之海中、东木定外、南日岛、东南海中、兄弟岛海东引、苔山沿海一带厦门港青屿脚、同安、刘五店门前海、南日近海	旋网、钩钓	厦门港、海澄、东山、福鼎、连江、长乐、平潭湄洲、南日、崇武、连江、沙埕、同安、金门、霞浦
五月	乌鲳、坂鱼、鰡、鲨、红虾、鲲、蛏、墨鱼、鳜、黄花鱼、鲍鱼、海猪	乌坵屿、东木定外、崇武近海、各渔区内港	流网、延绳钓	厦门港、海澄、湄洲、平海、南日、思明(五通浦口)、同安

时令	出产鱼类	渔场	渔法	渔区
六月	坂鱼、鲳、鲨、鳗、干鱼、虾、鲟、蛏、鲴、梅仔鱼、章鱼、鳜、鲍鱼、小带鱼	东木定外、乌坵或至澎湖附近间之海中、东山港、兄弟岛至澎湖岛之间海中、同安兑山门前海	曳网、流网钩钓	三都澳、同安（刘五店、集美）、厦门港、连江、福鼎
七月	坂鱼、鲳、鳗、黄花鱼、鲷、鳜、虾、鲟、鲴、鱿、梅仔鱼、鲍鱼、小带鱼	东山港、兄弟岛近海、乌坵、牛山、东引、苔山等处沿海及渔区内港	曳网、延绳钓	同安（刘五店、集美）、厦门港、连江、福鼎
八月	鱿、坂鱼、鲳、虾、鳜、文昌鱼、鲟、章鱼、海蜇、鲍鱼、秋刀鱼、小带鱼	澎湖列岛至东木定之海中、东木定外、刘五店鳄鱼屿尾偏南之海中	曳网、挂网、用锄耙鱼	东山、厦门港、平潭、三都澳、同安（刘五店）、连江（筱埕）
九月	鲷、坂鱼、鳖、鳗、鲨、鲟鱼、章鱼、文昌鱼、海蜇、秋刀鱼	乌坵东北、东木定外、海、上四目、下四目沿海一带、渔区内港、刘五店鳄鱼屿尾偏南之海中	网捕，延绳钓，用锄耙鱼、洗沙取之	莆田、东山、福鼎、连江、海澄、厦门港、同安（刘五店）、晋江、金门
十月	蟳鱼、鲷、牡蛎、坂鱼、鳗、鳖、鳟、鲳、文昌鱼、海蜇、秋刀鱼、虫戈	渔区门前海边、平潭泫水村门前海、牛山洋沿海一带	蚝石、延绳钓	同安、莆田、崇武、东山、思明、金门、连江、福鼎
十一月	鲷、黄花鱼、牡蛎、坂鱼、鳗、鳖、鲨、蟹、鳟、文昌鱼、龙虾、虫戈小黄鱼	东木定至兄弟岛间海中、鳄鱼屿尾偏南之海中	流网、钩钓	厦门港、平潭、金门、莆田、东山
十二月	大鲨、黄花鱼、蛎、狗母、鲨、带鱼、鳗、鳖、鳟、蟹、牡蛎、青干、小黄鱼、海菜、蚶、龙虾、虾米	南日、东木定外、湄洲近海、三沙港、南北竿塘、苔山、东山港	敷网、钩钓	海澄、厦门、同安、连江、晋江、金门、莆田、崇武、福鼎、三沙

从上述表中，说明 20 世纪 30 年代的福建可捕捞的海洋鱼类种类已经很多，渔业生产已经达到较高水平，而且在漫长的生产实践中约定俗成了基本程式化的季节、气候性生产习俗，为后人留下珍贵的技术与经验。如今渔业

分类技术、不同时令不同鱼类规律性以及不同时节所使用的不同捕捞工具、渔场的分布,都传承下来了。

2. 福建海洋捕捞技术

经课题组学术梳理和实地考察,福建的海洋捕捞技术可追溯到新石器时代距今 6000 多年的采贝技术与经验。

明代万历四十六年(1618 年)胡世安的《异渔图赞补》中,就记载了福建用流网捕鳓鱼的方法。《八闽通志·物产志》和清代《福建通志》"沿海捕鱼区"记载了福建的渔场及 97 种海洋采捕鱼、虾、贝、藻类。清光绪十二年(1886 年)的《海错百一录》和《闽海录异》,载有福建船网工具和鱼类 70 种等。这说明福建从 6000 多年前至近现代,有渔场八九处。

据本课题组实地调查,福建渔民捕捞的方式方法多达十余种,如小钓延绳钓、大钓延绳钓、柔鱼钓、大围缯、流网、地曳网、定置张网、大型风船曳网、小型风船曳网等(见图 2-101)。

图 2-101　厦门市思明区厦港渔民网鱼

福建省平潭县流水镇,与白犬列岛相距仅 18 千米;东濒台湾海峡,与台湾新竹航距仅 68 海里。陆域面积 47 平方千米,海域面积 1500 平方千米,滩涂面积 8680 亩,海岸线长 31 千米,辖 26 个行政村,71 个自然村,渔业生产以近海捕捞为主,海水养殖较少,全镇曾经有渔船有 595 艘,3343 吨位,多为非机动船(见图 2-102、图 2-103)。20 世纪 80 年代以后逐步形成镇渔业生产养殖、捕捞、加工相结合的方针,大力发展外海捕捞和远洋捕捞,滩涂养殖发

展迅速,养殖蛎、蛤、海带、紫菜、贻贝等。1995 年,全镇拥有渔船 524 艘,
1.34 万吨,已形成 3 个千亩养殖片,海水养殖面积达 2800 亩,渔业总产量
4.13 万吨,总产值 5450 万元。但随着企业体制的改革和经济发展方向的重
心转移,到 21 世纪的第一个十年,流水镇渔业生产进入了低潮时期。这主要
是因 90 年代渔业生产者见海洋运输利多,纷纷贷款购运输船,随着近 20 年
国家交通运输的兴旺,村民贷款购船走海运的钱大多收不回来,面临着破产
和资不抵债的状况,渔业捕捞生产萎靡不振。流水镇东美村至今虽然仍以
渔业为主要生活来源,但一直在艰难维持。

图 2-102 平潭东美村的渔船回港

图 2-103 平潭东美村近海捕鱼的渔船

　　2012 年 7 月 22 日,课题组在东美村采访时,半夜 11 点多,正遇到十几艘大船陆续回港。捕捞对象主要是带鱼(见图 2-104、图 2-105),其他鱼类、虾类和蟹类不多。据渔民介绍,带鱼一般在冬季捕捞,主要捕的鱼种有虾、金鲳鱼、带鱼等。捕鱼也要看经纬度,比如 7.1～7.15 浙江大潮,鱼就多,船往浙江方向走。夏季主要捕红虾及似泥鳅的鱼。秋季捕捞龙头鱼(大约一尺来长的红嘴鱼)、黄瓜鱼。冬季捕捞带鱼、虾和龙头鱼。一般捕鱼过程由潮水定,主要坐木枋船去浙江,经历 2～3 个月后回来,用两条船围网,上午放,下午收;然后是拖网;钓螃蟹,最深 50 米,几百米就没有了。

图 2-104　平潭流水镇东美村渔产品

图 2-105 平潭东美村渔船半夜回港,大鱼收走后,剩下的小鱼在第二天天亮后分类

据东美村书记介绍,村民的祖先曾是山东威海当官的,受迫害逃难到平潭流水镇东美村以打鱼为生,到村书记这一代有十三四代人。新中国成立前是用小船、用橹捕捞,后用机帆船捕捞,捕捞地点在东海、南海、渤海一带,南到福建、广东、广西、海南岛,北到秦皇岛、大连、天津等渔场。春、夏季在本地捕捞,秋、冬季季风大,就到浙江以外的外省沿海地区捕捞。一个往返需要 1~2 个月。当下全村 100 匹马力的渔船只有 10 多艘。

闽台地区水资源丰富,又因地处亚热带沿海,年平均水温 18.6℃ ~21.5℃,盐度终年较低。闽南和台湾西部沿海及闽东外海渔场,因受黑潮支梢、台湾暖流和南海水的影响,盐度较高,[①]是渔业生产的最佳环境。因此,闽台地区沿海地带及沿江河地区的渔业生产者,在漫长的生产过程中积累和总结出了完整的技术方法与捕捞、识鱼经验。

从福建五大渔场渔汛与捕捞对象比较表可以看出闽台渔业的技术与经验。见表 2-2:

---

① 福建省地方志编纂委员会:《福建省志·水产志》,北京,方志出版社 1995 年版,第 12 页,第 38~41 页。

表 2-2　传统渔业征税经验:福建五大渔场鱼汛与捕捞鱼类表

渔场	渔期	主要捕捞鱼类
闽东渔场	春汛 (3—6 月)	带鱼、鲨鱼、大黄鱼、马鲛、海鳗、蓝圆鲹、鲐鱼、竹夹鱼、小公鱼、乌贼、毛虾、鲳鱼、乌鲳、舵鲣
	夏汛 (7—9 月)	蓝圆鲹、海鳗、鲐鱼、绒纹线鳞纯、短尾大眼鲷、对虾、日本鳀、白姑鱼
	秋汛 (10—11 月)	带鱼、对虾、鱿鱼、梭子蟹、日本鳀
	冬汛 (12 月至翌年 2 月)	带鱼、大黄鱼、梭子蟹、毛虾、鲨鱼、鲐鱼、舵鲣、鲳鱼
闽中渔场	春汛 (3—6 月)	带鱼、鲨鱼、大黄鱼、乌鲳、马鲛、海鳗、蓝圆鲹、鲐鱼、鲳鱼、日本鳀、毛虾、鳓鱼
	夏汛 (7—9 月)	蓝圆鲹、金色小沙丁鱼、短尾大眼鲷、刺鲳、鲨鱼、海鳗、小公鱼、绒纹线鳞纯、舵鲣
	秋汛 (10—11 月)	鲨鱼、海鲶、海蜇、对虾、海鳗
	冬汛 (12 月至翌年 2 月)	带鱼、大黄鱼、蓝圆鲹、小公鱼、日本鳀、毛虾、梭子蟹
闽南渔场	春汛 (3—6 月)	带鱼、蓝圆鲹、金色小沙丁鱼、二长棘鲷、马鲛、鲐鱼、羽鳃鲐、条尾鲱鲤刺鲳、乌鲳、白姑鱼
	夏汛 (7—9 月)	蓝圆鲹、金色小沙丁鱼、颌圆鲹、鲐鱼、竹夹鱼、脂眼鲱、鱿鱼、二长棘鲷、条尾鲱鲤、狗母鱼、绒纹线鳞纯
	秋汛 (10—11 月)	鱿鱼、条尾鲱鲤、带鱼
	冬汛 (12 月至翌年 2 月)	日本鳀、小公鱼、梭子蟹、毛虾、带鱼

3. 福建渔业捕捞技术分工

(1)负责投放干枝绳及浮桶、锚等;

(2)配合投放干枝绳,在投下之枝有缠绕或发生其他意外时,立即制止干绳,以便进行处理。

(3)专门负责系结浮桶、锚以及每筐干绳的结合等。

(4)船长掌舵,与司机密切联系,通常以半速或微速投绳,并配合前三个岗位的工作。

(5)司机控制机器,细心注意船长的指挥,以便配合捕捞。

(6)搬运绳筐给之一、之二岗位者,并协助他人工作。

船员技术分工(见图 2-106):

图 2-106　课题组学生在泉州市石狮蚶江一个渔村老年协会采访退休在家的老船长

前三位共同合力拉绳,如鲨鱼上钩时,即由立于扬绳板上的 1 号船员使用所有备鱼钩或鱼镖辅捕,然后 2 号船员立即从干枝绳结合处脱去,与 3 号船员一起将其拉上船,并处理。若遇小鱼上钩,则直接交给第 4 号即船长负责解鱼。

分工的 4 号,即船长接前三位船员扬上的干枝绳,作有秩序的收拾放绳筐内,并将每一筐干绳之间的结合处解开,分筐整理,兼管浮桶、锚等绳结的解开。

分工 5 号即司机,此时控制机器,配合船长的指挥,扬绳完毕后,协助渔获物处理。

船长掌舵,依前三位船员的工作快慢,将船或进或停。尤其注意,务必不使干绳靠到船尾,以避免缠住推进器。

三、台湾海洋鱼类与捕捞生产技术

1. 台湾海洋主要鱼类

以后龙镇沿海地区鱼种为例,台湾海峡沿海海洋鱼类种类主要有:春季:渔获品种有乌鱼、乌贼类、鲭鱼、虾类、鲨鱼类、鲷类、黄花鱼类、鲣类;夏季:鲨鱼类、乌鱼类、鲣鱼类、虾类、黄花鱼类、鲷鱼类、乌贼类等;秋季:多半是虾类、乌贼类、乌鱼、鲨鱼类、黄花鱼类、鲷鱼类、鳍鱼等;冬季:乌鱼、虾类、乌贼类、黄花鱼类、鲷类、鳍鱼、白带鱼、鲣类、鲨鱼类、鲥鱼等最多。近海养殖渔业则有鳗鱼、虱目鱼以及海瓜子,在出海口处有牡蛎(蚵)养殖(见图 2-107)。[①]

大肚鱼

红鳞帕

鲫鱼

尖嘴仔

石斑仔

沙溜仔

图 2-107　台湾鱼类(谢赐龙提供)

2. 台湾渔业捕捞季节与作业时间经验

据本课题组的学术梳理与实地调查,台湾传统的渔季一年分为三季或

---

① 黄丙煌:《后龙镇志》,苗栗县后龙镇公所 2002 年版,第 265 ~ 267 页。

四季。捕捞的时间如下所示：

第一季：六月十五日（农历）至九月九日，又称大海。如台湾龟山岛的渔季，以民俗节日为分界线。如六月十五拜王恩主公生日开始，到九月九日拜太子爷诞辰为第一季。太子爷诞辰是第一季的结束，又是第二季的开始，到翌年三月二十三妈祖诞辰生日为第二季，又称小海。同样，妈祖生日是第二季的结束又是第三季的开始，再持续到六月十五的王恩主公生日为止。① 第三季俗称牵罟或放龙仔。年复一年，代代传承。

如下表所示：

台湾浅滩渔场	春汛（3—6月）	蓝圆鲹、金色小沙丁鱼、脂眼鲱、鲐鱼、鲷类、鱿鱼、蛇鲻、二长棘鲷、条尾鲬鲤、刺鲳
	夏汛（7—9月）	鱿鱼、蓝圆鲹、金色小沙丁鱼、鲐鱼、鲷类、短尾大眼鲷、四指马鲅
	秋汛（10—11月）	蓝圆鲹、颌圆鲹、鲐鱼、竹夹鱼、鱿鱼
	冬汛（12月至翌年2月）	蓝圆鲹、鲐鱼、竹夹鱼、开长刺鲷、长蛇鲻、狗母鱼

近50余年，因渔业的发达，捕捞者过多，为保护鱼种，闽台都有出海限制。闽东、闽南沿海渔村一般从5月至7月中旬左右禁海，这一季节是鱼产卵养育的季节，规定不下海远洋去捕捞。

台湾岛沿海因一面临台湾海峡，一面直面西太平洋，气候和风速都有差别；潮汐时间与渔场也有十分密切的关系，因此，不同的渔场作业时间不同。以龟山岛为例：

（1）北面渔场：渔期为农历九月起至翌年二月止。每月逢 2～11 日以及 17～26 日为作业时期。具体投绳时间如下表：

日期	上半月	2	3	4	5	6	7	8	9	10	11
	下半月	17	18	19	20	21	22	23	24	25	26
投绳时间		22:00	23:00	24:00	01:00	02:00	03:00	04:00	05:00	06:00	07:00

（2）南面渔场：渔期为农历三月至八月，每月逢二十八日至翌月五日以及翌月十三至十七日为作业日期，具体投绳时间如下表：

---

① 王崧兴：《龟山岛—汉人渔村社会之研究》，台湾"中央研究院"民族学研究所1999年第二版，第25页。

日　期	28	29	30	1	2	3	4	5
	13	14	15	16	17			
投绳时间	06：30	07：30	08：30	09：30	10：30	11：30	12：30	13：30

（3）饵料

钩捕深海性的鲨鱼,任何种鱼类都可以作饵料。鱼的肉质愈强韧越好。渔民通常用鲨、马头鱼、鲭等充用。将其切成适宜长方形之大小块装钩,其中以鲭鱼头作饵料,钓获率最高。[①]

3. 台湾海洋渔业的捕捞技术与方法

课题组通过台湾相关渔业生产资料考证以及在苗栗县后龙镇外埔渔村、台东八里铺渔村等地实地考察与采访,将台湾沿海地区渔业生产技术归纳如下：

（1）投绳法

出港前,预先把饵料钩置妥当,以农历吉时出海前往渔场作业。一般为四马力的舢板一艘,船员 6 人,备载渔具 6 筐。船到渔场后,以岸上目标为准,由船长确定投绳位置,使船横断潮流,机关以半速前进,将延绳投下。投绳顺序为：先将浮标绳上端接以浮桶,下端则与干绳、锚索等连接。一切办妥之后,将浮桶及锚先投下,渐行投放渔具。一筐延绳投完,再继续投第二筐。直至延绳全部投毕,末端亦如其前端所附浮桶,浮标绳及锚等投下,于是投绳工作完成。通常投放一筐约需 2～3 分钟,6 筐则需要 16 分钟左右。

（2）扬绳法

扬绳法是在继投绳后,船即在其投绳地点来回巡视或停船休息一小时后,开始起绳的方法。这是渔民约定俗成的经验,是在长久的生产实践中摸索出的起绳技术工作。

此时,把船驶赴最先投绳的地方,先将浮桶、浮标绳、锚等扬至船上,继扬起干枝绳,至完毕为止,值时船速度甚微,仅能保持舵效即可。扬绳时间,若能顺利地扬上,则约需要 2 小时。作业完毕,就分别整理渔具,如有渔获,则直接驶赴渔场拍卖。反之,则回港休息。每次航海作业次数,以一次为限。

---

① 王崧兴:《龟山岛—汉人渔村社会之研究》,台湾"中央研究院"民族学研究所1999 年第二版,第 30－34 页。概括内容。

4.台湾传统石(渔)沪技术与方法

台湾渔业生产技术与经验文化遗产中还有一个习俗非常珍贵,那就是石沪技术与经验。

石沪,又称渔沪,即用石头垒起来的捕鱼陷阱。"自吞霄至淡水,砌溪石沿海,名曰'渔沪'。高三尺许,绵亘数十里,潮涨鱼入,汐则男妇群之,不事网罟,多筑石沪。"①这笔史录是清代以前的状况,2012年9月课题组在苗栗县后龙镇看到保存下来的清代以前的石沪,大的堤高约2米,梯形状,长约1千米左右,小的石沪潮间带面积不足200平方米。当地退休渔民、本土学者王启仁提供合欢石沪的数据是:总长度约450米,高度约0.2~2.8米。母乃石沪:总长度约280米,高度约0.2米~2.2米。

可以说在以后的时间里,渔民在对石沪的维修中不断加固、增高,或者说清代以后,潮汐比之前大,渔民根据需要不断增高石沪墙。

石沪是渔民自古以来从生产实践中摸索出来的一个行之有效的捕鱼方法,至今在台湾的澎湖列岛、苗栗县、台北淡水沪尾等地还传承使用着(见图2-108、图2-109、图2-110)。

图 2-108　苗栗县石沪 1

---

① 　王启仁:《后龙溪出海口环境生态石沪群》,转摘《苗栗县志》,第11页。

图 2-109　苗栗县石沪 2（图右一为本书作者，谢赐龙摄）

图 2-110　苗栗县石沪 3

　　据史料显示，中国最早的石沪技术产生在江苏，东晋之前是用竹木插在滩涂，待退潮时，海水流走，鱼被竹木筑成的围屋拦截，成为渔民的捕捞物。

　　上海简称"沪"，据说也是因为 1292 年成立上海县之前，那上海滩一带的渔民用"沪"捕鱼。到近代，上海虽然成了国际商会经济中心，但人们还是习惯简称"沪"。新中国成立之后，实施中文简体化，上海正式简称为"沪"。

　　台湾石沪是怎么产生的呢？据台湾苗栗县后龙镇外埔村 73 岁的地方学者王启仁先生介绍（见图 1-111），据他搜集的资料显示，当时汉人入境前这里是道卡斯（平埔）人居住的家园，西海岸一带布满石头，石头上生长了藻类，石缝里有很多海洋生物，如蛤仔（海瓜子）、螃蟹、蚵仔（石头蚵）、虾仔、海虫等，自然而然成了回游鱼类觅食的天堂。有一次退潮时一位先祖在海边发现一些由礁石形成的水堀中或石堆沟里有鱼虾被困其中,捉起来全不费工夫。于是平埔人想出用石头围成簸箕形捕捉鱼虾的方法,产生了用石头垒起石围捕鱼,收获很大。之后,先民们在海边搬起大小不等的石头垒起一个个石沪(见图1-112),涨潮时海水漫过石沪,退潮后,海水通过石头缝流走,随着涨潮游进石沪的鱼虾却被石头拦住,"渔沪"也许便是这样演化而来的。

图 2-111　苗栗后龙镇采访王启仁先生(中),左为谢赐龙(台湾学者),右为作者

图 2-112　台湾苗栗县后龙镇石沪围鱼

还有一种传说:他们的先人南宋时迁到澎湖,明清时从澎湖迁到苗栗后龙时,稻田是别人的,又没有船讨海,就重操旧业,在海滩造石沪围鱼。石沪捕鱼是他们汉人的祖先留下的。

清代康熙四年(1665 年),先民聚落日增,康熙末年后垄港设于此处。道光年间因泥沙堆积,洪水冲毁河道,汕头港淤塞河流改道。如今从西海岸石沪中港溪出海口以南至后龙溪出海口以北有 28 口石沪;从西湖溪出海海口以南湾瓦、半天寮至白沙屯约有 18 口石沪。

清代台湾北部淡水镇和澎湖列岛多有石沪。澎湖列岛是台湾石沪最多的地方,全县石沪总数达 580 余个,是珊瑚礁棚渔业文化的特色之一。

台湾澎湖县七美乡东湖村顶隙北面海崖下的双心石沪,历史悠久,那里的先民利用玄武岩及珊瑚礁在潮间带筑成海中陷阱,在潮间带区域堆砌弧形石墙,上面长满牡蛎、藤壶、笠螺以及许多不知名的介壳类生物。有着圆弧形、螺旋状等多种复杂的形状和走向,利用潮水涨退及鱼群洄游特性,将鱼群困在石墙内,体现了渔民利用潮间带的捕鱼智慧。

澎湖列岛最南方的七美屿,有一口"双心石沪",这是澎湖众多石沪中保存最完整和最美丽的石沪,由两个心形与两条圆弧组合而成,在其中一个圆弧的尾端还有半螺旋状的卷曲,由玄武岩石块混合珊瑚礁垒起来的长堤,十分壮观。

据苗栗县后龙镇老渔民介绍和相关参考资料显示,筑建石沪需要一定的自然条件:一是材料。远古时期用竹木插围经不起台风和海水浸泡,故至少在明清以前就改用石头垒沪,且传承至今。二是潮差的掌握。潮差越大,鱼越容易入沪。三是潮间带要广阔。宽广的潮间带有助于筑沪。四是风浪要强。浪高风强,有助于驱鱼入境。[①]

筑建石沪的主要经验与技术,表现在石沪的形式上,主要有鸒藤围鱼、弧形石沪、增建沪牙、改建沪房等。

石沪结构:

门槛——石头、铁网加高;

沪牙——围仔、港仔;

阶梯——父老兄弟上石沪墙用;

狭区——沪中沪;

---

① 参考洪国雄《澎湖的石沪》,台湾澎湖海洋生物研究中心提供的 PPT 资料

渔井——在伸脚与户房交接处,存放网具有渔获;

岸仔——吉具人林博所创,专捕臭肚,专属户主渔获;

脚路——伸脚的区隔;

陆连——连接陆地;

师傅位——修沪师傅专属;

网仔路——避风船路。

筑建石沪时(见图2-113、图2-114),凭经验要做好选址、勘查地势和水流、取材、搬运、施工、维修等工作,还要祭拜神灵"石沪公"和"好兄弟"。在波动的海面上筑起一道道的弧形石墙,工程十分浩大,不仅要动员全村居民参加,还要花费数年或是数十年以上才能完成。

图2-113 台湾石沪构建近景结构(照片1)

图2-114 台湾石沪构建近景结构(照片2)

苗栗县后龙石沪巡沪谚语：

番婆提鹹淺、番王地育子；

水干巡石沪、水淹挖草埔；

春埔冬早夏暝秋埔暗流；

孤星落水返；

初一、十六天光返；

初十、二五呷饱逗落石沪；

初八、二三袜知篮；①

澎湖列岛因巡沪产生的谚语有（地方方言）：

初一、十五天光转流；

初三、十八天光大拔；

初八、二四早淀暗淀；

初十、二五食下书巡沪；

十二、三当挨山；

十九水倒拗；

初五止火；

初十无暝，十一人；

早流，暗流。②

台湾苗栗县外埔庄石沪潮汐时辰表　　　　　　王启仁制

农历每月日期	1	2	3	4	5	6	7	8	9	10	11	12	13	14	15
	16	17	18	19	20	21	22	23	24	25	26	27	28	29	30
石浮出水平沪面	3点14分	4点02分	4点50分	5点38分	6点26分	7点14分	8点02分	8点50分	9点38分	10点26分	11点14分	12点02分	12点50分	1点38分	2点26分
石水干捕鱼沪虾	4点54分	5点42分	6点30分	7点18分	8点06分	8点54分	9点42分	10点30分	11点18分	12点06分	12点54分	1点42分	2点30分	3点18分	4点06分

① 　王启仁：《后龙溪出海口环境生态——石沪群》，赠笔者摘自 PPT。

② 　洪国雄：《澎湖的石沪》，台湾澎湖海洋生物研究中心提供的 PPT 资料

四、闽台海洋渔业生产工具

1. 福建渔业生产工具

据本课题组的学术梳理与实地调查,福建传统渔业生产工具,从新石器时期因生存的需要,创造出简单的浅海采捕辅助工具,发展到采用箭或标枪射杀鱼类,再发展到造船出海捕捞,历经3000年左右,积累、总结出了专业性的传世捕捞工具和经验。清代《定海县志·渔盐记》载:"钓冬船,闽邦约五六百号,霜降出洋、谷雨回洋,有大钓、小钓之别,大钓容量约十万斤,小钓容量约七八千斤。"这证明闽地渔民至少在清代以前就十分熟练外海作业,而且总结了一套看季节、鱼汛、鱼潮出海外钓的一套非常专业的技术与经验。也记载了清代福建渔业已有成熟的钓类、网类和杂渔具。

1958年,福建省水产局组织福建水产实验所、集美水产航海学校等单位的100多人全省共普查出55种渔具和技术方法(见图2-115~图2-129)。1986年,福建科技出版社出版《福建海洋渔具图册》,介绍了全省渔具12类33型28式171种。1987年出版的《福建省海洋渔具》一书,总结了全省12类28型25式69种渔具的结构、渔场渔期、作业技术等,将福建省80年代的渔业生产技术与经验进行了归纳和总结。按《福建省志·水产志》统计,福建渔业的主要渔具有:

图2-115　渔具1

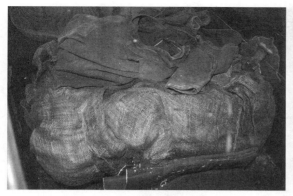

图 2-116　渔具 2

图 2-118　渔具 4

图 2-117　渔具 3

图 2-119　渔具 5

图 2-120　渔具 6

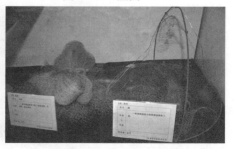

图 2-121　渔具 7

图 2-122　渔具 8：镜灯（因有防风功能，不
　　　　怕风吹灭）

图 2-123　渔具 9：试水砣（渔民用来试水
　　　　深和鱼群流动动向）

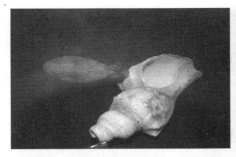

图 2-124　渔具 10：响螺（渔民联络工具）

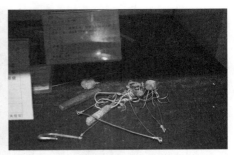

图 2-125　渔具 11

图 2-126　渔具 12

图 2-127　云霄县列屿渔业工具

图 2-128　云霄县渔民出海打鱼的渔船和工具

图 2-129　平潭东美渔村渔具:渔网

(1)拖网渔具

福建从民国九年(1920年)厦门成立全闽水产公司开始,改革渔具。从机轮对拖网到机帆船对拖网、单船拖网、木行杆拖网、墨鱼乌贼拖网等,走到了21世纪的今天。其中墨鱼拖网的历史有300来年,至20世纪70年代,由于乌贼资源衰退,这种作业逐年减少。墨鱼拖网使用木质小型风帆渔船,专捕洄游到沿岸海区岸礁上产卵的乌贼。以福鼎县作业单位最多。

机轮拖网是近百年渔具改革之事。1926年,泉集美学校从法国购进一艘274吨拖网渔船,在闽浙一带捕捞,供学生实习之用。1930年,泉州就开始使用机轮拖网捕捞。

(2)围网渔具

围网,就是将鱼群进行围钓。围网工具又分大围缯、灯光围网、大缯灯光围网和鳀树缯、算网、夏缯。

大围缯作业起源于清朝中期,是闽江口一带的渔民为了生计,对江河的渔网进行改革的成果。因为要到马祖岛长岐海域捕鱼,故俗称长岐缯。至民国初期,围缯作业已有相当规模。大围缯曾在20世纪70年代达到最高峰。全省大围缯机帆船最多时有1558艘。随着捕捞对象大黄鱼、小黄鱼、乌贼等资源的衰退,到90年代初期(1993年),全省大围缯船锐减到174艘。作业形式也由全年改为季节性,并大部分兼轮作对拖网、灯光围网或延绳钓。

灯光围网、大缯灯光围网和鳀树缯、算网、夏缯都是近代和当代技术改革的渔业工具。

(3)刺网渔具

刺网渔具又分鳓鱼流刺网、鲳鱼流刺网、马鲛流刺网、对虾流刺网、梭子蟹流刺网等。具有专业针对性。

民国以前,鳓鱼流刺网是用小风帆船作业,新中国成立以后,大力发展渔业生产,风帆船吨位加大,作业渔场也从沿岸扩展到近海渔场。1965年,全省的鳓鱼流刺网作业产量达到6870吨,之后,随着鳓鱼资源减少衰退,加上机帆船大围缯、机帆船灯光围缯网的快速发展而逐渐退出历史舞台。

鲳鱼流刺网在全省沿海广泛使用。以福鼎、霞浦、连江、平潭、莆田等县使用较多。在20世纪60年代,曾为专业渔具。在春夏秋季的汛期间,从省内到浙江南部渔场,鲳鱼流刺网年产量最高达到5400吨。它同样也是随着机帆围缯网的发展,而逐步衰退。部分地区禁止专业鲳鱼流刺的生产,70年代以后,有十余艘渔船经批准,北转长江口渔场作业。

马鲛鱼流刺网和对虾流刺网是新中国成立后迅速发展起来的捕捞渔具,而梭子蟹流刺网则是一种装有饵料的流刺网。上述渔具在20世纪80年代以前发挥了重大的作用。

（4）张网

张网渔具又分冬缅、板缯、企木行等。冬缅属单桩框架张网,同类的还有小缅、轻网、转轴网、四角框及虎网等;板缯属双翼张网,以网具大小分为大板缯和小板缯,广泛分布于沿海各县,以闽中、闽东沿海各县最多;企木行属樯张竖杆张网,各地网具及规模不同,有称椿网、档木行、大网、竖木行、企仔、木行网等。其中木行网在明万历三年(1575年)平潭县东痒门有作业的记载。这种网主要捕获七星鱼、小公鱼、日本鳀、毛虾和各种幼鱼、幼体。

（5）钓具

据明万历四年(1576年)《崇武所域志》载:"崇武滨海军民人等,以渔为生,冬季钓带鱼。"钓具使用的时间很早,是渔民的智慧结晶。

钓具又分带鱼延绳钓、鳗鱼延绳钓、鲷鱼延绳钓、鲨鱼延绳钓、马鲛拟饵曳绳钓、鱿鱼手钓、石斑鱼手钓等。

带鱼延绳钓的时间在文献资料中记载是最早的,当然,不排除其他钓鱼工具的使用时间更早,只是苦于没有找到更早的文献资料,故以此为准。带鱼延绳钓又分流动钩延绳钓和母子船作业延绳钓。带鱼延绳钓是沿海各渔业点最常用的捕捞工具。以惠安县保持最具特点。浙江《定海县志》载:"钓冬船,闽约五六百号,霜降出洋,谷雨回洋,有大钓、小钓之别。"据相关资料显示,即便是处于战争状态的1949年,福建省都有200多艘钓船在闽浙渔场作业。

鳗鱼延绳钓属真饵单钓底层延绳钓,分布在漳浦、晋江、惠安、莆田、长乐、连江、平潭、霞浦、福鼎等地区域。鳗鱼延绳钓分固定和流动两种,连江县以母子船作业,用大围缯机帆船轮作鳗鱼延绳钓作业。晋江、惠安由以流刺网船轮作鳗鱼延绳钓作业。渔期在4～12月,为闽中、闽东渔场水深30米以上的海域。

鲨鱼延绳钓属定置真饵单钩延绳钓,捕捞历史很悠久。据宋《三山志》载,福州地区常捕的鲨鱼有12种,使用工具用钓或钩捕获。清郭柏苍《海错百一录》也记载有捕捞的鲨鱼有24种之多。鲷鱼延绳钓是近代才有记载的捕捞渔业工具。一潮水最高的产量有50～70千克。捕捞的真鲷可作为人工繁殖的亲鱼。

鱿鱼手钓是闽台渔业生产传统的工具。石斑鱼手钓渔具形式要依渔场环境、渔期和渔民而定。有手持钓、竿钓和延绳钓三种。手钓分单门钓和双门钓。钓获的石斑鱼在 20 世纪 80 年代是福建省出口创汇的重要活鱼之一。80 年代初,仅平潭县就有钓石斑鱼的渔船 800 多艘,劳动力 140 余人,产量达 234 吨,1993 年石斑鱼手钓产量高达 1900 吨。

马鲛鱼拟饵曳绳钓是 1982 年由平潭渔民引进台湾省的渔具进行改进后发展起来的。主要用于捕大型马鲛鱼和其他大型鱼种。其他渔具,如蛟水罐、黄螺笼、钩耙等,也都是历史悠久的渔具。如黄螺笼在闽中至少有 100 多年的历史,黄螺笼是用竹篾编制,笼口放置饵料,引诱黄螺入内摄食而捕获。长乐、连江在 20 世纪 80 至 90 年代间,约有上百艘小船兼业捕螺,汛期在 3 ~ 10 月间,汛单产可达到 2 ~ 3 吨。①

2. 台湾渔业生产工具

台湾近代到当代沿海渔业生产工具与福建沿海生产工具的类型和作用、方法基本类同。深海渔业的渔具主要有:

浮標绳:苎麻制,二股左撚,径 0.6 厘米,其长度视水深流速而定,通常在 200 ~ 300 尺之间,共两条。

干绳:苎麻制,二股左撚,0.5 厘米,其长度依结附枝绳条数及间隔而定,通常一筐的长度为 252 ~ 308 之间,结 90 ~ 110 条枝绳。

枝绳:苎麻制,二股左撚,径 0.3 厘米,长 2.3 米,每间隔 2.7 米结一条枝绳。

钓元铁线:使用 18 号铁丝制成锁链状,每个长 8 厘米,内有 2 节,总长 16 厘米,上端连接于枝绳,下端穿紧钓钩,用以防止鲨鱼咬断枝绳。

钓钩:钢铁制,外镀锡与亚铅之角型钩,弯长 2.5 寸,每筐用钩 90 ~ 110 个。

浮桶:为杉板制成的樽形标桶,构造坚牢。桶身涂黑漆或其他漆类,使海水不致浸入。上径 41 厘米,底径 67 厘米,高 62 厘米。其圆桶下端穿有 4 条麻绳,再结成圆圈,俾与浮标绳连接。浮桶上置一木板,以便夜间放置标识灯之用。一条船备 2 个。如果使用小浮桶(木制,上径 36 厘米,底径 42 厘

---

① 渔业生产工具的资料基本上是综合概括《福建省地方志·水产志》之"渔业工具"资料而成。

米,高 18 厘米)时,就须在离浮桶 1~2 寻之处,加设径约 27 厘米的玻璃球 1 个,外套以旧棉纱之网袋,辅强浮力(见图 2-130)。

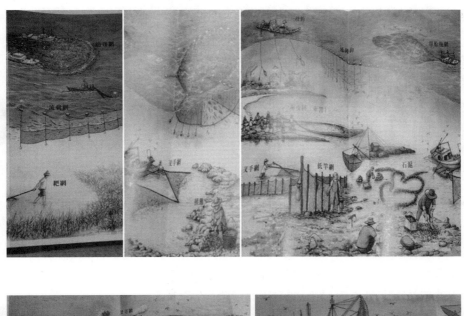

图 2-130　台湾渔业形式与工具(摘自《台湾的渔业》)

标识灯:为晚上识别用。其形状如图,以白铁皮和玻璃制成。内置圆形铁罐,燃料使用轻柴油,一船备 2 个。

沉子:选用天然鹅卵石,台湾的沉子重约五台两,大陆的沉子重约四两。每隔 14～17 钩结 1 个于干绳上,同时在每筐干绳连结 1 个。通常 1 筐附有 6 个沉子,使干绳于海底不受海流影响而缠。

锚索:为系于浮标绳子下端物。物使用旧苎麻制,径 0.6 厘米,长约 4 米左右。

锚:为天然鹅卵石形的石块,重约 15 台斤,全部计用 2 个,用于固定渔具的位置。

绳筐:竹制,圆形,上径约 65 厘米,底径约 45 厘米,高约 29 厘米。筐的口部边缘编扎稻草,然后用细铁线搓绕,以备装挂钓钩之用。

鱼钩:用 3 分铁棒制成钩形,弯长 50 厘米,再接上 2 厘米的竹竿,上钩之鲨。一船备 2 支。

鱼标:与标旗渔具相同,系以铁棒制成三叉鼎,其尖头各附有鳔铦,以绳穿系于铦,再接以坚硬的木杆,全长 3 米。于渔获物难以处理时,作为辅助使用的工具。亦可作为鳔鱼的渔具。一船一般备 1 支。

除此之外,渔具中还有附设渔具。专为钓捕主渔具所不能捕获之鲨鱼使用。即在每筐主渔具上设有 5～7 个钓钩不等,作业时系附结于主延绳上,同时设下。其构造如下:

枝绳:苎麻制,二股左撚,径 0.5 厘米,长 2.3 米。

钓元钢索:使用 26 号钢丝,七股合,长 45 厘米,其上端结枝绳,下端则绑钩。

钓钩:钢铁制,方圆形状,外镀锡与亚铅,弯长 3.7 寸。

五、闽台淡水渔业捕捞技术及生产工具

1. 福建淡水养殖经验

据本课题组的学术梳理与实地调查,福建地区的淡水渔业资源也十分丰富。福建省江河流域面积在 50 平方千米以上的河流有 597 条,各类淡水水域总面积 384494 公顷(5767411 亩),境内著名的江有闽江、九龙江、汀江、晋江等。陆地水域由江河、水库、山塘、池塘、河沟、湖泊、围垦区水面等组成。境内的大部分河流都发源于本省,并在本省入海。水系密度大,大小河流总长度 12580 千米,河网密度平均每平方千米为 0.1 千米。

　　福建地区淡水渔业以捕捞和养殖为主（见图 1-131～图 2-134）。据闽侯县甘蔗镇三处贝丘文化遗址发掘出的先民吃剩下的大量贝壳和用于农渔业生产的石锛、石镇、蚌刀及陶网坠等文物分析，福建内陆江河淡水沿岸的先民，早在 5000 多年前就临江而居，从事渔猎和江河采捕渔业生产。从闽江下流到九龙江一带都有新石器时代的贝丘遗址发掘。九龙江一带发掘出距今 4000 年的钓竿、梭镖和网罟渔具。① 这是福建内河流域新石器时期的渔业史证。当时的渔民应该是古闽越人或更早的古闽濮人。从西晋末到清代，大量的汉入闽，福建内河溪水沿岸渔民基本上是汉人为主。这一时期出现了水上船家，即学术上称之为"疍民"，艺术家称之为"水上吉普赛人"的渔民。

图 2-131　漳州龙文区西江河上网鱼

图 2-132　生活在九龙江上的疍民日常生活写真

图 2-133　生活在漳州龙文区西江河上的疍民船屋还有连接上岸的门楣

① 龙溪县水利局：《龙溪地区渔业资源调查区划报告》，内部印刷品，1985 年版，概述。

图 2-134　娃网鱼

据《建宁县志》载,在五代(五代不是唐代,请注意!)梁时期,开始在莲田中养鱼,唐代筑建城墙,开挖城河,也有利用城河养鱼的现象。公元 967 年的北宋初期,邵武的江西南丰移民,利用挖筑城墙形成的水塘养鱼。南宋末年至清代,莆田市仙游县盖尾镇前连村的连氏先人,逃难迁徙到该地时,也利用挖土筑房屋的空洞成池养鱼。

课题组在此考察时,连氏保存着宋(屋基)、明清的有 19 个连体大厝,34 栋古厝,古厝前有大池塘。据前连村连老师介绍,旧时连氏从宋、明到清代,一代代挖土建厝是有计划的,在厝院前土地上挖池塘,一则蓄水,旱时可浇灌田地,还可防火;二则养鱼,又象征鲤鱼跃龙门,升官发财;三则保持好风水。后代建新房不敢破风水,所以形成如今 19 个大厝连成一体。古厝前的鱼塘近十年被填平(见图 1-135)。

图 2-135　仙游县盖尾镇连村古厝前的池塘现填为菜地

民国《沙县志》载，沙县最早养鱼始于宋，在官庄垦田围塘养鱼。据《福建省志·水产志》载，明成化年间（1465 年—1487 年），福建的淡水养殖业得到恢复和发展。《明会典》记录了当时对池塘养鱼的保护政策："凡山场园林之利，听民取而薄征之。例如小沟、小港、山东涧及灌浇塘池，民间自养鱼鲜池泽，敢有如前夺民虾鱼器者，许民人拿赴有司，有司不理，拿赴京来，议罪枭令。"黄仲昭纂《八闽通志》中，有青、草、鲢、鳙等鱼类记载及形态、来源与

图 2-136　池塘照片

饲养方法的记载。到清代，福建池塘养殖已十分普遍，基本所有县志都有记载（见图 2-136）。民国以后养殖业萧条。据《福建省志·水产志》载，新中国成立时，福建淡水渔业年产量仅 1000 吨。为发展淡水养殖业，历年政府都在"以粮为纲"的方针政策指导下，发展农业，修建水库，淡水养殖也随之兴盛起来。

本省池塘养鱼，除了传统的鲢、鳙、草、青等"四大家鱼"之外，先后引进了 10 多个品种，至 20 世纪 90 年代初农村实行生产责任制时，全省池塘养鱼面积达 35.7 万亩，相当于 1949 年的 5.4 倍，同时把池塘养鱼同养猪、鸭、种菜、种果树结合起来，收到明显效果。1993 年至今，福建省池塘养鱼的品种扩大到 40 多种。如草鱼、青鱼、鲢鱼、鳙鱼、鲤鱼、鲴鱼、鲂鱼、鳊鱼、鲴鱼、银鲫、白鲫、荷包红鲤、兴国红鲤、镜鲤、德国鳞鲤、丰鲤、荷元鲤、露丝塔野鲮、苏丹鱼、武昌鱼、短盖巨脂鲤、蟾胡子鲶、革胡子鲶、苏氏鱼芒鲶、加州鲈鱼、金鲈、银鲈、淡水白鲳、尖吻鲈、花鲈、莫桑比克罗非鱼、尼罗蒂卡罗非鱼、澳大利亚罗非鱼、福寿鱼、红福寿鱼、日本鳗鲡、三角帆蚌、福寿螺、罗氏沼虾、牛蛙、中华绒螯蟹、中华鳖等品种。[①]

2. 福建稻田养鱼、莲池养鲤

福建淡水养鱼还有一个古越习俗传承至今，那就是稻田养鱼。稻田养

---

①　福建省地方志编纂委员会：《福建省方志·水产志》，北京，方志出版社 1995 年版，第 129 – 130 页。

鱼究竟从何时开始很难考证,但稻田养鱼是古越稻作文化这个观点,早在史学界和文化人类学界无异议。至今在古越人后裔集中聚居的湘西、黔东南、桂东等地区的壮族、侗族、水族等民族稻田养鱼仍在继续。福建的稻田养鱼最早的记载是在距今 1000 多年的五代后梁龙德年间。

从各地县志看,大面积进行稻田养鱼是在民国时期,1941 年,因沿海受日本控制,提倡稻田养鱼。以邵武为例,1942 年《邵武三区稻田养鱼副业调查报告》载,三区四乡五十八保,稻田养鱼遍及四乡四十三保,总计养鲤鱼面积 4149 亩,产鱼 16835 斤。新中国成立以后,人民政府十分重视淡水养殖,扩大稻田养鱼(见图 2-137、图 2-138、图 2-139)。20 世纪 60 年代,福建省全省稻田养鱼达到 30 多万亩,《福建省水产志》记载:1993 年,全省稻田养鱼面积 423149 亩,产量 8357 吨。本世纪十余年,随着

图 2-137　水田

乡镇城市化,城市现代化,许多稻田养鱼已不再见。只有零星远离城市的农村还保持着莲田和稻田养鱼。

图 2-138　永春岵山水田打禾

图 2-139　南平市建阳县水吉镇莲藕轮栽

　　建宁农民利用莲田养鲤是古之俗。2012 年 8 月课题组在建阳县水吉镇田野考察时,那里至今仍然是一大片莲田,在大片大片郁郁葱葱的青青稻田间,粉红花开的莲藕在阳光下开放。镇宣传部小徐告知,这种莲藕田自古有之,三年一轮,即种三年莲藕,换轮作稻田。莲田保持水,即可养鱼。稻田养鱼可起到保护水稻作用,实现稻鱼双利。

　　3. 台湾淡水养殖

　　据本课题组的学术梳理与实地调查,台湾河流众多,大小河流共有 129 条,其主要河川 21 条,次要河川 29 条,普通小溪流 79 条,河川总长 3853 千米。其特点是河流短而坡度大,流域面积小,最大的淡水河流域也只有 2727 平方千米。长度超过 100 千米的主要河流是淡水河、大甲溪、乌溪、浊水溪、曾文溪和高屏溪,共 6 条(见图 2-140、图 2-141)。台湾的河道短而坡陡,流量丰枯悬殊,输沙量很大,河道不稳定。据 1996 年台湾水能资源普查的资料显示,台湾淡水河等有 76 条大中小河川、小溪,按区域划分,东部 20 条河流的水能蕴藏量最为丰富,占 32%,中部次之,约占 29%,南部区域占 20%,北部河川最少占 19%。①

图 2-140　台湾溪河—乌来

图 2-141　台湾溪河—乌来

台湾最早的水产养殖现有资料,有史可查的可追溯至 16 世纪荷兰人占领台湾时。为了发展渔业养殖,积极鼓励对岸的汉人移民至台湾,从事渔业养殖生产,福建、广东沿海一带的渔民闻讯入台,同时带来娴熟的渔业养殖技术。当时台湾大部分养殖鱼种主要来自闽粤沿海。虱目鱼是由印度尼西

---

①　江西省水利厅外科处:《水利知识——台湾水资源》,2006 年 9 月 13 日稿。

亚传入的,在当时印度尼西亚的虱目鱼养殖已有数百年历史。

　　据相关资料显示,台湾最早的虱目鱼养殖位于台南的安平地区,南部沿海地区盛产虱目鱼苗,所以虱目鱼养殖至今都是南台湾的重要产业。台湾渔业养殖的繁荣时期是近 40 年的事。1968 年台湾草虾及沙虾种苗繁殖成功,并开始集约养殖,产量曾一度领先国际同行业(图 2-142)。由于 1987 年虾病蔓延,至今尚未恢复元气。

图 2-142　鹿港郊区渔业养殖

　　据相关资料显示,台湾浅海箱网养殖,起始于 20 世纪 70 年代初,最早在澎湖,现今在屏东东港小琉球与恒春都有相当的规模,主要养殖的鱼种为海鲡和石斑,都是具有相当高经济效益的鱼种。牡蛎养殖也是台湾重要经济渔业,早期是养在内海的竹筏上,但由于污染的问题被迫转向外海养殖,外海垂下式养殖牡蛎,不仅使养蚵面积大增,单位面积也大幅提高,是仅次于虱目鱼养殖的第二大养殖产业。

　　4. 台湾水产养殖的政府行为

　　台湾的养殖业政策一直在实践中不断完善,2012 年 10 月,台湾"行政院"公布了《养殖渔业生产区设置及管理准则》,其中制定了《养殖渔业生产区设置及管理准则》十二条草案,要求直辖市、县(市)主管机关于环境适合发展养殖渔业或现有鱼塭集中区域,必须规划设置养殖渔业生产区,设置管理准则。12 条规定中,关于主管机关设置养殖渔业生产区(下称生产区)之条件、程序及应办理事项的草案有 5 条;生产区内养殖渔业公共设施整建、管理及补助原则有 2 条;主管机关对生产区内养殖渔业之辅导及管理有 2 条;

生产区范围变更、废止之条件、程序 1 条;本准则施行前既已设置生产区之处事原则 1 条。

政策上,陆上现有鱼塭面积不再增加,为保护水土资源及提升水产品质量,主管机关依现有鱼塭区域资料规划设置生产区,予以产业辅导与养殖工程规划管理,以生产优质水产品,使水产养殖产业永续经营。依据设置条件可区分为第一类及第二类养殖渔业生产区:

(1)第一类生产区:查现行 46 个生产区中,100 公顷以上者有 42 区,占总生产区面积 98%,因此第一类生产区应属一百公顷以上之现有鱼塭集中区域,比较符合集团经营产销运作以及公共建设效益,达到粮食安全生产之目的。

(2)第二类生产区:在同一乡(镇、市、区)内之鱼塭集中区域,以组织产销班的方式,将有助养殖渔业产销辅导,提升养殖鱼塭经营者之专业知识、养殖技术及契作(合作)或团作(集体)生产。

草案中规定,下列各款土地不得划设为生产区:一、依山坡地保育利用条例所定之山坡地。二、依河川管理办法所定之河川区域。三、依海堤管理办法所定海堤区域之土地。四、依水库蓄水范围使用管理办法所定水库蓄水范围之土地。生产区规划书应包含下列内容:一、规划依据及目的。二、规划范围及现况分析。三、养殖计划。四、可用水源及排水系统。五、生产区范围内之道路状况。六、公共设施规划。七、生产区规划范围土地使用分区编定情形。八、土地所有权人清册及地籍资料统计表。九、范围图:1/5000地籍蓝晒缩图。十、位置图:1/5000 最新相片基本图。

台湾境内河沿岸渔业生产者居多是明清以后从闽南漳泉等地入台的渔民,有条件者,继续在台湾沿江做渔业或渔耕生产。因此,捕捞的技术和经验与福建基本相同。

5. 闽台淡水捕捞的几种形式

据本课题组的学术梳理与实地调查,闽台地区淡水捕捞的形式与特点如下:

(1)鱼虾蟹捕捞

从闽侯县发掘出新石器时期的纺轮骨针、陶网坠等文物说明,5000 多年前闽江一带就有捕捞生产。崇安县武夷山出土的距今 3000 多年前的大量石制、陶制网坠,则说明福建江河捕捞早在距今 3000~4000 年前就学会并掌握用竿、钓、镖、网(见图 1-143、图 1-144)等渔具渔法进行渔业生产。据《福建省志·水利志》载,福建早在明代就用鸬鹚捕鱼。《八闽通志》载:"水乡人畜之,经绳系其颈,使之捕鱼"。清代《闽产录异》载:"鸬鹚色黑而气臭,渔者乘夜以竹牌(排)载火盆灼灼水面,呼使捕鱼,遇大鱼则二、三鸬鹚或啄鱼止或咬鱼尾或衔鱼鳃至牌(排)帝渔人网取之。年征鸬鹚税。"

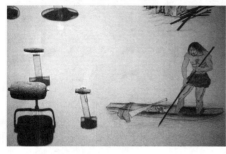 

图 2-143　福建省博物馆展示的新石器时　图 2-144　福建博物馆展示的新石器时代
　　　　　代的网捞工具——陶网坠　　　　　　　　的网捞工具——骨锥

　　闽江流域的主要捕捞对象为黄尾鱼(银鲴)、鳊鱼、鲴鱼、鲤鱼、鲫鱼、鲶鱼、黄颡鱼、草鱼、鲮鱼、鳜鱼、鳗鱼、皖鱼、鳡鱼、虾类等。清代以前,黄尾鱼(银鲴)、鳊鱼、鲴鱼资源丰富,安溪云集数十只连家船,用流刺网、围网连手撒网捕捞(见图 1-145 ~ 图 1-149)。20 世纪 40 年代,前二种鱼最高年产可达千担(50 吨以上),据民国《沙县县志》载,沙县沙溪青州镇洋尾村一带约 10 千米河段,每逢清明至立夏,先后约一个月为黄尾鱼产卵期,届时全镇有百余渔民捕捞,一船 5 人,一夜多则可获千余斤,少则二三百斤。1933 年捕获量高达千担。

图 2-145　平潭县东美村渔船回港照片 1

图 2-146　平潭县东美村渔船回港照片 2

图 2-147　平潭县东美村渔船回港照片 3

图 2-148　平潭县东美村渔船回港照片 4

图 2-149　平潭县东美村渔船回港照片 5（右 3 为刘芝凤教授跟渔民学分鱼类）

　　淡水捕捞渔具，据 1943 年廖翔著《富屯溪渔业志》载，主要有网罟渔业、钩钓渔业、鸬鹚渔业及陷阱渔业四大类。网罟渔业分：流刺网、固定刺网、掩网、木参网、推网、捞网、敖网、索索网和扣网等。[①]　网罟渔业以流刺网为主，

---

　　① 福建省地方志编纂委员会：《福建省志·水产志》，北京，方志出版社 1995 年版，第 122 - 123 页。概括。

掩网其次。共有 8 大类 10 余种渔具。

渔具制作种类及捕捞对象主要经验如下:

①网罟渔业制作技术与捕捞经验

流刺网制作与作用:流刺网包括围网,制作技术分单幅和复联二种。规格多样化,视需求而定。材料以苎麻为主进行编织,浮子为芦苇梗,沉子古为石头,近代为铅和锡所制重可沉则可以。捕捞的经验主要是鲤鱼类,用小渔船或竹筏捕捞,围网配以鸬鹚或掩网可捕鳜、鲶之类的鱼类。

固定刺网制作、结构及作用与前一项相同。材料分苎麻和丝织两种。丝网用于春季不易腐蚀,技术性在两头固定。拦截于溪河中,以捕小鱼为主。

掩网(又称撒网)的制作与捕捞经验:纲织技术与前两项相同,其捕捞经验体现在捕捞的季节把握和鱼类把握上。如春雨江水上涨季节捕获繁殖鲤、鲷鱼群,秋季水浅见鱼时撒网捕鲤鱼、草鱼、鲮鱼等。小溪有淤泥岸边捕捞虾。

椮网的制作与捕捞经验:椮网是一种古老的捕捞方法,是古人们早期总结出的捕捞经验。《尔雅》(释四篇)载:"今之作椮者,聚积柴火于水中,鱼得寒而入其内藏隐,以薄围捕取之。"据《福建省志·水产志》载,如今闽江中、下游此法已绝迹,唯山区上游乃有存此方法,传承着古老的捕捞经验。

②钩钓渔业的生产技术与捕捞经验

淡水区域渔业捕捞技术因地制宜,大江大河以船网捕捞,而小溪河沟等水域,则更适合钩钓。宋代邵尧夫《渔樵回答》载:"渔者物久:竿也、纶也、浮也、沉也、钓也、饵也,一不则即不可得。"

淡水水域渔民发明的渔具和用品主要有竿、纶、浮、沉、钓、饵,这些渔具的使用经验如下:

浮铜(筒)钓和铜牌钓主要用作钓鲶鱼、鳜鱼等;

鳗钓,专门为钓鳗鱼而创造的渔具;

长钓,又称弓钓、竹弓钓,古时常用,现在闽西北小溪有人使用;

滚钓,多用在闽江中下游河床宽广的水域上作业的一种捕捞方法。滚钓可钓到数十斤重的鳜鱼、鲶鱼、鲤鱼、鲩鱼和鳜鱼等。

③鸬鹚渔业技术与经验

福建水域的鸬鹚有本地鸬鹚和由江西捕鱼者带来的鸬鹚。福建邵武一带有 50 余种鸬鹚用于江河捕捞。一般冬季、春季在闽江捕鱼,鸬鹚捕捞的对象主要是鲤鱼、鳜鱼、黄颡、鲩以及鲮、鱼密鲷等。20 世纪 50 年代以后,政府为保护淡水资源,已明令禁止鸬鹚渔业作业。

④陷阱渔业

淡水水域的陷阱渔业作业与狩猎陷阱有所不同。淡水渔业陷阱是一种古老的传承捕捞方法,是以鱼栅、陷篓沿溪赶鱼或捞鱼的一种方法。捕捞的对象为小鱼、小虾类。

鱼栅,即在沿溪滩处垒石头砌水沟,再搭竹木栅拦截流水而过的鱼。

陷篓:陷篓有很多种方法。通常使用的陷篓有枕头陷篓、套陷篓、鳝鳅陷篓、溯水陷篓、三角陷篓等。陷篓原则上用竹编织,进水处为弯头,顺水,尾处结束,内放饵,或堵在下游的窄出水处,等鱼进网。这种捕捞方法多是以农耕为主的农民在农闲时捕捞的方法和技术。除此之外,福建淡水水域的渔耕农民还有用鱼藤精、雷公藤、醉鱼草或生石灰等毒物,在江河小溪流处毒鱼。这种方法被现代用电线电鱼所替代,都是一种不良的习俗。对淡水资源破坏很大。

淡水捕捞的生产技术与经验除鱼虾之外,还有贝采技术、养殖技术和水库捕捞技术。

（2）贝类采捕、养殖生产

据闽台两地许多文物考古发现,闽台的贝类采食生产早在新石器时代就产生了。常见的贝类主要有牡蛎、贻贝、蛤、蛏、蚬等。全国现存1.1万种左右,其中80%生活于海洋。

闽台贝类生产以海洋贝类生产为主。通过千百年来前赴后继的探索发现,古人们摸清了贝类的生活规律,逐步、逐时进行捕捞。

大部分水生贝类习惯海底栖息生活,或在水底匍匐、爬行,或在底质中挖穴隐居,或附着在其他外物上生活。贝类的生活方式有浮游、游泳、爬行、固着、穿孔和寄生等类型。海洋贝类主要有海蜗牛、海牛、海螺、玉螺、泥螺、鲍、马蹄螺、蝾螺、帘蛤、樱蛤、竹蛏、海螂、贻贝、扇贝等。双壳类如扇贝、栉孔扇贝、日月贝、锉蛤等。牡蛎（见图2-150、图2-151）、猿头蛤、海菊蛤等则以一扇贝壳固着在外物上生活,这些种类在固着后一般不再移动。淡水中生活的萝卜螺、扁卷螺等都在水生植物上爬行。它们的足部肌肉特别发达,蹠面广平,适于爬行,将身体全部埋藏于泥沙底下生活,或附着在岩石、珊瑚礁、其他贝壳或物体上生活。有些如石蛏,海笋科中的一些,钻岩蛤、船蛆、马特海笋、食木海笋等为底栖贝类,在岩石、珊瑚礁、贝壳、竹木等外物上穿孔穴居,亦称穿孔生物。贝类中也有营寄生生活的。外寄生的如圆柱螺,寄生在棘皮动物腕的步带沟中;内寄生的如内壳螺寄生于锚海参的食道内。

图 2-150　云霄县海蛎制作、蚶等贝类照片 1

图 2-151　云霄县海蛎制作、蚶等贝类照片 2

　　据 1962 年《福建省河蚬业调查总结》报告,闽江福州地区河蚬早在二三百年前就已进行人工养殖。九龙江石码一带河蚬养殖也有上百年的历史。闽侯县祥谦乡上至文山州,下至乌龙江口,在三十多华里的闽江河段中,由于泥沙淤积,自民国十九年(1930 年)前,就开始投石插竿(插小竹竿)建蚬埕养河蚬。据《福建省志·水产志》载,1950 年蚬埕面积约 2000 亩,年产蚬仔 500 吨。1950 年至 1962 年,闽江下游河蚬人工养殖的产量最高达到 20

万担(约1万斤)。1984年扩大到6000亩,年产蚬仔1100吨。

（3）水库养殖捕捞生产

池塘养殖时间较早,清代之前就有养鱼于池塘观赏(见图2-152),但水库养殖时间较晚,清朝、民国时期有修水库之举,有水库就有池塘养殖。大规模的水库养殖是在新中国成立之后,人民政府为发展农业,保护水资源,解决稻田用水而于20世纪60年代到70年代农业学大寨时大量修建。水库养殖捕捞生产得到发展。

图 2-152　浦城林中水库

（4）稻田捕黄鳝、泥鳅工具

闽东、闽北有稻田捕捞黄鳝、泥鳅的习惯。宁德市屏南县棠口乡漈头村田地肥沃,水田广布,田里有很多黄鳝、泥鳅,充满智慧的人们便发明出各种各样的工具来捕捉它们,为贫困的生活增添一点乐趣。如今在张书岩的私人博物馆里收藏着旧时稻田捕捞黄鳝、泥鳅之类的渔具,那里的人们发挥他们的聪明才智捕捉这些小鱼来作粮食补充食物。

（5）抓鱼工具

竹筒,长约二尺,竹制,一头是软木塞,一头是喇叭口,内有倒刺。

图 2-153　喇叭口

竹笱便是其中一种,人们用干燥的泥土、大蒜还有田里的蚯蚓剁碎搅成泥状,然后用较细的铁棒挖一点涂在竹笱里面,晚上扔进田里,贪吃的黄鳝就会被香气所吸引钻进笱里,由于里面有倒刺,所以黄鳝就没办法出来。另一方面,由于软木塞的存在,竹笱不会被完全淹没。隔天早上人们就用铁钩钩起竹笱,再把里面的鱼取出放到鱼篓里。

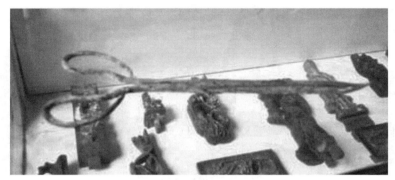

图 2-154　泥鳅夹

图 2-155　鱼篓

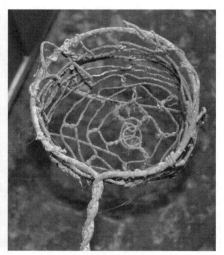

图 2-156　火笼

晚上人们在火笼里点上木炭作为照明工具,看见田里有泥鳅就用泥鳅夹夹住鱼扔进鱼篓里。或者人们会把竹笱(两层的喇叭口)放在田里,在喇叭口前用泥土做出一条光滑的水道引泥鳅进入笱,然后用泥土把竹笱整个盖住,用竹竿做好标识以免找不到。

第三章
闽台农林渔业习俗与禁忌

据本课题组的学术梳理与实地调查,闽台地区农林渔业习俗与禁忌如下:

第一节　闽台农业生产习俗与禁忌

闽台地区的农业规模性(部落、群体性)生产至少在新石器时代中后期就已出现,距今 5000 年以上。闽台地区古越人的原始稻作生产技术与中原人入闽后学习稻作生产时,把中原技术也运用在稻作生产上(见图 3-1、图 3-2),南北农业生产经验在此融会贯通,形成闽台地区特有的农业民俗事象。漫长的稻作生产,由此产生的文化现象很多。如求土地而产生的土地爷信仰、五谷神信仰;求雨水而产生的龙崇拜、雷电崇拜;因闽台地区沿海,台风多、风灾多。因此,闽台地区与内地稻作地区不同的是,这里流行防风灾的风神爷崇拜十分盛行。因祖先开垦和拓荒留下遗产田,故祖先崇拜十分古远。

图 3-1　台湾新竹县新丰乡新修的土地庙"福德宫"

图 3-2　莆田市仙游县盖尾镇前连村稻作生产

如闽东宁德地区还保存着开犁和开镰的习俗,在屏南县棠口镇旧时开犁的这天,要找一个专门的风水先生通过推算,挑一个黄道吉日然后才开始犁田。在每年稻谷成熟,要开始收割的时候,也就是开镰的第一天人们会把刚收上来的谷子先弄成大米,装三碗饭放在厅堂的神桌上、米缸上和灶头,分别点上三炷香(一般)以酬谢神明保佑有好收成,还祈求来年丰收。

谷物将熟时,农民往往于田间插稻草人,草人穿衣戴帽,并于头上挂扎一串敬神祭鬼的金冥钱,旨在吓鸟驱鼠,防止庄稼被损。为使庄稼不受兽害和不被盗窃,农民还在田野间搭起临时草案,通宵达旦轮流守护,称"看大社"或"看山"(见图 3-3)。

图 3-3　台湾新北市三芝区梯田路边的"看大社"工棚

农田管理的民间化习俗分工明细：田野搭起的草案，备有大锣、大镜，用以报警或驱害。情况严重时，村里人闻讯及时赶来协助。旧时泉州"看大社"，有的地方还要举行"放兵"、"犒兵"、"收兵"等活动。

"放兵"是祈请所谓"代天巡守的七大人"（地府王爷，鬼仙），集结阴兵前来帮助"看大社"的轮值人员，并于田地里插上神符令箭，以祈庇五谷无损。

"犒兵"是"看大社"期间每逢初一、十五两日，均得好酒好菜犒劳阴兵。

"收兵"是全村农作物收获完毕，要摆篷演戏，以酬谢"七大巡"功成回殿。在稻谷成熟季节，为防范台风暴雨的损坏，或个体农户因劳动力缺乏而导致过熟脱粒，亲邻之间往往义务互助抢收。其时，主人必须准备较为丰富的饭菜，款待诸位亲邻，但大家在食用前得先敬祀"回头公"。①

福建农耕地区，在传统的节俗中，也多带有与农耕相关的节俗内容。如南平市浦城县富岭镇双同村和圳边村，大年三十下午准备好祭品去祭拜土地公。圳边则在过年那天和正月初一去村里的土地庙祭拜土地公，过年祭拜比较隆重，要准备三荤三素，三茶三酒，初一无须供品，只要香和纸钱。正月二十全村老少都要到圣王庙拜拜，请道士念经做法会（当地称之为打醮）其用意都是为了祈求这一年风调雨顺，获得丰收，六畜兴旺，还有保护耕牛。

此外，因一季稻需要的时间太长，古人发现了二十四节气，产生了季节性的节日，每次劳动前要有一次或大或小的节日或祭祀，做餐丰富的饭菜，借此打打牙祭（开荤吃肉），这样产生了丰富的饮食文化。因为还有下一个节庆日可盼，所以稻作民族的节庆日又成为一年中每次稻作阶段性的"盼头"。节日时走亲戚看朋友、逛集市、相亲等，为了丰富节日内涵，人们又创造了丰富的节日内容，包括服饰、头饰、银饰、饮食、手工技艺等。到了秋收，又是一轮新的活动的开始。同时人们又创作了丰富的民间文学艺术，内容多围绕着稻作民族的渊源、劳动、技术传播等审美取向，这些民俗都由于稻作的季节性。

闽台传统农业生产形成的主要农业节俗如下：

---

① 叶小娇：《泉州生产习俗资料调查》，厦门理工学院学生调查报告。资料来源：泉州图书馆，摘录。

一、立春与鞭春牛习俗

立春是中国农历二十四节气的第一个节气。古籍解释"春气始而建也",立,为始建的意思。中华大地,包括闽台在内的北方粟作地区和南方稻作地区,最早的生产方式是农耕。因此,每年的第一个节气立春,就是每年春耕的开始之意。在我国有文字载史以来的 3000 多年中,多有立春当日,帝王天子亲率诸侯、大夫等,迎春于东郊,启春耕之令,带头耕田之礼,以示国家对农耕的重视和提醒天下百姓"一年之计在于春","立春雨水到,早起晚睡觉",春来备耕开始。立春在东郊祭祀的春神,古传为"句芒",亦称芒神,是主管农事的春神。句芒的形象是人面鸟身,执规矩,主春事。在周代就有设东堂迎春之事,说明祭句芒由来已久。据文献记载,周朝为激励百姓重视立春,有专门的迎接"立春"仪式,立春前三天,天子开始斋戒,到了立春日,亲率三公九卿诸侯大夫,到东方八里之郊迎春。宋代高承《事物纪原》载:"出土牛以示农耕之早晚。"①立春这一天,举行鞭春牛之礼,告之农民春天来了,春耕知早晚反常时令。意在鼓励农耕(见图 3-4、图 3-5),发展生产。牛是犁田的主要生产力,鞭春即鞭牛,故立春鞭牛习俗也从中原传袭下来,传播四处(见图 3-6)。

图 3-4　清代平埔人插秧(台湾传统农村生活与文物摘)1

---

① (宋)高承:《事物纪原》新一版第三册,中华书局 1985 年版,第 299 页。

图 3-5　清代平埔人插秧（台湾传统农村生活与文物摘）2

图 3-6　立春鞭牛（资料图片网摘）

立春鞭土牛习俗从文献史料看，是从中原地区传播开始的，不是古越地区的古俗。山西、河南、山东以及浙江等地史记上都有立春鞭土牛的记载，如山西春字歌:"春日春风动,春江春水流。春人饮春酒,春官鞭春牛。"讲的就是打春牛的盛况。康熙《济南府志·岁时》:"立春日,官吏各具彩仗,击土牛者三,谓之'鞭春',以示劝农之意焉。为小春牛,遍送缙绅家,及门鸣鼓乐以献,谓之'送春'。"说明包括山东等中原之地立春鞭春牛之风之盛。西南、中南、华南等古百越稻作文化生产地区,立春习俗虽然比中原丰富,但多是拜土地神、闹春牛或在自家田地上启动锄头挖三锄等之类的祭祀仪式,以祈求丰收。

闽台地区因依靠大陆面临大海,自古就是边塞要地,历朝历代都会派军队戍边,每当朝政更替或皇室换主时,戍边的军队和为讨生活赴闽台的中原人、华南其他地区的人,就会落地为民,从事农业生产,随之把中原和外省的农业民俗引进,因此类民俗都是企盼五谷丰富的良俗,故很快被当地人接受并融入当地生产习俗之中。

鞭土牛,又名鞭春牛、唱春牛、跳春牛、春牛会等,是我国农业生产习俗中最为古老的古俗之一。《周礼·月令》:"出土牛以送寒气",意春来寒即去,春耕即开始。汉代时,鞭春牛已相当流行。《后汉书·礼仪志》:"立春日……京师百官皆衣青衣,郡国县道官下至斗食令吏皆服青帻,立青幡,施土牛,耕人于门外以示兆民。"宋代宋仁宗还颁布了《土牛经》,全国农村鞭春牛之风更是活跃。在闽台地区,清代以前就传承着鞭春的习俗。

据《福建省志·民俗志》载,福建古时就盛行"迎春"活动。各地官员在冬至前就着手塑造"土牛"与"芒神"。牛在农耕生产中至关重要,因此,立春迎春牛自然也是一年生产习俗中很重要的一个习俗活动。土牛一般用桑拓木作成骨架,扎上苇茅,表面再糊上泥巴,成了牛模型之后,再在上面描绘出牛的模样。通常土牛高四尺左右,寓意四季,俗称"土牛"或"春牛"。芒神又称"句芒",俗称"太岁"是专司孟春之神。闽人习惯把它扎成童子模样,高约三尺六寸。

宋代福州立春,必到闽忠懿王庙前的石碑下取土作材料,以示饮水思源。闽忠懿王庙是纪念晚唐闽王王审知所建,王审知是晚唐从中原入闽建立新政的郡王。据史料介绍,王审知入闽后,重视农业生产,有德政于八闽百姓,被后人奉为"开闽先王"(见图3-7、图3-8、图3-9、图3-10)。闽人在其庙前取土,说明:一是此风俗源于中原,有取土思源之意;二是有祈求先王显灵惠泽地方百姓之意。龙岩连城、泉州石狮、惠安、漳州云霄、漳浦等地,大多数为中原入闽的地区,旧时立春都有相同或相近的习俗。

图 3-7 安溪县红星村老炮楼上的祭祀神位

图 3-8 安溪由义王氏初三巡境祭祀

图3-9 安溪由义王氏宗祠

图3-10 莆田市仙游县盖尾镇前连村的闽王王审知崇拜

立春迎春习俗的主要流程,先是扎"芒神"(童子)和"土牛"的骨架,再取土糊之,画之,芒神和土牛塑成后,先安置在郊外的芒神庙或土地庙中,立春前一天,福州的官员一律朝服,披红簪花,与当地乡绅一道浩浩荡荡策马出城,在东郊芒神庙前举行盛大迎春仪式。

祭春神仪式为三献爵。即鞠躬,拜,兴;再拜,兴,敬神献爵,再献爵;三献爵。礼毕。翌日,即立春当天,各级官员照例出席"鞭春牛"仪式。先祭拜"芒神"、"春牛"之后,由诸官执彩杖环春牛而鞭之,谓"鞭春牛"。寓意为用鞭子把冬休睡懒觉的牛打醒,让它振作精神,为农民耕田耙地。①

《台湾旧惯习俗信仰》载:"在立春的前一天,各地方官都要到东郊迎春,以表示重视农业。方法是先在东门外造一芒神和土牛,按照当年的干支来决定芒神和土牛的形色,以便迎接生气而占卜岁时(按芒神像长三十六寸五分是象征三百六十五日,土牛高四尺是象征四季、身长八尺象征八节、尾长一尺二寸象征象征十二月、鞭长二尺四寸象征二十四节气。牛是以桑木为骨架,鞭是用柳条作的)时辰。这一天黎明,各地方官率领僚属。身穿朝服官帽到东门外,僚属先在芒神和土牛前设神案,供上鲜果、酒菜、香烛,案前摆有席位,长官以下列队站好,行一跪三叩礼,祭神完了把芒神和土牛迎入城内。迎春的行列是以鼓乐队为前导,同时还打着一面彩旗,上写'春到人间'四个大字。这时各文书官员也都身穿礼服骑马。至于各差役,则手持树枝,枝上贴有剪彩和人造花,俗称春花。其次是春牛,再次是芒神,复次是长官,他坐在一张没有盖的椅子上,特别称之为'明轿'。轿上挂有虎皮,轿杠上缠有红彩,由八个人抬着,后面还跟着一大群衙役。入城以后,就把土牛等放进彩栅,到第二天早晨,长官再率领僚属去广场,把土牛从彩栅中抬出,手拿彩鞭打土牛三下,书吏则在旁边口念'风调雨顺,国泰民安,禄位高升'的吉祥话,必须是抽一鞭念一句,叫鞭春。"②

泉州在立春当日既举行"迎春"祭典,又进行"鞭春牛"活动。据方志载,立春当天,各级文武官员聚集于东郊的"迎春亭"(当地人称之为"迎春亭"),先祭拜土牛、芒神,祈求好年景之后,由"春官"手持彩杖对土牛象征性地鞭打几下,随后,官员按品级入席参加"迎春宴"。宴后,开始抬春牛游行巡境,声势浩大。最大的特点是,四个抬土牛和芒神的人必是乞丐。因传说立春这天"这天看牛,则一岁利市",谁能抓得春牛土,或掷石掷到轿夫身上者,皆可得福。故立春鞭春牛这天,倾城倾村出动,沿街沿道争先恐后去扒春牛身上的土块,用小石掷轿夫,往往巡境仪式未完,轿夫就被打得有头破血流,四处逃散。所以,只好请乞丐来担任轿夫。这一习俗至今在王审知后人居住的安溪县红星村一带乃至闽南地区传承,立春鞭春牛改成草扎春牛,仍然流行乞丐抬轿或乞丐队前引路。当然,祭祀巡境中的乞丐并非真正的乞丐(见图3-11),而是由村民扮

①　福建省地方志编纂委员会:《福建省志·民俗志》,北京,方志出版社1997年版,第12页。

②　(日)铃木清一郎著,冯作民译《台湾旧惯习俗信仰》,(台)众文图书公司2000年增订版,第466~467页。

演的乞丐。采访得知,各村扮演乞丐之人,多是村中贫困、无业、身份较低下之人,举办者要给这些"乞丐"发红包、送烟,请他们扮演"乞丐"。

图 3-11　扮乞丐

闽西连城、长汀立春有"犁春牛"活动,据龙岩市文化部门提供的"申遗"资料显示,"犁春牛"活动可追溯至明初,有 500 多年的历史。

"犁春牛"活动的组织比较简单,自清乾隆年间开始,一般是以房族为主组织,只需具备三个基本条件:(1)有一头健壮的牛;(2)有一副锣鼓(主要是锣、鼓、钹、铜钟等);(3)有一人为头组织。组织过程是由发起人(一般是房族中比较喜欢娱乐的中年人)先找同房族中的几位中青年协商,选谁家的牛,由哪些人组成锣鼓队,由什么人扮装犁田的农民、牵"春牛"的"勾芒神"(当地人称迎春者)、送饭送草的农妇、书生、渔夫和挑柴的妇女等。耕牛,一定要选体魄健壮的牛牯。扮迎春者要选最擅长表演丑角的中青年人。持木犁者也要有一定的表演才能;扮演书生者则选长得英俊的少年;扮农妇者,旧时一般男扮女装(因封建社会客家闺女不许公开参加社会活动),新中国成立后,实行男女平等,多数选未出嫁的闺女扮装。扮渔夫者,老中青均可。若本房能参加演出的人数较多,还可选一些扮演郎中、商人和古装汉戏中的主要人物,如岳飞、关云长、钟馗等(见图 3-12)。人员确定后,由发起人和参与协商者分头通知扮演者。出游前到发起人家中或本房祖屋集中化妆。此外,还要安排 5~7 人准备松火把或火笼(用铁线织成网状,用于点松光火,可用人提着的)。活动一般是在"立春"节前后三天的晚上进行。如果是在农历腊月底"立春",则安排"立春"前一天晚上、"立春"当日晚上和年初一、年初二晚上进行。出游前,安排扮演角色的,要各自事先借到合适的服装,集中在指定地点化妆。化妆比较简单,不像古装戏上台演出的演员那么认真。

图 3-12　2012 年立春与元宵时间相隔几天,连城罗坊在走古事时,请儿童化妆关公等人物形象巡境,有祈风调雨顺、五谷丰登之意

锣鼓队则由一个打松光火的人引路,先敲锣打鼓到牛寮将选定出游的耕牛"请"到化妆地点。出游的耕牛要用 3 尺红布缠在牛角上,牛角之间要扎成一朵红花。据说,被选出来游的牛,一年都不会生病,所以谁家养的牛都愿意选来出游。出游时的队列安排:除点松花火者按一定距离安排外,其余的排列依次是:锣鼓队、放鞭炮者(本房长者,用一红布袋装香烛、鞭炮)、装牵牛迎春者(其动作相似跳神)、耕牛(套上犁田时锁链等)、犁田的农夫(身穿棕衣,头戴斗笠,手扶一把木犁,把铁铸的犁头、犁劈拆除,表演犁田的动作)、送饭和草的农妇(身穿客家妹子服装,用红布扎头或头戴凉笠,用一根又薄又软的竹扁担挑着)、男女锄田手(荷着锄头,表演锄田姿势)、挑谷箩者(见图 3-13)、看书的书生(身穿长衫,手拿书本)、钓鱼的渔夫、"挑柴"的妇女(头戴凉笠,挑着一担杂木柴)、郎中(身穿长衫,手提四包中草药,外面写"四季平安")、商人(身穿长衫,手拿算盘、账簿)、古时人物(按古装戏化妆)、"十番"乐队或锣鼓队(若一房宗亲只有一副锣鼓,则安排在队伍后边或队伍前面均可)。

图 3-13　台湾牛犁阵扮牛

　　游行时,领队者带出游行队伍先到开基祖祠堂点烛、焚香、烧纸、放鞭炮,先敬老祖宗(见图 3-14)。然后按事前商定线路周游全村。新泉村游行路线是按村民居住区的大街小巷走大中小三圈;其他小村子一般按商定线路游两圈。有的还游到邻近村子,互相往来。春牛游到人家门口、店门口时,主人都要放鞭炮成放几个高升炮。游到有"土地神"的地点,领队者要给"土地神"烧香、鸣炮。按计划游完后,整支队伍回到出发前的集中点,还要敲锣打鼓将耕牛送回牛寮。扮演者卸妆后,发起人请他们和参与者吃点心。点心比较简单,有面条和几盘下酒的炒菜便可,但少不了要喝酒、猜拳。席间,有人商讨新年生产计划,有的互相祝福,常常闹到三更半夜。作规模盛大,活动繁多,须花费大量人力、物力、财力。每届大福结束时便要推选下届大福福首(或称"总理")人选,由福首组织筹备下届事宜。① "犁春牛"活动的主要用品有:一头健壮的牛、一副锣鼓(主要是锣、鼓、钹、铜钟等)、少许松火把或火笼、木犁、棕衣、斗笠等,均为普通农家用具,没有专用器具。

图 3-14　长汀举河村祖屋前祭祀

---

① 龙岩市文化馆:《龙岩非物质文化遗产民俗类申遗材料》,打印文本。

由此可见,闽台两地,清代之前在农业生产习俗中,立春鞭土牛项目是一项非常重要的官办民呼应的习俗。闽台地区有句俗话,农民种田盼谷新,秀才升官盼入京。立春鞭春牛习俗之所以能在闽台地区传承下来,是因为这一习俗不论对农民还是地方官吏,都是百利无一害的。闽台稻谷一般是两季,风调雨顺是所有农耕地区农民都企盼的丰收保证,但人间凡人不能左右自然气候变化,在征服不了大自然时,就把调控大自然气候变化的能力赋予了天地神灵。因此,有官方为立春做祈祷,自然是一呼百应,感恩戴德。而从天子到地方官吏,在立春时做祭祀活动,一则是为了统治阶级以粮为本的治国根本利益。二是礼行天下,笼络民心。三是地方官员以此为政绩,既做给百姓看,显示为民办事;又做给上级看,表明自己重视生产,为国出力。所以不仅是闽台地区,全国各地都出现了重视立春习俗的文化现象。

据课题组调查,闽台地区立春习俗发展至今,已无清代之前的盛况,各地都演变成不同形式的立春祭典活动。比如建阳县水吉镇在立春前一天就开始迎春,用鲜芦梗、梅花、青茶梗扎成一束束插在香炉上,置鲜红萝卜或带花的小白菜一棵放在大碗内,再备果品、糖果等摆在台上,香炉内插一红纸牌,上书"新春大发"四个字(见图3-15),翌日,立春当天,家家户户点香鸣炮,迎春仪式结束。长汀县童坊镇彭坊村立春前一天,把供品置好,放在大厅神龛上,立春当天,在神龛上香炉下压着一张小方形红纸,书写"恭贺新禧"四个字。吉时到,全村点香鸣炮,各家主妇匆匆忙忙地举香到客厅神龛前拜拜后,又赶到厨房朝老灶拜拜。传说灶君是负责向玉帝汇报人间事的神仙,彭坊村人想借灶君汇报他们的虔诚和企望。永定县坎市镇坎市居委会(原坎市村)立春这天,家家户户在神龛前张贴"迎春接福",还准备两株连根的青菜,时辰到时,点烛、焚香、烧纸钱,鸣炮祭拜以示立春。长汀县童坊镇各村立春习俗是在堂屋(大厅)神龛前拜太公太婆,再拜灶君,民间有"男人烧香保一家,女人烧香保自

图3-15 龙岩市长汀县童坊镇彭坊村立春之日上香拜灶神字帖

己"之说。男人不在家,则由女人拜。福州居民在立春这天,虽无历史上的盛大鞭春牛仪式,但许多"原住民"在这天要做"春饼",全家尝春饼,以示过立春节。诸如此类的立春活动,闽台地区普遍存在。

二、菩萨巡田

闽台地区民间信仰旧俗传承下来的菩萨巡境习俗十分普遍和流行。几乎每个乡村都有菩萨巡境保平安的节俗。就农耕生产习俗来说,反映在菩萨巡田巡境的习俗,主要是立春或立春后春节期间的菩萨巡田活动。以长汀县童坊镇举河村、举林村为例。

童坊镇位于长汀县境东部,东邻连城县,南接南山镇,西连新桥镇,北邻馆前镇,全镇 24 个行政村,227 个村民小组,6801 户,28420 人,境内童坊河流入闽江,现有耕地 27278 亩,其中早稻田 15703 亩。举河村、举林村原是一个村,叫举人村,明朝时当地有个姓"吕"的人中了举人,为了纪念他,故叫举人村。1981 年以后为了便于管理,分为举河和举林两个村,举河村共有 1300 多人,200 多户人家,其中有曾、胡、马、刘、陈、黄等姓,分成 4 个小组。人均约 0.7 亩地,以水稻种植为主,稻田 580 多亩,林业种植面积 800 多亩,特殊的农耕条件约定俗成了童坊乡镇的农耕生产习俗。菩萨巡田就是物质生产习俗中有代表意义的农耕习俗。

2012 年正月十二至十四,课题组在长汀县童坊镇举河村和举林村考察时,遇到二村一年一度的"菩萨巡田"仪式活动。当地人又称甩泥佛、闹春田(见图 3-16 ~ 图 3-19)。

图 3-16　2012 年正月十二,龙岩市长汀县举河、举林村闹春田

图 3-17　2012 年正月十二,龙岩市长汀县举河、举林村抬菩萨巡田,又称"甩泥佛"

图 3-18　2012 年正月十二,龙岩市长汀县举河、举林村抬菩萨巡田,以求菩萨
　　　　保佑风调雨顺、五谷丰登

图 3-19 长汀县童坊镇闹春田,甩泥佛

　　活动的头天,即十一下午,两村就集资邀请戏班进村演戏。各家各户准备好了祭祀物品。正月十一的清晨,有的人家便给狗喂好饭好肉,家家户户开始杀鸡杀鸭,过年般忙碌起来。二十几个十余岁的孩子早早穿着新衣,集中在村前祖屋前撑着各种颜色的彩旗,等候着菩萨巡境。村中的四个小组以年为周期轮流到迴龙庵接关公菩萨到家里为闹春田活动的始发点,今年(2012 年)轮到陈辉家接菩萨到家中。正月十一该小组的成员及亲戚聚在一起喝酒吃饭庆祝。十二号一早(大约 7 点)各家各户由锣鼓欢送,把自家的河田鸡抓到关公菩萨前杀死,滴血,以表敬意。九点左右,在烟炮的欢送下,村民抬着菩萨依次到刘、胡、陈、马、黄、曾氏老居民做客,并在房前田中闹春田。以胡氏、马氏、曾氏闹春田较为热闹,其中又以胡氏为盛。各姓氏家族人口,数量及分布大小、多少,影响着闹春田的有无与热闹程度。

　　巡境列队在游街时,由村中举办本年度菩萨巡境的家族选择一长者,肩挑洋琴与大锣为开路巡境队首,接着村里小男孩的五彩旗队跟在其后,再是四抬神轿在人们的簇拥下,抬着关公菩萨行在队列中间,全村老人拿着手中的香或伞在关公菩萨轿后护着,铜鼓乐队为最后,以此为顺序排列开始巡境、巡田。在菩萨巡境游街时,各家各户在家置桌烧香放祭品欢迎关公。以下是在胡氏老祖房前进行祭祀为代表具体介绍闹春田的活动程序。

关公菩萨面朝老祖房停于老祖房前,乐队在房中奏小乐或民间小调等乐曲,吃饭以表示欢迎。同时胡氏到关公菩萨前烧香、烧纸钱、洒鸡血来许愿,还愿。接着由三个胡氏代表为主祭人,对其三拜九叩,然后由专职人员唱祝文,祈祷家族健康平安、人丁兴旺、财源广进、五谷丰登,主祭人再三拜九叩,再烧祝文,再三拜九叩,乐队出屋,到关公菩萨前演奏"烧香曲"。演奏完后为关公宽衣解带,并用一条写着"酬谢鸿恩"的红绸带将关公菩萨的身子与椅子绑在一起。(这条绸带是许愿人送给关公菩萨的。)接着由胡氏年轻人抬着关公菩萨到田里跑,十几个青壮年每四个轮番上阵,抬着关公在田的中央转圈,跑不动的直接就摔倒在田里。到后来,十几个人全部上场,一起抬着关公顺着田埂,伴着口中"啊啊"声,在田里四周转圈,年轻人时而会在田里摔跤,以兴众乐。2012年春节期间气温很低,村民并不在意,在田里嬉闹着,引得围观村民哈哈大笑。此时,烟花爆竹齐鸣,放许愿灯热闹非凡。菩萨巡田结束后,村民还在田里打泥巴仗,把关公抹得满身是泥。最后才将菩萨抬到村里的小河里清洗干净(见图3-20、图3-21),重新换上衣服。送至庙里,再由老人祭拜后,各家各户开宴,请亲戚好友到家吃饭。①

图3-20 长汀举河村男丁下田在水田里奔跑

① 刘芝凤、陈燕婷、林婉娇、王煌彬、朱秀梅、黄雅芬、卓小婷:《龙岩市长汀县童坊镇举河村与举林村闹春田调查报告》,课题组2012年寒假田野调查资料。

图 3-21　闹春田俗节中的家宴

　　关于童坊镇菩萨巡田的来历,有几种说法:(1)传说举人村的老祖先有一天梦见关羽,因关羽为忠良武将,老祖先决定祭拜关羽,雕刻一个关羽的雕像。开光时,在河里洗净后,老祖先梦见有人抬着关羽在田里面走,醒来时发现田里没人,但田里面有很多泥巴而且很乱,这才意识到,开春了,不能总沉浸在春节玩乐之中,要集中精力春耕。从此以后,很多人抬着关羽在田里走,预示着春耕工作已经开始,提醒村民不要留恋节日的悠闲自在,应集中精力春耕,祈求五谷丰登,六畜兴旺,人口平安,风调雨顺。(2)相传关羽为泥鳅精所变,泥鳅精喜欢在田里打滚,而有泥鳅的稻田通常都有好收成。所以将菩萨巡田称之为甩泥佛。(3)相传清乾隆皇帝时期,村里决定集资修庙,庙里置放什么神呢?因为关公大忠大义,便选定关公镇庙,塑关公像。用木雕雕刻好后要"开光",俗称"点睛"。开光时最忌讳听到不吉利或平时不叫的声音在叫,因为听到什么的叫声就是什么东西要篡位。所以先祖决定半夜三更到深山中开光,刚好这时泥鳅叫了,因而称为"泥鳅精篡位"。由于泥鳅喜好在田里窜,所以每年的正月十二播种之前,要抬关公到水田里闹境,以此镇压泥鳅精,祈求新的一年五谷丰登。

童坊镇除了正月十二至十四有菩萨巡田农耕习俗之外,还在农历二月二十八有打醮"保禾苗"习俗,这天,村民要用神轿接出叶伏虎到本地庙里,然后抬到田野间、田间小道上走,以求保佑五谷丰登。

闽北地区与闽南地区抬菩萨巡境习俗时间稍有不同,南平市浦城县富岭镇双同村和圳边村,每年的八月初一人们都要清理农田,整修道路。这里旱冻灾害较多,人们就会在旱灾的时候由山上的道士选定一个良辰吉日到筐山山顶上的天师庙把天师抬下山来到村子的田间地头巡境,还要做法会,以求降下甘霖去除旱灾。值得一提的是抬天师一般都是一整个村子一起抬的,如果去抬的时候天师让别的村子先抬走的话,人们就会在庙里的香炉里抓一把灰就算抬过了。圳边干旱时则是抬天后宫的妈祖娘娘和两个童子在村子里巡境。

三、抬春色与走古事

正月十五,是闽台地区传统民俗活动最丰富的日子。龙岩、三明、南平、漳州、泉州、厦门等地,几乎所有闽台农村都有菩萨巡境、剪纸(凿纸、板凳)龙灯闹元宵的民俗活动。与农耕生产习俗相辅佐的元宵习俗是抬春色和走古事。

据《粤游小志》[①]载,清朝时,潮汕地区有一种称为"抬春色"的活动。在立春日的游行队伍中,必有装饰过的台阁,上坐歌妓,由两个人抬着走。梅州地区还有高春、矮春的分别:矮春为一人坐台上。高春则用两人:一人立在台上,然后扎着一根直木,隐藏在那个人的长衣中,与这人的肩平齐。然后再横扎一根木棍在直木上端,这横木隐藏在宽袖中,横木上再站一个人。为保险起见,将两脚牢牢扎在横木上,两个人装扮成某个故事中的人物。另

---

① (清)张心泰:《粤游小志》,商务印书馆民国四年(1915年)出版。

有一个人持缠着布条的长棍子又支在上面的那个人腋下,随着迎春队伍游行。如路上遇到障碍,则由持长棍子的人用棍子拨开障碍物。课题组在厦门鼓浪屿考察民俗时,陈全忠老人介绍闽南的抬春色称之为"阵阁"。与潮州抬春色类似,也是将童男童女抬在横木上,摆出故事的姿势游行,以图一年风调雨顺。抬春色在闽台地区很普遍。2012 年厦门市湖里区钟宅社区(村)的抬春色(当地人称"龙阵"),长达 60 米,3 米一节,共 20 节龙身,每节上安排一对童男童女,装扮成古时的秀才和公主模样,由村民抬着龙阵巡街(图 3-22)。三明沙县则是用肩膀抬着由童男童女扮成的"古典故事人物"。

图 3-22　厦门市湖里区钟宅畲族社区四年一次的烧王船与抬春色"龙阵",
一起互相助阵,浩浩荡荡

　　龙岩市连城县罗坊乡下罗坊村,每年正月十五也有抬春色。只是这里的称呼不叫抬春色,而叫"走古事"。正月十五大帝菩萨(爱公爹)生日,元宵走古事。罗坊元宵走古事起源于清朝康熙年间。相传昔日罗坊常闹旱涝灾,粮食生产连年歉收,民不聊生。罗氏第十四代才徽公高中举人,出任湖南武陵(湘西)知县、陕西宁州知府。在任期间,罗公目睹当地庶民走古事祈求消灾的习俗能保风调雨顺、国泰民安。他卸任返梓时,为了解脱天灾,遂把流传于湖南武陵一带走古事的民俗移授乡梓,以祈求风调雨顺、国泰民安,兼民间娱乐活动。自此相继延流,仅在"文革"期间遭受禁锢,迄今已有三百余年的历史。每年正月十四、十五,即便阴雨天气,待到走古事时总是天气晴朗,走完古事后又是阴雨绵绵,村民们都相信这是本村的爱公爹显灵,所以都十分信奉爱公爹。

　　罗坊古事始依本村罗姓九大房族出九棚古事,后因竞赛争先,常有闹事,减至七棚。每棚古事均从房族内挑选两名七八岁的男童,按戏曲装扮,化妆脸谱，身穿戏袍。其中，一名扮主角装上顶，另一名扮护将坐轿台。领先（见图3-23、图3-24）的大福首上顶是"天官"，手持"天官赐福"如意玉牌（敬称"福星"）坐在轿台直立铁杆的横档上，腰部以铁圈固定，再穿上戏袍，仿佛站立一般；下顶是护将（又称"禄星"），坐在轿台上。由于下顶的戏袍右袖口与上顶戏袍的靴子相连，看上去恰似"护将"手托站着的"主人"，分成两个鲜明的层次。轿台四周饰上精美的画屏，两轿杠夹持着精致的精致的轿台，再配上拖杠头两人，千井口两人，前井杠眼两人，前井柱脚下两人，护棚两人，后井柱脚下两人，后井杠眼两人，后井尾两人，后推杠尾两人，计18人一班勇士，一棚古事就装好了（见图3-25、图3-26）。

图3-23　罗坊走古事1

图3-24　罗坊走古事2

图 3-25　化妆

图 3-26　装古事

　　后面依次排列的是"李世民、薛仁贵,刘邦、樊哙,杨六郎、杨宗保,高贞、梅文忠,刘备、孔明,周瑜、甘霖"。分别代表着"智信仁忠礼义和"表达了村民对这些仁人志士的赞美与敬仰。每棚古事装扮大致相似。由于竞争激烈,须三班轮替,七棚古事需四百名勇士,方能正常奔走。第一棚勇士从正月十一到十六期间须吃素,其他棚勇士在正月十一到十三期间吃素,否则后面下溪时会掉进水中以示爱公爹对他们的惩罚。近几年,各棚男士竞先争福,便商定每年抓阄定走古事顺序,方法是每棚一个代表手持筷子于竹筒中抓阄。并且在走古事时,后者可以从外线赶超前者,这大大激起了村民的激情,场面异常壮观。

2012 年正月十四号清晨,"大福首"差罗王鼓乐队敲着锣鼓周游全村,催促各棚把古事抬到始祖祠集中,焚香叩拜"三大祖师"。祠堂外鞭炮声不断,祠堂内左侧罗王鼓乐队演奏着《连城大乐》《喜临门》《得胜令》等。如图 3-27:

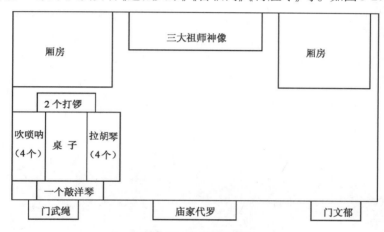

图 3-27　祠堂内部图

七棚古事到齐后,神铳一响,七棚古事蜂拥而上,紧挨着"大福首"按既定的线路奔走在乡村的街道上,所经之处,家家户户门前放炮,门槛边烧柴火迎送,呈贡上果头、长寿面、苹果、橘子、糖等素食。游遍沿街高祖祠堂,古事游进乡政府大坪作揖、狂奔数圈,以示与民同乐。随即穿街走巷游到屋背山坪。伴随着神铳齐鸣,七棚古事紧跟着"大福首"冲进戏台坪,狂奔在椭圆形的跑道上。每跑一圈,勇士们相继替换,直至"三大祖师"菩萨游到戏台坪中心停轿,方才驻足歇息。此时,一支由花棚、彩旗、高脚戏、万民宝伞和宣传时政的鼓号队、标语牌等组成的大型踩街队伍鸣锣开道,开始游街。游了数圈后,神铳再次齐鸣,蓄势待发的勇士们抬起古事,继续狂奔在跑道线上。"跑啊,跑啊……"喊声震天,霎时间,叫喊声、奔跑声、鞭炮声、鼓乐声响成一片,村民们沉浸在欢乐的海洋里。如此循环往复,奔跑数次后,改跑为走。勇士们抬起古事走"剪刀校"(即"∞"线路),顺走三圈后再逆走三圈,停放在戏台角约 2 分钟。神铳再次齐鸣,七棚古事继而逆向狂奔在跑道线上,直至"大福首"与第二棚古事拉开一定距离,方才欣随急速鸣放的神铳声直奔出口,抬回各自的停放点卸妆。

罗坊走古事是分两天进行的。正月十五才是走古事的高潮。由于各棚古事有了游十四号上午竞赛的经验,所以竞争场面更加激烈和壮观。开始,走法与十四号上午大致相同。古事在屋背山坪出口后,沿着蜿蜒起伏的水泥公路游到"云龙桥"西畔蔼仰"妈祖娘娘"。顺其道冲进"云龙桥"畔的大坪里继续狂欢。这里长龙起舞,瑞狮庆贺,狂欢的人群摩肩接踵。

大约正午一时许,罗坊古事下溪了!这是罗坊元宵走古事高潮中的高潮。"三大祖师"游到"云龙桥"畔,四条长龙纷纷下河戏水,八面雄狮打道前锋,七棚古事列队冲下河床,村民有的也疾奔而下,有的围河欢呼。即使冷风彻骨、寒水逼人、青苔滑脚,人们都乐在其中。这堪称罗坊山村的"狂欢节"(见图3-28)。热潮过后,各棚古事回到村庄的各个角落等待来年元宵的到来。舞龙队沿着始祖祠堂外的街道到各家各户去送福气,拿红包。[①]

图 3-28　抬古事河中奔跑

四、二月二保苗祭

我国民间有"二月二,龙抬头"的谚语,传说每年的农历二月初二,龙也从沉睡中醒来,为大地布雨复苏,预示一年的农事活动即将开始。因此,二月二也叫"春龙节"、"春耕节"和"农事节"。清代文人潘荣陛在其《帝京岁

---

① 2012年正月十四、十五,笔者带着学生在罗坊采访,调查报告由陈燕婷、林婉娇同学执笔,参加学生有王煌彬、柯水城、卓小婷、陈燕婷、林婉娇、朱秀梅、黄雅芬、罗秋萍。

时记》载:"二日为龙抬头日。乡民用灰自门外蜿蜒布入宅厨,旋绕水缸,呼为引龙回。都用黍面、枣糕、麦米等物油煎为食,曰薰虫。"

闽台地区稻作民族多有庙会,节会间以舞龙、赛龙、龙灯造型等为主要内容(见图3-29)。据龙岩市文化局提供的资料,汀州(今长汀县)濯田一带的客家人,从康熙年间起,都有"二月二"保苗祭。

图3-29 四月八这天牛放假,自由玩耍

由于当时文化、科技落后,客家先民在物质生产过程中,面对水灾、风灾、旱灾等自然灾害对农业造成的损失,在绝望和无奈之际,便将灾难归结为天地神鬼作怪。为了风调雨顺、五谷丰登、国泰民安,客家先民们在每年春天播种季节一定要祭祀天地神灵,敬奉五谷大神,以祈求五谷丰登。丰收后,再行祭祀,以酬谢天恩,即"百鸭祭",又称"庆禾祭",并世代相传至今。

"二月二"保苗祭,又称"百壶祭",盛行在今长汀县濯田镇升平村一带的朱屋、黄屋、弯哩、墈上、土罗、洋塘、李田、包坑、泮坑、大岸头等10多个自然村。明末清初,人们在当地"灵极山寺",供奉"定光"、"伏虎"、"殊文公"(统称为"三太祖师")及"五谷大神"诸神。每年农历二月初二前后3天,正是惊蛰浸种插秧季节,升平周边10多个自然村群众便到灵极山寺举行"二月二"保苗祭,祭祀"三太祖师"及"五谷大神"(见图3-30)。至清朝同治十年(1871年),因"灵极山寺"遭火灾,"三太祖师"及"五谷大神"无庙栖身,便分散到升平等10个自然村,按村按姓氏划分为4个片区,每年按片区轮流举行"二月二"保苗祭。具体做法是:农历二月初二这天,由主办片区人员抬着"三太祖师"及"五谷大神"周游四个片区内的自然村,然后抬至主办片区内一幢指定的宗祠或民居内安放。

图 3-30 大道公庙五谷

周游时,百号队伍一路鸾驾执事,神旗飘扬,锣鼓喧天,放爆鸣铳,沿途烧香燃烛。同时,主办片区各家各户出一壶客家米酒、粄子(年糕),云集在安放菩萨地点,敬奉菩萨。天长日久,"百壶祭"的活动形式及内容日愈丰富,至清末发展到有蒸酒、做粄、摇轿、大戏、木偶、十番、鼓手和道士做道场等内容。"摇轿"实际上是一种民间竞技体育比赛,老中青男性村民均可参加。摇轿者必须在3日前就净身,不能和妻同房。摇轿当日,要洗澡换新衣。活动开始时,两人各扛起净重达300多斤的神轿一角,凭力气大、耐力久,双方你推我拉,把轿摇得前后左右、上下翻腾。如力气小让对方得胜,可马上换人又互相推拉,最终看谁的力气大(见图3-31、图3-32)。摇轿比赛的目的,意为摇醒神灵,保佑四方五谷丰登,百姓身体健康,万事如意。

图 3-31 连城县罗坊村接神 1

图3-32　长汀县童坊镇彭坊村接神2

　　每次参加摇轿活动的人数,达五六十人甚至百人。摇轿结束后,"三太祖师"及"五谷大神"暂时停放在主办片区的一个大空坪内,接受人们烧香供奉。供奉桌摆成一字长形。片区每户一壶米酒,一盘粄子或年糕,数百户人家、数百把酒壶依次排齐,整齐壮观。周边群众及各自亲朋好友云集看热闹场面。供奉完毕后,围观人群可品尝各户的米酒和粄子。人们相互祝愿,说上几句"五谷丰登"之类的吉利话。米酒及粄子如吃不完,可带回家去。"百壶祭"结束后,菩萨抬至片区指定的民宅内或祖祠内,由当年承办片区头家负责一年,直至翌年另一承办片区为头家将其抬至另一片区(见图3-33)。片区自然村大小及人口多少不一。人口多、群众财力较丰富的,有请大戏、木偶戏。大戏一般多为江西班、祁剧,木偶多为音乐动听的"乱禅班",还有"十番"、"鼓手"等民间乐队(见图3-34、图3-35、图3-36);片区人口较少的,因人力、物力有限,一般不请大戏,只有木偶、"鼓手"等。每个片区4年轮上一期。片区内又按姓氏、房份或自然村,将群众分成蓬(相当于承办小组)。

蓬有大有小,人口多的每蓬有四五十户,人口少的二三十户。片区农户多,蓬数也多;片区农户少,蓬数也少。凡轮为当年承办"百壶祭"的蓬,数十户人家,户户出劳力,早早召开筹备会,必须积极参与,按需分工,按用人需求分派劳力人员,直至把这场活动办完办好。黄屋、朱屋片区人口多、户数多,便分为 12 蓬,每四年一期,每期一蓬,48 年才轮上一次。而土罗自然村片区人口少、户数少,分为三四蓬,每 10 多年就可轮上一次。①

图 3-33　长汀童坊镇举河村抬菩萨巡境

图 3-34　长泰县江都村看歌仔戏

---

①　参考龙岩市文化馆:《福建龙岩市非物质文化遗产民俗类申遗材料》文本,课题组实地考察。

图 3-35　云霄县东厦镇东坑村潮剧表演

图 3-36　厦门钟宅请歌仔戏戏班表演

"二月二"保苗祭在闽西、闽北都有传承,闽南地区少有。

"二月二"在莆田还有一个打铁球保苗祭的习俗。

"二月二"在莆田地区被称为"龙抬头",传说是天上主管云雨的龙王抬头的日子,从此以后,雨水会逐渐增多,象征着春回大地,万物复苏,此时,春节刚过,田间农事活动即将展开,故"二月二"又称"春农节"、"农头节"。农谚曰:"二月二,龙抬头,大家小户使耕牛。""二月二,龙抬头;大仓满,小仓流",寄托了农民对年景的祈盼,祈求传说中的神"龙"赐福、保佑风调雨顺、五谷丰登的强烈愿望。

莆田市荔城区黄石镇下江头的村民们,也用传统的习俗——打铁球来欢庆这个日子,祈盼这一年过得更加美好。下江头村从村道到农家小院,家家户户张灯结彩,人们燃放爆竹,敲锣打鼓,表演歌舞等,处处洋溢着喜庆的气氛。当庆祝活动正式开始的时候,村里的男女老少们,着红衣,扮妆阁,加入到巡境游队伍中,举五色旗、装童子、跑十警、扮故事、打伡鼓、奏十音八乐,鸣炮放铳,热闹非凡。最热闹的是在戏台边举行的打铁球。

打铁球是下江头村独有的传统习俗,源于农民对年景的祈盼,祈求传说中的神"龙"赐福,保佑风调雨顺、五谷丰登。传说是神人借助凡人躯体玩耍的方式。打铁球时,清一色的男子光着上身,手中挥舞着用钢针扎成的铁球,勇敢地往身上甩,虽然有点儿血腥,但是十里八乡的人们都会专程赶来观看,热闹非凡。

二月二之前,全村的人会在前一天于凌云殿(下江村的村庙)进行庄重的挑选仪式——挑选神人上身之人。村长会将全村 20～50 岁的青年男性的名字刻在竹签上,放在主神——玉皇大帝之前,表明经过玉皇大帝的同意之后进行抽签,而抽签之人是上一届被诸神上身之人。抽中之人会被认为是幸运且光荣的。抽中之人被称为"龙人"。龙人自此时起需斋戒并沐浴以迎接明日诸神上身,为全村祈福。

节日当天,村长带着村民祭祀完玉皇大帝及诸神之后便会请出龙人,由上届龙人对其洗礼之后端坐于玉皇大帝面前,等待诸神上身。诸神上身后,"龙人"便不受控制,一直想要拿起铁球打自己。由于诸神借用凡人的身体,诸神打铁球会伤到凡人,于是会安排相应的人员适当控制被上了身的"龙人"的身体。相传被上身的"龙人"在打铁球时完全感觉不到痛,因为有神灵的庇佑。而在诸神尽兴之后,"龙人"回到庙内,慢慢冷静下来,诸神渐渐从"龙人"身上脱离,上届"龙人"此时会用一直摆放于玉皇大帝像前的香炉灰撒在"龙人"流血的背上。待"龙人"醒来便不觉疼痛。① 这种习俗一直传承下来,农民以此方式取悦神龙,表示祈求风调雨顺保禾苗的虔诚心理。

五、台湾赛夏人开秧门

台湾赛夏部落是台湾少数民族中人较人少的族群,总人口约 7000 人。主要人口居住在新竹县五峰乡和苗栗县南庄、狮潭乡。分南赛夏群、赛夏群和北赛夏群。新竹县五峰乡的赛夏人为北赛夏群,苗栗县的赛夏人为南赛夏群。台湾赛夏人是"原住民"中早期世居民族,但从赛夏人的诸多历史民俗习惯看,族源有可能是从大陆迁徙过来的稻作民族或是学习型稻作民族。

赛夏人的开秧门是一年农事中的一个很重要的程序。课题组在苗栗县南庄乡东河村拜访 80 岁的赛夏人老人风德辉先生,据他介绍,因插秧的季节性很强,为赶时间,大部分人家都会结伙互助,一家家赶插秧。怕秧插不好,会误了一年的收成,故赛夏人的开秧门自古以来就有隆重的仪式。

台湾苗栗县南庄赛夏人立春之天,由各社家族轮选出的"旗佬"主持(见图 3-37、图 3-38),开秧门的头天晚上,确定周边邻居都睡觉之后,旗佬家委派的专员(一般是旗佬自己或大儿子)背上做好的发糕(一般重 5 斤左右)和酒,悄悄跑到自家的田地里,祭拜祖先和土地神之后,在回家的路上找一个地方将带去的祭品藏匿起来,再大摇大摆地回家。同一社的族人,则在天亮前要赶到旗佬家,进门前要去寻找主人藏匿的祭品,找不到不能进家门。找到了,喝一碗酒吃一口糕,认为找到了一年的丰收和幸福,可以兴高采烈地进旗佬家欢聚了。一般天亮时,族人基本都会到齐。每家都会带一个小于主人家的糕饼来,主人家的主妇会把事先做好的三个糕饼中最大的一个(约 10 斤重)拿出来(见图 3-39),与大家带来的糕饼放在一起,切成若干块,让全族人吃。为这一年准备的米酒必须喝完,不能余留。吃喝到下午,族人便离开回家。

---

① 翁艳艳:《莆田市民俗节日"打铁球"》,课题组学生调查报告。

图 3-37　老人主办祭祀（廖贤德摄）

图 3-38　在祭祀节俗中，要舂米做粑（廖贤德摄）

图 3-39　族人吃宴（廖贤德摄）

　　台湾新竹县尖石乡的泰雅人，则在开秧门前的晚上，由老人带着子孙到田地边上，讲述农耕的经验和技术。

六、福建育种祭与开秧门仪式

　　福建旧时，育种有专门的祭祀仪式。福建有句农业谚语："二月不播种，三月不插秧。"这是因为初春的气温除了沿海地区之外，山区气温起伏不定，仍然比较寒冷。过早下土开田育种，会冻死谷种。所以在育秧前有一个简单的求神传神仪式。比如育种要选择吉日，闽北、闽西山区在育秧田头插上三炷香，焚烧一些纸钱，当地人称之"国箔"，然后祈告土地神，保佑他家谷种落地生根，发好壮芽。祭祀完毕才能育种。旧时一般田地间都有一座座几块石头垒起的小庙，那就是保秧苗的土地庙。2013 年 1 月 13 日在厦门市同安区顶上村的农田田梗古树下，还随处可见用几块石头垒起的土地庙，作为祭祀土地的神祇。

　　据《福建省志·民俗志》载，福州农民祭土地公用鸡、鸭、猪三牲，古田农民下种时，要抓一把种子朝太阳挥洒三次，意能避邪、镇风，保佑禾苗苗壮成长；三明、将乐一带，则要献一只大公鸡给土地公，同时还要供上糖果；建阳、厦门人则是去土地庙烧香拜神，以雪白的大米祭供；安溪、惠安等地，是在家里神龛上摆祭品;长汀、连城等地则在厨房灶前祭拜灶神。他们认为灶神是管吃的,祭拜了灶神,他就会去管理禾苗田的秧苗,有禾就有谷,有谷就有吃的。东山等地方则用面粉团做成"田头公",放在田埂上祭祀;武夷山下梅村育种时要拜观音和梅山大神;和平县的农民,有的人家在家中祭拜神农大帝,供桌上盛一斗谷子,盖上树叶,插上一对红纸筷子,祭祀三天(见图3-40),结束后,将盛谷移到谷仓底,表示育种的"酵母"。南靖、华安、云霄竹塔村等地,在家门口用香烛、清水、糯米制作的红圆等祭门神和土地公。永定坎市镇则在育秧播种时在田头插一香纸,祈求田伯公(土地神)保佑禾苗生长良好。这一天还要给耕牛加喂稀饭、黄酒,以壮畜力。永泰习惯在田头插一根树枝,一为祛邪恶,二为驱鸟。莆田、晋江一带,有的地方用常青的草(芭茅草之类)或荆枝插在田边,以示开秧门,希望秧苗苗壮成长,如芭茅草一样生命力强大。龙海也有插青习俗,近二十余年,插树枝习俗逐步改成扎草人或做个枝架,穿上人的旧破衣服,去吓飞鸟(见图3-41)。古时育秧多在厨房进行,闽地地区育秧祭神时忌讳酒鬼和孕妇看见,认为会触怒灶神。

图3-40 龛坛上祭祀的谷米(长汀彭坊村)

图 3-41　田中草人

　　福建靠海,风灾多,太阳辐射大,气候与内地稻作地区有所不同,播种一般选择在早上或傍晚。旧时因不能用科学的观点去解释,以为是"田鬼"拨了秧苗。现在科学发达了,人们才知道晌午插秧不行的原因。闽台地区沿海一带的农民,在育种时多会有祭祀,求神保佑。同时在生产实践中掌握了育种的最佳时间,选择在早晨或傍晚时间进行。

　　南平地区春耕开秧门称之为"起田头",择吉时插秧,带上香烛供品至田头,拜天地求神灵,随即做田埂,谓"开秧门"。播种时,先取几颗谷种用脚踩进田埂,意为"落地生根"。春播时忌说闲话,以避晦气。插秧结束再到田里摆供品,名曰"关秧门"。

　　闽台农业谚语有:"清明雨过农家天,割麦分秧相争先",说的是清明前后气候明显回暖,是育秧插秧的好时节。20 世纪 80 年代之前农业学大寨时也有一句口号:"插完早稻过五一。"说的也是插秧季节的重要性。

　　开秧门这一习俗传承至今的地区不是很多,据课题组问卷资料汇总,闽北、闽西山区大多还保存一点开秧门的习俗,闽南除了云霄县还保存之外,其他采访到的地方,50 岁以下的农民大多不知道有开秧门这一习俗。

　　旧时的开秧门,是在插秧的第一天,出门插时要放一挂鞭炮,有的人家会煮红蛋,全家人出门前每人吃一个红蛋以示开秧大吉。更多的地方是到土地庙去拜拜,还有的人家则是在田头摆上香和几碟菜,烧几张纸钱拜拜"田头公"(有称田伯公)。闽北地区有的农家则是在自家的禾场坪中把煮熟的猪肉和一只雄鸡摆到禾场正中,焚香点烛,燃放鞭炮,祭拜"天地老爷",祈求自家风调雨顺、年年丰收,祭拜后,全家一起吃饭,吃完后便下田拔秧苗,到水田插秧。

各地的开秧门的习俗各有特色。如连城新泉、长汀童坊一带,插秧时要举行"反水"仪式,村民抬出菩萨,由道士念经作法场,鸣号角,以告神仙。之后开始"反水"。所谓反水,就是泼水之意。这一天,青年人抬着菩萨巡村境,村里会事先定好几个点,供附近村民集中拜祭。菩萨每巡到一个点上要停下来,享受众人的祭拜。祭品与过节一样,有三牲、糖果、香烛、纸钱等。沿途烧香祭拜人,可以向抬菩萨的人和菩萨泼水(见图3-42),像云南的傣族一样,泼水为吉祥的象征,这一天不分大人小孩,老幼无尊,都可以尽情泼水。抬菩萨的人为躲避倾盆大水,得东躲西藏,奔跑躲闪,泼水者则穷追不舍,一路叫声、笑声不断,可谓插秧前的一次调剂精神、休整身体的活动。

图 3-42　连城罗坊乡间泼水

七、四月八牛王节

闽台地区跟其他农耕地区一样,有的地区有牛崇拜,还有专门为牛办节的日子,即春耕前的四月八牛王节。

　　每逢农历四月八日这天,不管地里的活有多少,这一天闽台农村尤其是闽北、闽西和闽中地区都忌耕牛犁田耙地,免除其一切劳动。浦城、南平、三明一带的农家,有的是初八凌晨 2～4 点钟之间就把自家的牛放出去,放到山里让其自觅食。传说每年的此日此时,天上玉帝要给牛过生日,从天上撒很多馒头(金元宝)下凡,所以各家各户早早把牛放进山,让自家的牛去拾金馒头(元宝)。如南平市浦城县富岭镇双同、圳边四月八这天给牛放一天假,等到要耕地的那天再上山把牛找回来,耕完又把它放出去。牛上山后,会待在一个比较固定的地方,牛的主人上山好找。圳边村在四月八这天,将一种可食的植物叶打出浆和面粉混合之后打成粿来吃,做黑米饭(见图 3-43、图 3-44、图 3-45)。

图 3-43　黑米饭(陈新摄)

图 3-44　福建野外放养的牛

图 3-45　福建云霄县南山村野外放养的牛

　　牛的寿命一般都有 15 年,3~4 岁就可下地耕田,最多耕作到 10 岁就拉不动犁了,所以村民们对这动物一般都有很深的感情。老人告诫孩子们不准挥鞭甩打牛群,好让牛愉快地度过它的生日。村民还将牛栏内的粪便清除掉,撒上石灰,做到栏干草足。有的农户女人还会上山采割新鲜草料饲养耕牛,也有农家用盐水淋湿草料喂养。浦城与浙江交界之地的农户还有泡制甜酒或杂粮酒,在酒里敲几个鸡蛋,用竹筒喂灌耕牛。九龙江一带的农户,放牛到河边、塘边给牛洗澡。家人也在这天杀鸡、杀鸭,如过节一般。用餐前要把酒肉陈于牛圈门上,烧香焚纸祭牛神,表示对牛辛苦劳作的敬谢。

漳州云霄县在四月初八有过"牛诞日"节的习俗,民间要煮酒、蒸粿,拜祭"牛神",给牛过生日。这一天农事再忙也不能役使耕牛,各家各户要煮米甜粥或白米粥喂牛,早晨天还没亮就放牛出栏,让牛去啃食带露水之草。因此云霄俗语有"人闲五月节,牛闲四月八"之说。

闽东地区福鼎市硖门瑞云畲家四月八过"牛歇节"。这一天耕牛休息不出工,为酬谢耕牛一年辛苦劳作,村里有严禁鞭打耕牛以定牛魂的习俗,还专供好草料和家酿最好的牛酒给牛吃喝。更有细心老农,用篦子梳去牛虱,精心护理,使耕牛保持强健的体魄和持久的精力。

南平旧时农历四月初八要"浴牛"。此日耕牛休息,将其牵到河边洗浴,用艾酒涂身,再用竹筒灌以自酿的红酒、鸡蛋,喂以糍粑,然后将牛角用红纸、金纸缠绕,农民亦饮酒同乐,以酬谢耕牛辛勤耕耘。

将乐县万全乡良地村四月八这天要到玉皇宫去拜拜,给牛放一天的假,还要打麻糍并且用洋芋叶包起来塞给牛吃,并且要早早地把牛赶出去让它吃露水。这里还信奉五谷神正月初二那天要祭拜它。要打开粮仓,在粮仓前面摆上鸡肉、鸭肉、米粿和茶酒,然后点上香,放鞭炮。五月二十五那天要从庙里面把五谷神抬出来在村子里巡境(见图3-46、3-47),抬到每家每户家里和田头各家各户门口要摆上香烛、红鞭炮、香菇、红菇豆腐等素菜,还要摆上五果(一般是荔枝、龙眼、红枣之类)每五户轮流组织一年抬五谷神活动,并要举着一根红旗为神明开道。这里天旱的时候农民们会祭拜玉皇。也有的要在灶公香案前面盖上一个斗笠,以求驱赶旱情,天降甘霖。武夷山下梅村四月八时要喂牛吃稀饭,还要炒豆子,据说以前在山上有很多毛虫,人经过的时候掉下来咬人,人们把黄豆炒熟了就像炒毛虫一样,豆子熟了毛虫就死了,就不会再咬人了。①

---

① 刘少郎:《三明市将乐县良地村余家坪考察报告》,课题组学生田野调查报告。

图 3-46 台湾新竹县农村春耕时有机耕专业户插秧

　　四月八日,清代以前的台南、台中等地与闽北、闽西的农家一样,给牛放假一天,各家各户把牛栏修整一新。村老们对全村的牛评头品足,并告诫各家要爱护耕牛。有的人家用枇杷叶包裹糯米喂牛。有的地方还在堂屋摆上酒肉瓜果供品,由家长牵一头老牛绕着供品行走,边走边唱,以赞颂和酬谢牛的功德。这一天,各家各户先把牛喂饱,然后全家人才吃节饭。

图 3-47 台湾新竹庙宇中的五谷神

　　关于牛王节的来历,各地都有不同的传说。岭南一带比较流行的故事是:很久以前,牛瘟盛行,耕牛大量死亡,人们便在四月初八这天祭神拜天,祈求神灵保佑。牛王从天而降,荡除妖魔鬼怪,保护人间的耕牛。为了纪念牛王的功绩,人们定下每年农历四月初八为牛王节。还有一种传说:古时人们生活很苦,常常饿死,人间怨声载道。玉帝知道了,便派座下牛王下凡告诉人们,三天吃一顿,就饿不死人。结果牛王下凡时玩得太高兴了,忘记了玉帝的话,把三日一顿饭说成了一日三顿饭。人们拜谢玉帝,一日吃三顿,不到半年,又青黄不接,眼看又要饿死人了,人们只好又请玉帝赐予。玉帝见状把牛王叫来一问,才知道牛王把玉帝的旨意传达错了。玉帝生气了,一脚把牛王踢下凡,命它给人犁田,提高人类稻作的产量,以此为罚。老实巴交的牛王便来到人间,以勤劳犁田耕地来赎自己的过错。

20世纪70年代以来,牛王节中的敬牛神色彩已渐淡去,台湾绝大部分农业地区因机械化生产、或因田地征作开发工业产业,牛王节这一习俗逐步在人们的生活中消失。台南县高雄等地还保存着舞蹈"牛犁阵",闽北、闽西地区敬牛护牛之风犹存。

八、尝新(半年节)与庆禾祭("百壶祭")

六月尝新和庆禾祭是古越地区稻作文化的一种形式,也是中原粟麦作文化的一种形式。中原地区麦作文化没有稻作文化丰富多彩,但也有六月尝新习俗。所以中原人入闽台之后,将中原的六月尝新和古越地区的六月尝新融会在一起了。

龙岩市长汀县童坊镇举河村、举林村小暑过后有过六月食新节的习惯。过节这天,到田里弄一些新米,去壳煮熟,装成5碗,然后用5根新稻穗插在5碗米饭上,另外准备5个茄子,煮熟捞起来和米饭一起带到金龙寺祭拜五谷真仙,之后吃新米饭。童坊镇的彭坊村六月食新禾,具体仪式为:用新米煮5碗饭,且煮熟1个完整的茄子和1个苦瓜,组成3样贡品,祭拜"太公太婆"(意为祖先)。也有用新米煮成一碗饭,饭上放2根稻穗和1个茄子祭拜祖先。

厦门集美、同安、翔安、湖里、思明等地农村和镇上居民至今仍然过半年节。每年农历六月六或六月十五,各家各户带上煮好的汤圆,到村里的庙里去拜菩萨,焚香烛、烧纸钱,以求一年最后的丰收在望。

南平市浦城县富岭镇双同村和圳边村立夏这天人们都要吃用糯米和粳米制成的汤圆。吃新节比较简单,人们在稻子收割完之后用水磨碾好新米,煮一碗饭放在正厅的大门口(见图3-48、图3-49),感谢上天的保佑(圳边就要用新米煮3碗饭,在自己门口摆张凳子,把饭放上去感谢上天风调雨顺)。

图 3-48　福建长汀举河村祭桌

图 3-49　祭桌

　　六月尝新,在闽西地区的客家人生活居住区,又称庆禾祭或"百壶祭"。六月田禾大熟,丰收在即时,客家先民为感谢天地神灵半年来的保护恩赐,从清朝中叶开始,在六月初六前 3 天,汀州濯田美溪、上塘等村一带,便举办"百鸭祭"(即庆禾祭)民俗文化活动,俗称为"羊角溪六月六,百鸭庆禾熟节"。当地五六百户农民,家家宰清一色的鸭子,煮熟后配上米酒和黄米粄,云集在上塘、美溪两村指定地点,也一字摆在早已准备的十几米长的桌上,用于供奉"三太祖师"及"黄七郎"、"黄八郎"、"黄十三郎"(合称"黄氏三仙")。此外,在上塘、美溪两地及周边地区,每年也同期举办"百鸭祭"民俗文化活动,不过安放菩萨(同一寺庙菩萨)分头日或翌日,由两地轮流。"六月六"为期3天,初四为起首,初五为菩萨过案,初六为菩萨转庵。菩萨从寺庙抬至美溪大樟树下,或头日抬至上塘村祠堂内。照样一路彩旗,吹吹打打。在菩萨未抬到前,每家每户将准备好的一只鸭、一块肉、一盘黄粄(年糕)用竹篮子提来摆好,形成百鸭长龙,等待菩萨到来。当菩萨抬到时,铳声、鞭炮声、鼓乐声震天动地。同时,祭祀的大坪边又唱起大戏、木偶,大戏主要以汉剧为主,也有鼓手、十番及道士道场,作"跳海青"、"上刀山、下火海"等特技表演。现时只有师公做法事,大戏及特技表演已少有。节日期间,四方亲朋穿着新衣、带着鞭炮前来,一则敬奉菩萨,二则前来做客吃"百鸭宴"。敬奉菩萨后,大约上午11时以后,人们方可将鸭提回家中,配上其他丰盛菜肴,用于招待客人,共享丰收在即的欢乐。如今,当地百姓又将"百壶祭"和"百鸭祭"合称为"百壶祭"。

"百壶祭"的主要器具是酒壶,它是闽西的传统锡制工艺品。以锡为原料,经熔铸锻打成圆肚形提壶。壶身有锻打均匀的花纹,壶脚圆凹形,脚底凿有工匠字号,壶颈凿上主人堂号姓名,壶口有圆环杯盖,用环链与壶耳相连,壶嘴有横杆与壶颈衔接。精制酒壶,壶盖、壶具与壶嘴杆上锻造龙凤装为饰。容酒量0.5~6斤不等,一般可盛3斤左右,为旧时农家户户必备之酒器。

"作大福"也是其中一项很重要的项目,用品有神轿、彩旗、鼓乐器、瑞狮、火铳;装"故事"的有"船"、"马"、"车"、"轿"、"童子"、"生旦"、"桃园结义"、"甘罗拜相"……

据龙岩市文化部的调研,随着民间老艺人相继去世,"百壶祭"传统民俗的相关内容和传统工艺濒临失传,能做绝活的人已所剩无几。其他如民间乐手、汉剧、木偶艺人等民间艺人,也正逐年减少。如果传统绝活、传统艺术失传,客家地区特有的民俗"百壶祭"必将黯然失色,只剩下单纯的烧香祭神了。[①]

福建闽西与江西交界的长汀县童坊镇举河村六月六有"狗洗澡"的说法,意为今天为狗洗澡的话,狗不会长虱子。但一般来说,人们不喜欢在这天洗澡,不然会被别人说和狗同类。连城县罗坊村六月是丰收的季节,村民会在收割新稻或蔬菜的当天尝新,庆祝丰收。厦门市集美区后溪镇的尝新节与半年节一起过,农历六月十五这天,全村人以家为单位,拿上香纸、汤圆、糯粑、糕点等到村庙,燃放鞭炮,拜祭五谷神。

---

① 　龙岩市文化馆:《龙岩非物质文化遗产民俗类申报材料》文本。

九、畲族分龙节习俗

稻作民族之所以有分龙节,是因为稻田缺水不活。不论是旱稻还是水稻,都离不开水。因此,为祈求风调雨顺,各地稻耕历史有多长,祈雨的习俗就有多长。尤其是缺水的山区,对龙的崇拜传承了数千年。约定俗成的祭祀节日因区域而异,有的地方传承至今,已不称分龙节,而是有其他称呼。

畲族是我国古老的稻作民族之一,畲族分龙节是我国畲族传统节日习俗中一个以农耕文化为主题的民族节日,又称谷米节或封龙节。旧时流传、分布在福建、江西与广东交界之地的畲族人民生活之中,是一个全民族参与的、具有相当规模的民族节日。随着现代乡镇城市化的社会变迁,分龙节正悄然消失在经济发达的畲族地区,现福建的宁德、福安、霞浦、古田、罗源,浙江省的景宁、丽水、武义,江西吉安、弋阳等县,交通不便的乡村中尚有一些人家在过分龙节,经济发达的乡村,很多年轻人竟然不知道有分龙节这一古老的节日习俗(见图3-50)。

图 3-50　福建宁德畲族节日

福建宁德市居住着18万多畲族人,最热闹的节日,除了三月节就是分龙节。① 历代畲民居住在山区,因地制宜开垦稻田,旧时多是望天田,又称雷公田。最怕的是洪涝和天旱,由此约定俗成的民间信仰中,对龙王的崇拜被放在很重要的位置上。据说,为求雨水要请龙,但为防止"龙(洪水)过山"损坏庄稼,便在作物落土后进行分龙。旧时人们认为龙怕铁,所以分龙这天畲族人禁止动用铁器和粪桶等,以祈求龙王不作水患,保佑丰收。那里的畲族分龙节也是在每年农历夏至后逢辰日举行。过节这天全村休息,不劳作,与毛南人稍有不同的是,畲族的分龙节是以回避"龙"的形式静悄悄进行的。许多人在分龙节这天携带山货赶街,交流生产技术与经验,进行自由贸易。这一天畲族的男女青年最幸福,在稻作生长期间,难得有一两天可以休息,可以盘歌、谈情说爱,寻找终身伴侣。所以青年人会聚集到福安白云山、霞浦雁头山、福鼎太姥山等地,盘歌相对象。如今更多的人在分龙节这天举行群众性的登山比赛。登山地点人山人海。比赛的终点选在各山的峰顶。到达目的地被誉之为"赴蟠桃会",优胜者获得"仙桃"和"仙酒"的奖赏。入夜,盘歌。

有关畲族分龙节的产生,民间相传这一天是玉皇大帝给畲山"封龙"的日子。传承到后来,闽东的畲族人民将之视为"集福建醮保禾丰收"的祭祀日。因此,每到分龙节这天,畲族人各家各户都会用祭祀祷求风调雨顺、五谷丰登。旧时河池的畲族,每年过分龙节时,都会自发地聚集在本村庙堂内外举行活动,故又称为"庙节"。

十、台湾少数民族收获祭

台湾各民族的收获祭(丰年祭)是台湾少数民族因生产需要而产生的农业信仰民俗。具体而言,是农作物栽种或收割前后各民族为预祝或庆祝丰收,感谢祖先神灵,祈愿和禳被除病而举行的祭祀。时间也没有固定的日期,是根据不同社区播种和收获的日子,按月亮虚盈日或择吉日举行。

如排湾人的祭祀全社共同举行,如五年祭前祭、五年祭后祭、粟收获后祭、稗收获祭、地神祭、社神祭、猎神祭、首级收藏祭等即属此类。所有番族中,排湾人之祭祀种类最多。大体有如下几种:(一)五年祭,五年举行一次,社众共同祭祀祖灵及各自父祖代代之灵,分前、后两祭。(二)有关天候之祭祀。1.地神祭;2.社神祭;3.水源祭;4.疫历祭……(三)有关农作之祭祀。

---

① 宁德民宗局:海峡两岸论坛宁德会议资料,2010 年 6 月 22 日。

有关粟之祭祀共同四种:播种前祭;播种后祭;收获前祭;收获后祭(仅次于五年祭的大祭,邦人所谓粟祭即是指此而言)。①

台湾"原住民"对收获祭的时间有具体要求:"祭祀分为在特定时期举行(定期祭)和临时举行(临时祭)两种。前者如五年祭、粟、稗、芋等农耕有关之祭祀及猎神祭;后者如土地祭、社神祭和疫历祭等,在不吉之事发生时举行。……凡定期祭均依古例,必到定期方可举行,如有违背必受神灵谴怒。在大祭时番祝招呼祖灵说'汝所家之时已到',在五年祭时说'年来,月来',即表明此意。这说明排湾人并无日历之观念。因而虽说定期举行,并非像邦人所订某月某日,而只是以粟、稗等之播种、收获等为准,依月亮之盈虚订定日期而已。"②(见图3-51)

图 3-51　台湾收获祭(高江孝怀提供)

①　台湾"总督府"临时台湾习惯调查会:《番族习惯调查报告书(第五卷)排湾人。第三册》,"中央研究院"民族研究所编译、出版,2004年12月初版,第44~48页。
②　台湾"总督府"临时台湾习惯调查会:《番族习惯调查报告书[第五卷]排湾人。第三册》,"中央研究院"民族研究所编译、出版,2004年12月初版,第45页。

　　课题组采访的屏东排湾人、新北和新竹泰雅人及台东花莲的阿美人、布农人、卑南人,收获祭有三道隆重的程序:一是确定祭祀场所。收获祭为社祭大祭,仅次于五年祭,一律于祖先居住过的房屋内举行,不另建祭屋;大头目家往往把祖先居住过的房屋作为禁地,平常不净之物不可接近,祭祀时在此地供祀,行祈祷之仪,自己则另建家屋居住。二是祭祀时日确选。收获祭为社祭,在族内是定期祭。阿美人的社祭非粟收当月的月圆日不祭。排湾人的大祭有五年祭、粟收获后祭、地神祭、社神祭和首级收藏祭等。祭日确定也不尽相同,在确定祭日时还有一个预告祭,即在大祭之前要预先奉告祖先之灵。五年祭一般在本祭之前五、六个月进行,粟之播种祭及收获后祭则在本祭之前夜,对大头目家前庭的立石祝呼太祖之灵后,奉告祭期已到,即将举行某祭之意旨。不同的社所行的方式虽然有所不同,但都有预告仪式。[①] 可一日祭也可连续数日祭。三是祭祀程序不变(见图3-52)。

**图 3-52　在花莲县光复乡马太鞍阿美人部落头人家里,刘芝凤、徐辉教授采访
　　　　　阿美人的农业生产习俗**

---

　　①　参考台湾"总督府"临时台湾习惯调查会:《番族习惯调查报告书[第五卷]排湾人。第三册》,"中央研究院"民族研究所编译、出版,2004年12月初版,第53页。

泰雅人旧时的粟祭,大多社组织把传统的狩猎祭与收割祭结合举办,一般放在农历八月下旬农闲时举行。据乌来乡高江孝怀的母亲介绍,泰雅收获祭之前,男人进山打猎,女人在家织布、备制小米酒以备节日的到来。收获祭当天,全族人歌舞狂欢,以猎获的兽肉聚餐,由大头目念祭词,感谢上天神灵和祖先的保佑,期盼明年有更大的丰收。在其他文献资料中,对其他少数民族的农耕祭祀习俗记载是一致的。

在阿美人部落,传统的粟祭中,族人们穿着传统服装,载歌载舞祈祷来年五谷丰登。在卑南人群中,族人们则聚集在各社的会所,接受长老训勉,祭师将新割小米送进仓房,随后进行筛米、捣米、制糕等程序,最后全族人共同享受美食,祈求一年衣食无缺。"收获祭"还有一项职能,就是长老通过丰年祭每个人的表现,考察下一任部落的首领人选。

新北市三芝区的阿美人传统粟祭在秋季丰收后的月圆日举行。过去是为了欢庆小米丰收祭祀神灵、祖先,祭典在小米收获时举行,日据时期,日本政府强制"原住民"学习耕种水稻,使得稻作技术得以在台湾"原住民"农作业展开,并形成规模。[①] 后来的丰年祭便改在稻米收割时节进行。台东地区的阿美人在农历七月,花莲地区的阿美人在农历八月举行粟祭,又称收获祭。各社举办的收获祭又各有特色,有的办一天,有的长达七天。

台湾少数民族收获祭之所以有如此隆重和严格的程序方式,主要源于他们苦难的历史。

通过对台湾少数民族的学术考察及实地民俗考察比较分析,台湾少数民族中有许多民族习俗与云南佤族、拉祜族、仡佬族、彝族倮支及古越后裔的壮族、侗族、水族、仡佬族等民族一样,早期的生产方式应该是水稻、旱稻原始刀耕火种式耕作和渔猎,生产习俗与生活习俗类似云南的佤族,不论居住条件多么险恶,即使没有条件种水稻,也要坚持种旱稻。在民间信仰和节庆习俗中仍然保持着祖传的击木鼓、甩头发祭祖,猎首祭仪、服饰尚黑、饮食喜酸、凿齿文身等习惯。台湾少数民族虽然被赶到高山深处居住,由稻作变成杂粮旱作,但节庆习俗仍然不变,只是收获祭的主题因生产方式的改变,改成"小米祭"。

少数民族现今传承的民俗有着复杂的历史背景。就丰年祭而言,据考察和考证,近几年世界各地游客赴台看到的台湾丰年祭主要在每年的 7～9

---

① 松岗格:《日本稻作文化对台湾的影响——论日治时代台湾殖民地政府的相关稻米政策》,2009 国际人类学民族学第 16 届世界联合大会论文。

月举行,综合台湾各媒体的相关报道,其主要内容是台湾各民族在粮食(原为小米,日据时期后期有改为稻谷)收割、尝新、入仓等收获的各个环节开始或结束时,举行向祖先神灵祷告,祈求保佑农作物顺利收获,并预祝来年五谷丰登、人畜两旺的全民祭祀仪式,祭典一般持续1~7天。由于居住环境及种植作物的成熟期、收获期不同,因此各地的节期也不尽相同。

十一、台湾闽籍农民每月习俗纪实

台湾闽籍农民传承至今的每月来自农耕的习俗如下:

1. 正月(一月)

初一早上吃素不吃粥,通常不做菜,用前一天的剩菜。意为年年有吃、有余。

初二:称开眷,供奉肉类,拜正厅诸神及祖先的神位。请神保护一年风调雨顺、五谷丰登、人畜平安。

初四:接神(腊月二十三送灶神)。接神时特别烧绘有马的纸,供诸神骑马返回下界。以示尊敬和讨好灶神,请其多为民间说好话。

初六:清水祖师(水神)的生日祭。请神保护一年风调雨顺、五谷丰登、人畜平安。

初九:天公生。即主掌宇宙的玉皇大帝(俗称天公)的诞辰祭日。在正厅举行祭典仪式。全年只有这次祭是把桌子脚垫高献上供品。全家人面向户外行三跪九拜之礼。请神保护全族、全家一年中五谷丰登、人畜平安。

正月十五:上元节。三官大帝(上元祭赐福天官紫微大帝、中元祭赦罪地官清虎大帝、下元祭解厄水官洞阴大帝)的祭日,漳州人特别举行盛大的祭礼,各户进庙朝拜,妇女为主。再取香灰用红布包起作为孩子的护身符。晚上要举行弄狮,视为一种驱邪祈祷仪式。狮面为木材制作(傩面),狮身为布制作,两人钻进去,一人举头,一人守腰尾舞蹈。

正月十六:开台圣王(郑成功)的诞辰祭日(台南开山神社诞辰祭日为七月十四,其他地方多为正月十六举行)。

2. 二月

二月二:头牙。福德正神(土地神、财神)的祭日为每月初二和十六,称作牙。二月二为头牙。十二月十六为尾牙。皆举行盛大祭典。如今闽台做牙仍然在继续,每月初二和十六,小店门前都会放桌供品祭典祭门口公,俗称"做牙",拜谢土地公并祈求多财。

二月三日:文昌帝君诞辰祭日,小祭。

二月十五:开漳圣王诞生祭日,漳州人举行盛大祭典。

二月十九:观音诞辰祭。但在农民间,这一祭日极为简素。

二月二十三:广泽尊王(开拓泉州之神)的诞生祭日。

二月二十五:三山国王(广东的三山神)的祭日。

3. 三月

台湾漳州人从冬至算起第105天的这天,全家族人集体去扫祖墓,缅怀亲人。

三月三:台湾泉州人于这天扫墓。这天还是玄天上帝(屠畜之神)的诞生祭日。

三月十五:保生大帝(医神)诞生祭日。闽南籍人均有祭祀习惯。

三月二十三:妈祖诞生祭日。台湾收复之前,称之为"天上圣母诞生祭"。在台湾除了渔民朝拜,认为是台湾最显灵验的神灵之外,台湾闽南籍农民也参拜。有的地方,如鹿港早在妈祖诞生祭前一月,民间就开始进庙拜神,祭后一月左右,还会抬着妈祖巡境,盛况空前。自古至今,每次祭典都是台湾最隆重的祭礼。人数多的一次能达到十多万人。

三月二十三:东狱大帝(阴间检察之神)的祭日。台湾农民希望得到社会公平,乞求阴间的检察官为之主持正义,威慑阳间不守法的不法之徒。

4. 四月

四月八日,清代以前是台湾农村重要的家事节日。潮州籍和闽南籍农民有让牛放假一天的习俗,新竹乡下还有凌晨两点以后放牛吃露水草的习俗,称之为吃金元宝。日据时期,日本政府想同化台湾人曾进行过闽俗大洗礼,凡闽籍人信奉的神像一律交出,集中烧掉,逼迫台湾人接受日本文化。台湾汉人的四月八习俗也基本停止。台湾光复后,四月八习俗与其他民俗一样,得以恢复。但是,20世纪70年代以后,农村的习俗急速改变,先是"犁田机"的出现,代替了水牛和黄牛耕田翻土的工作,耕牛逐步退出农民的生活;80年代以后,"插秧机"也普遍使用,代替了农人的手工插秧。所以,许多传统的生产习俗成了中老年农民往事的回忆。课题组在台湾做问卷调查时,发现"四月八"习俗已基本消失。

四月二十六:五谷先帝(五谷神)的祭日。这一天,全台湾不论是否失去土地的农民,或迁居城镇的中老年居民,大多会进庙拜五谷神。课题组在从漳化去台北的路上的一座天上圣母宫(妈祖庙)内则厅五谷神座前见陆续有中老年前去参拜,还有不少年轻人也随之祭拜。年轻人有大学生,有经商之人,问之由来,他们并不是刻意拜五谷神,而是遇到这天拜五谷先帝就跟着拜了。台湾许多庙宇墙壁上都挂着本庙一年中有什么节庆日和祭拜对象时间。台湾现代人是见神拜神,没有特定的对象。采访时,有一位约七八岁的男孩随老人祭拜,问之五谷神是谁,说不知道。当老人告诉他是保佑稻谷生长的神仙时,男孩马上背诵"锄禾日当午,汗滴禾下土……"众人意会地笑了。

5. 五月

五月初五:端午节。旧时住在淡水河边的农村这天有包粽子、划龙舟、门前挂艾草等习俗。也有说是纪念战国时期投江的屈原。在台湾农村,还有一种说法,祭屈原是共祭,自家内祭的是地基主(原宅基地主人)无祀之灵。

五月十三:关圣帝君(武神,后演变为商神、发财保护神)祭日。台湾闽籍农民大多是唐宋、郑氏、施琅将士的后人,旧时祭关帝是世袭武神祭拜之礼,近30多年以来,许多人不再种田,而是行商或做产业,关帝的职能也由忠君不渝的武将神转为保护神,因此,台湾的农村关帝信仰一直兴旺至今。

6. 六月

六月十一日:戏神田都元帅诞生祭日。爱好戏剧的村民多会进庙参拜。

六月十五:半年节。是台湾稻作民族中很重要的节庆日。这里的稻谷已抽穗苞满,丰收在望,古时越人要办尝新仪式,又称"尝新节"、"吃新节"。将摘下的几穗新谷放在鱼菜上表示年年有新谷之意,或将新谷碾成新米,拌在陈米中一起吃,表示年年丰衣足食。台湾的半年节与闽南一样,有可能源于古越人的尝新节与中原人入闽后入乡随俗形成的半年节,寓意一致。

台湾农村半年节以漳州人为主,做半年圆仔,祭拜家里诸神,表示对祖先垦殖的感谢。

六月二十四:西秦王(演戏之神)的诞生祭日。爱好戏剧的村民去祭拜。

7. 七月

七月一日:开鬼门。台湾闽人普渡的第一天,闽籍人不论城乡,几乎都过此节。从七月一日到七月底,是全岛普渡的时节。旧时各部落在当月内决定日期,连日举行祭礼。

七月初七:七娘妈(孩子的守护神)诞生祭日。旧时农业耕作特别需要劳动力,所以生育是农民生活中的头等大事。男丁的成长也是很重要的大事。因此,每年的七月七,家有孩子的老人多会去庙里祭拜七娘妈。

七月十五:中元节。为三官大帝中赦罪地官清虎大帝诞辰祭。旧时各地会举行隆重的祭礼。

课题组在新竹城隍庙考察时搜集到清代传承下来的《七月普度歌》:

"初一放水、初二普王宫、初三米市街、初四文武庙、初五城隍庙、初六土城、初七七娘妈生、初八新宫边、初九兴化妈祖宫、初十港底、十一菜园、十二龙山寺、十三衙门、十四飤鬼埕、十五旧宫、十六东石、十七郭昔、十八营盘地、十九杉行街、二十后寮仔、廿一后车路、廿二船仔头、廿三街尾、廿四宫后、廿五许昔埔、廿六牛墟头、廿七安平镇、廿八箔仔寮、廿九通港普、三十龟粿店、初一猪砧、初二米粉寮、初三乞食寮、初四乞食食无餜(到了八月初四活动停止以后,乞丐才吃不到)。"可见,台湾七月的普渡非常隆重。在新竹县过鬼节的晚上,神灵巡境中,当地居民介绍,新竹一年中最热闹、最隆重的当数七月半鬼节。

8. 八月

八月三日:司命灶君(龛神)的诞生祭日。古时有祭拜,近30年来许多地方此俗已消失。

八月上丁:祭孔。

八月十五:中秋节。在台湾闽籍人家又过太阴娘娘(月娘)的诞生祭日。女性拜月。这个习俗源于中原,入闽后,再由闽人带到台湾。台湾"原住民"(少数民族)跟大陆的少数民族一样,古时不过此节俗。

这一天是农民很重要的日子。由于旧时佃农大多为口头约定且无限期,地主明年是否续租,在这天之前决定,在台湾约定俗成一个特别的习俗。

9. 九月

九月初九:重阳节。中坛元帅(太子爷、哪吒太子、镇座邪鬼之神)的诞生祭日,台湾泉州人祭祀祖先的神灵,漳州人则在各自的忌辰举行祭祀,但并不一定选定这一天。

10. 十月

十月十日:水仙尊王(水神、航海守护神)的诞生祭日。亦农亦渔人家多会在这天进庙祭拜。

11. 十一月

冬至:冬至是台湾闽籍人家家户户都会过的节日。不隆重,但普遍。这个习俗由闽南传入,称之为冬补日。这天,住在近庙的人家会做圆仔

（汤圆）送到庙里拜保生大帝，也有见神拜神的，表达农民一年到头的辛苦和愿望。

这一天，旧时的台湾农村，佃农的佃租预约先于八月十五决定，而一般习惯于在这天进行土地提交。因此，也是农业习俗中的重要一天。

十一月二十二日：旧时台北市万华青山王庙（又称灵安尊王）与城隍爷同为司法检察之神的祭日。

12. 十二月

十二月十六日：尾牙。福德正神（土地神、财神）祭日最盛大的节日。进城务工的农民在这天很紧张。老板必宴请员工，饭菜不限，有的地方必上薄饼，有的地方必上闽南糊。老板在尾牙宴上发红包并决定员工去留。看老板在尾牙宴中对自己的态度，如果非常客气敬酒，则表示明年不再续聘，自己要失业。有的与闽南一样，用筷子摆放方向决定自己是否会被辞退。

十二月三十（除夕）：旧俗中，在台的闽南人男女一般不同桌吃饭，男先女后。但大年三十是全家同桌吃饭的重大节日。不论贫富，大年三十的宴席都会比一年中任何时候都丰盛。如桌上有粿、鸡、鸭、鱼、韭菜、菠菜、海鲜、甘蔗。除夕家家围坐在火炉旁吃火锅，俗称"围炉"。这一天必煮过年饭，有的家庭会做薄饼。韭菜或菠菜、甘蔗，寓意长寿、甜蜜。漳州人除夕煮芋头、闽南糊、炒豆子，闽南糊表示沾财，炒豆原因不详，说明台湾闽籍农村的年俗传承得仍然十分传统。①

十二、闽台农业传统禁忌

1. 福建传统农业禁忌

漳州云霄禁忌：正月初一不下田。

长汀、连城：四月八牛不下田；五月初五，人不下田。

插秧时，不论是闽地还是台湾，都跟内地插秧一样，非常忌讳头尾两头对插，把人关在秧田中，形成一个囚字，很不吉利。

---

① "台湾农民习俗大事记"，以梶原通好《台湾农民的生活节俗》的"年度行事"为蓝本，进行参考、概括、补充、节选。此书为李文祺译，台北，台原出版社，1989年版，第75-84页。作者写作时间为中日战争前夕台湾"昭和十六年"（1941年），所述现象时间为1934—1935年间的作者为台北州农业技术员的亲身经历。因台湾许多农业民俗事象已无遗存，故借此资料当作台湾农业民俗记忆遗产进行记录。

长乐县在插完秧后,还会扯一束禾苗回家挂在自家的门楣上,以示插秧结束,丰收带回家。

屏南县双溪镇农业禁忌:二月二要举行做福仪式准备丰富的祭品,杀猪祭拜土地公,然后在庙里大开宴席,请村民来吃福宴。

立夏要做九道菜,都要用酒糟来做。吃新时要准备新米做的饭,并将它分别放在家里厅堂上的祖先牌位前和田头感谢上天风调雨顺,否则会一年不顺。

"秋报":秋天收成,农民习惯用红薯、向日葵、青豆子等农产品在田边空地上拜月亮,感谢大自然的赐予。有的在自家的屋顶上(因为农户经常在自家的屋顶上或栟坪晒谷子)拜月亮。整个拜月仪式由家里的主妇来主持,供品有月饼、三杯酒、三杯茶、香炉、两根小蜡烛,拜月时要演奏太阴经。不做秋报,来年怕不利。

旧时民间"拜月经"已存在,清朝前城关北南西每个城门设香案,官员去拜,祈求五谷丰登及感恩大自然,随后百姓也开始祭拜。官员在城关北南西每个城门拜,平民在自家屋顶上拜,以示顺天意。

南平市武夷山下梅村四月八时要喂牛吃稀饭,还要炒豆忌毛虫。据说以前山上有很多毛虫,人经过的时候掉下来咬人,人们很忌讳,于是村民把黄豆炒熟了就像炒毛虫一样,豆子熟了毛虫就死了,就不会再咬人了。

安溪县湖头镇横山村社坛禁忌为人不恭。在水稻插秧之前和收成之后为表示感谢和虔诚,各家各户准备各色供品献祭(供品不固定,福寿村虽不进行农业生产,但一些养殖的人家也会进行献祭,养猪的必须要有猪头献上,也必出一道当地的特产鸡卷),祈祷来年能够继续丰收。一些人家也通过祭拜家族祖先(祖公祖婆)和天公来祈祷丰年。

闽北樟湖禁忌捕杀青蛙。

闽北、闽西在农事方面的禁忌如火日、金日不下秧,怕会干旱烧死禾苗;立夏那天忌天晴,怕干旱无雨。端午节忌连续三天下雨,意味有多雨烂谷之虞。谷子出穗时,忌烧竹黄。牛日这天,男子不能犁田、耙田;鸡日,妇女不能插秧、拔秧;马日和虫日,妇女不能插秧、捻稻。播种的当天清晨,忌途中遇见蛇、水蛭等,也忌讳与生人谈话,否则认为不吉利。回家后,在门楣上插上一束青草,表示这一天禁止生人前来作客。若在砍山栏时看见蜈蚣,认为是不祥之兆,当年的山栏地种的稻谷必死。在插秧那天吃早饭时,家人若有不慎打破碗的,也被认为"不祥",就要改动插秧的日期。

畲族尝新米要择吉日，认为"收"、"成"、"开"、"闭"日是好日，可以尝新；"危"、"破"、"建"日不利（如何推算不详），不能尝新，否则新粮会很快吃完。尝新时遇有外人到来，甚至是出嫁的女儿回来，都不能让他们参加尝新。家中的米缸和粮仓，不许外人和小孩看，以免粮食被老鼠偷吃。

闽南神龛不能放桐油灯、狗肉，以免辱犯祖先和诸神。大年初一至初二不能吃青菜，以免地里多长草；初一吃饭，不能吃粥，以免水冲坏田地里的庄稼；初一白天不能睡懒觉，以免禾苗倒伏，人变懒；烧火时不能直接用嘴吹火，否则以后会刮大风，对庄稼不利。

浦城每年第一次往田里送粪归来时忌见外人，若遇之，忌打招呼。栽秧时若见秧田有鱼时忌说鱼，否则鱼会吃秧根。在田中忌提及老鼠，唯恐老鼠听到前来糟蹋庄稼。忌戊日，正月立春后，凡遇戊日忌动土挑水。

漳浦县当地农民外出种田或上山种地，如果抓到蛇或者龟，要将它们放生。相传倘若杀了蛇，家里会出事。相传，以前村里蛇特别多，但村里人都不敢随意杀蛇。

据当地传说，玄天上帝自武当山携36兵将而来，玄天上帝像左脚踩龟、右脚踩蛇。左脚踩龟，是因为龟是玄天上帝的2名大将；右脚踩蛇，是因为玄天上帝在即将成仙前，由于偷吃了肉，破戒了，因此成不了仙。为此玄天上帝与蛇交换了肠子，将腹中的肉全部吐出后，才成了仙。民间称之为"龟蛇公"，由于玄天大帝的神像较大、较沉，因此"龟蛇公"常常作为玄天上帝的代表到各处去，杜浔镇正阳村"二月社"时也都请龟、蛇像巡境，正首事手捧蛇像、副手事手捧龟、小手事执龙旗，在经过首事家时，都要请到首事家的供桌上，分立桌子两角受供。《福建省志·民俗志》载："立春时，泰宁农村有当日用斧头或镰刀敲敲屋里的每根梁柱，边敲边说'立春敲几下，一年到头不怕啥，合家平安，百无禁忌'。"①福建农谚有"二月不播种，三月不插秧"之说。禁忌初春过早下土育种，认为会冻坏谷种。

福建各地都有育种时回避醉汉、孕妇在场的禁忌。木匠制作王船时也很禁忌孕妇以及服丧人在场。

2. 台湾传统农业禁忌

台湾"原住民"非鸡日、虎日、马日不种玉米，以避免鸟兽糟蹋庄稼。赛

---

① 福建省地方志编纂委员会：《福建省志·民俗志》，北京，方志出版社1997年版，第13页。

夏人每年立春后第一次听到雷声,从响雷的方向推测今年的气候和年成,若是西、北、西北方向响雷,则风调雨顺;而响雷来自东、南、东南方向,则谓干旱缺水。

闽台农村旧时立春忌响雷。春耕、春播、收获忌"破"、"败"日开工,忌水稻生长异常,秋收前忌烧化死人;出门下田干活忌听乌鸦叫,认为不吉利,有斗嘴、凶兆;上山做阳春,忌见蛇交配、蜕皮、蛇横路、忌打病兽和捡死兽、死鱼,忌鸟粪撒在头顶,忌黄鼠狼冲自己叫和作揖,一些地区农历四大土王戊日忌动土;开始播种时,忌说话;忌酒后下种;忌立夏犁田;忌挖引路竹;忌母猪生独崽;榨油忌说爆;捕鱼忌得蛇;春分那天忌入园圃,传说这天进园圃会烂菜脑,影响收成。

台湾农村各地也都有育种时回避醉汉、孕妇在场的禁忌。台湾"原住民"也视孕妇为"不洁"之人,在农事和狩猎活动中有很多禁忌。

这些禁忌很多转为民族习惯法。

第二节　闽台林业习俗与禁忌

本课题重点考察林业生产习俗及其禁忌如下:

一、闽台林业生产习俗

1. 植树习俗

据《福建省志·林业志》载,福建早在秦、汉代已开始经营林木花卉。南北朝时,有成片造林的文字记载,公元424年,建安郡守华谨之倡导植松1.5万株于今建瓯县黄华山麓。公元473年,吴兴(今浦城)县令江淹作《闽中草木颂》15首,称颂人工的杉、柽、相思、豫樟、棕榈、杨梅、山桃、石榴、金橘等。[①] 晚唐王审知在福建当闽王时,在福州广植榕树,使福州冠有"榕城"美称。宋代莆田仙游人蔡襄在闽任职时,自大义渡夹道于漳泉,令诸邑道旁皆植此。当人们称赞此举时,蔡襄很自豪,吟诗一首:"夹道松,夹道松,问谁栽之我蔡公,行人六月不知暑,千古万古采清风。"

---

① 福建省地方志编纂委员会:《福建省志·林业志》,北京,方志出版社1997年版,第2页。

由此可见，福建地区在漫长的历史长河之中，植树造林形成一种官方和民间的生产自学行为，并约定俗成一些林业生产习惯和行业习俗。如民国以前，山区育林时，要先放火烧山，俗称"炼山"。焚烧山草前，须先祭拜山神。祭神礼毕，就可放火烧山，炼山后，等到春天来临，再上山挖穴植树。各地习惯在清明节前后进山植树。

课题组在闽北武夷山和浦城林场考察时，老人介绍，旧时育林前，炼山之前要到土地庙去祭拜，没有土地庙的地方，要找一棵叶茂树直的老树去祭拜，认为老树有魂。跟狩猎不同的是，狩猎上山前是不能把具体的时间、地点讲出来，因山上的万物有灵，它们听到后就捕不着猎物。而伐木则一定要祭拜山神，告诉山神、土地公具体的上山时间和地点（见图3-53、图3-54、图3-55），请山神通知有生命的动物躲藏走开，保佑上山顺利，无灾无险。上山一定要择吉日，出门上山时如果遇到身穿孝服之人或有人出殡，很不吉利，自认倒霉。即使走到山上都要下山回家，再到山神庙去祭拜请愿，还愿。如果把山上的动物烧死，也是不吉利的。要请道士设坛作法，超度亡灵。现是国营林场经营，旧社会的习俗大多没有了，只有进山拜山神和土地公保存了下来。再是上山仍然不能喊别人的名字，也不能随便说别人的名字，怕灵魂被鬼勾走。

图3-53 古树脚下的土地庙

图 3-54　田坎路边的土地庙

图 3-55　云霄县列屿镇油车村中土地庙

　　福建闽西、闽北山区流行结婚或生小孩须种树的习惯。全省各地各村农家因风水神树的信仰,习惯在河边、村口、屋前、屋后种树。这类植树在民间具有保护风水地理作用。风水树历经千百年后,长成粗壮茂盛的大树,便会成为全村的神树,受到全村人世代崇拜。小孩和老人生病,神树又起到喊魂、驱疫、祈福之功能。可能受近代神话故事如牛郎织女、天仙配等影响,许多恋爱中的青年,寻找古树为爱情的象征,用红线将自己的幸福缠绕在古树上,以求爱情万古长青。受此影响(见图 3-56、图 3-57),种树自古以来受到闽台民间百姓的重视。

图 3-56　云霄县列屿镇南山村古树祭祀

图 3-57　云霄列屿镇南山村桂圆树林中的祭祀

　　课题组在建阳县水吉镇考察时,镇上修镇志的老人陈平介绍说,建阳山民旧时在种毛竹时,要先挖一个坑,放一只烂草鞋和一块石头。一边种竹苗,一边要念"鞋烂竹开鞭,石烂人归天",还不能让孩子看到。问其原因,陈老先生笑道:草鞋埋在土里很容易霉烂,既可做肥料,又能松土让竹根发芽,促使竹子节节长高。至于为什么放一块石头,具体原因他也不知道(见图 3-58、图 3-59)。分析起来很容易理解,石头哪那么容易烂呢?石头的寿命是万万年啊,前人可能取其意,希望种植的竹子万年青。至于为什么不让小孩在场,那是因为竹子成长快,长大后要被砍伐,小孩若参加种竹,日后命运将跟竹子一样,很不吉利。砍伐树木时应砍老留嫩,因为嫩竹肉脆皮薄,容易折断。砍倒后还要抓一根树枝插在树根的斧口上,以祈其再度生长。

图 3-58　建阳市水吉镇修志书的陈平老人　　　图 3-59　课题组在建阳水吉镇采访老人
　　　　　热情地介绍民俗

　　台湾在元代以前,山区为原始森林,植树造林的记载不多,森林处于自然生态繁殖状态。西班牙、荷兰等西方人占岛以后,利用交易等方式,大肆掠夺台湾的森林资源和动物资源。如为夺取鹿茸而肆意捕杀鹿,为获取樟脑等工业原料而诱骗"原住民"砍伐樟树等。清代以前,由于台湾植树造林的历史文献资料很难查找到,清代从康熙时起,有了封山护林的禁令(见图3-60、图 3-61)。1895 年日本得到台湾的殖民统治权以后,将台湾纳入国民经济的资源地进行统治和管理。在林业方面,请专家规划、辅导苗圃技艺;有计划地进行大规模的砍伐和植树造林。在植树造林过程中,因为林业工人处于被迫和奴隶的地位,因而除了漳泉人带去的林业习俗,如砍伐和植树造林中不喊别人的名字、不讲不吉利的话、拜山神之外,少见全民性的民间林业习俗。课题组在阿里山、南投、苗栗等地考察时,没有搜集到此类信息。

图 3-60　建阳博物馆碑文

图 3-61　福建省博物馆碑文

2. 护林习俗

福建森林茂密,各地山区自古就有封山育林的习惯。从现存的碑文看,清代遗存下来的封山育林碑最多。各村都划定护林封山的范围,并勒石竖碑以昭示。比如,南平市樟湖镇文化馆展览室中保存着一块清代的碑文,上面具体列出松树、竹、笋等林木禁伐的条例,将乐县南口乡也发现一块光绪年间的碑文,严禁烧山垦荒。

封山护林的乡规民约不仅约束本族本村人,外乡人入闽后,也必须尊重当地习俗,不得越界盗伐。否则惩罚也是非常严厉的。如《福建省志·民俗志》载:永安市效坂尾村发现一块乾隆三十二年(1767 年)刻勒的《奉宪禁》石碑,起因于邻乡外地人时常潜山盗砍,破坏林业,特别是破坏了当地的"龙脉凤峡",坂尾村人强烈要求县衙出示封山禁令,得到批准而立碑。碑文上允许当地民将私闯封山的偷砍伐者"立扭赴县具禀:以凭拿究"。将乐县《护林碑》规定,对盗伐者,"罚钱捌仟文,以为众用",其中 5% 奖励举报者。南平市的《合乡公禁》规定,"违者罚演戏不徇",上山偷砍竹盗木,罚请一台戏,少说也得数千文。对那些并不宽裕的山民来说,一次性惩罚足以令他倾家荡产。①

---

① 福建省地方志编纂委员会:《福建省志·民俗志》,北京,方志出版社,1997 年版,第 22 页。概括。

福建各地禁伐民规中都有明确规定，具有强烈的地域保护性。由此传承下来的护林习惯，就是人们把护林禁伐视为护村卫寨的"神圣不可侵犯的龙脉凤峡风水宝地"，不容族人或外人擅自闯入砍伐破坏。课题组在浦城富岭镇林场考察时，老人们仍然认为乱砍林木，是对风水的破坏和毁灭。这种思维虽然不科学，但却起到了保护森林资源、平衡生态的重大作用。

福建的林区把森林当作风水宝地，尤其是把住宅朝向和村落位置与地脉走向协调适度看作龙脉传承，非常重视，有关制裁盗伐滥砍的规定都比较严厉，即使在 20 世纪 50 年代大炼钢铁的砍伐年代，福建大部分森林资源仍然得以保护并形成护林习俗传承下来。

台湾闽人在衣食住行习俗上，一直保持着闽南的传统习俗。虽然森林资源大多数为"原住民"的地盘，但闽人在丘陵地带的森林管理，一直沿用传统方法。如村前、村中、村后从第一户迁居建筑时起就会植树观风水，到形成一个村落或街巷时，村前村后或院落周围都会有成材的树木，台湾闽人称之为风水树。

风水树在台湾闽人的心目中，是关系到整个村落的命脉和平安的神树，因而，在漫长的生活过程中，与闽南一样，约定俗成了护林的习俗，从栽培存活以后，就不容人乱砍伐。故几十年上百年后，当植树成长为参天大树后，便成为村庄、氏族的崇拜之物，即神树。每逢节事或家中有事，村里的风水树上便会有人缠红布，烧香供祭。课题组在彰化县鹿港镇、南投、屏南、新北市乌来乡、新竹湖里老街、金门等地的村庄和老街上，都能随便看到几棵上百年或千年的风水古树。许多风水树上都挂有红布或树下有祭供的遗物迹象（见图 3-61、图 3-62）。这些古树不仅为当地百姓起到休息纳凉、聚众会友的作用，还起到了本地的文化标志和路标作用。

图 3-62　台湾彰化县鹿港镇的风水树

图 3-63　台湾新北市乌来乡公所路中的风水树及树上的挂红

3.砍伐习俗

闽台地区因其特殊的海洋性气候,闽台的林农在长期的林业生产知识积累中摸索出不同树种在不同季节砍伐的丰富经验。每年清明至白露之间,是各地森林砍伐的黄金季节。这时雨水较少,便于伐木作业。杉木树皮容易剥落,木质也光泽鲜艳。入冬后,杉木树皮就不容易剥落,不利于砍伐和销售。所以,伐木者常挑选春末至夏仲之间进山砍伐。

据武夷山国家森林公园的护林人员介绍,旧时林农上山砍伐前,伐木工必须敬山神、烧香纸。上山不能乱说话,不能高喊别人的名字,不让怀孕妇女碰生产工具,怕带晦气。由于地形复杂不规范,树木朝向不同,生态也不尽相同,因此,山上伐木作业时,不仅要听风向,还要观其地势,把所有危险尽量排除在砍伐之前。否则会发生一些意想不到的事故。轻者皮骨受伤,重者生命不保。因此伐木作业也是一项高危工作。每次进入砍伐季节时,家人都会进庙祭拜,到进山口祭拜山神,祈求亲人砍伐过程平安、顺利。新中国成立后,林场划为国有和经济林,主要经营是国营林场,许多林业习俗被扬弃。但本地的林场工人,还会保持一些林业习惯,如拜山神、听风向、不喊别人的名字、怕碰见孕妇等。

台湾的林业砍伐习俗主要传承在"原住民"的生活习俗之中。课题组在台湾苗栗县尖石乡泰雅人地区考察时,搜集的林业习俗资料很少,据乡长和文化馆长介绍,日据时期都是日本人在强行砍伐台湾少数民族的森林,不讲究禁忌民俗。近百年来,森林不能随便砍伐,故现在的人,大多不知古时砍伐的习俗是什么。但对山神的崇拜是自古就有的。

4.贮运习俗

课题组所到武夷山、浦城等森林之中,很多深山峡谷间因伐木放木溜扫形成了一条条滚木深沟。

浦城县富岭镇林场的老人介绍,林场的工人只负责把伐下的林木放倒,抬到山槽间,通过沟壑自然高度把树滚到山脚下,再用藤条或竹条扎成木排,随山间溪水漂到山外溪河边,再拖上岸交给单位或经营者。古时的伐木也是这样做,在林区都形成了规范的作业程序。民间把这叫习惯。

旧时,传统的木材经营者将木头拖到河边后,在林木上烙印上各自的商号、名号,再分类扎排,顺溪流逐放,利用河水把木头运输送到下游的目的地。浦城、武夷山、尤溪、大田县等一些县地,押运木排的人每过一座山头或主要河口(见图3-64),都要去当地神庙进香供烛,求妈祖、水仙神等神灵保佑一路顺风、平安。

图3-64　漳州龙文区九龙江边的水仙庙

旧时,放排人都会在木排上搭造小木屋,除用于休息外,内部还放置祭祀的神像或牌位,在遇险滩的前后,都要烧香祈祐。

5. 闽台植物崇拜

闽台是樟树盛产之地,自古以来闽台两地山民就认为樟树有灵。《闽杂记》载,光泽县署大堂左右两侧有两棵古樟树,"平时乌鸦不集,惟官清廉则有两白鹤来巢伏子,官将去任,则先数日携其雏去"。因此被奉为"神树",称之为樟公。①

德化县美湖乡小湖村有一棵千年古樟,树高28米,树围16米,冠东西33米,南北近40米,被奉为"樟王"。漳州龙文区九龙江畔有一棵千年古樟,整个树干都空了,但树皮外却枝繁叶茂。漳州长泰县三重村,也有一棵千年古樟,几人围不拢,空心但叶茂,意味着生生不息,千年不衰,是当地村民的神树,受当地人朝拜(见图3-65、图3-66、图3-67)。

---

①　福建省地方志编纂委员会:《福建省志·民俗志》,北京,方志出版社1997年版,第292页。

图 3-65　漳州长泰古树

图 3-66　云霄县列屿镇南山村中的风水树

图 3-67　南平圳边村千年樟

　　云霄县列屿镇人家村村头坡上有几棵数百年古樟,千姿百态,分枝的枝粗二人都围不住。树下是历年遗存下来的祭祀器物。可见村人把这棵古樟当作神树祭拜历史很悠久。

　　台湾漳泉人因受祖籍地信仰习俗的影响,植物崇拜主要有榕树崇拜和樟树崇拜。认为榕树千年会成精为神树,因此,小孩、老人生病,住宅不安,多会在榕树下求神焚香,忌讳砍伐榕树以及在榕树下大小便。小孩出生后,五行中缺木的,有拜古树为干亲义父的习俗。

　　台湾汉人认为桃树有辟邪驱鬼作用,家有不顺或参加了别人家丧事者,多会用桃树枝扫身上,意为扫除邪恶与病魔。有些人家会在家门口插上桃枝以辟邪。

　　台湾沿海居民喜欢在门前、院中栽上凤尾蕉,据说可以避火灾(见图 3-68)。

图 3-68　花莲县光复村马太鞍部落头人院中的吉祥树

台湾少数民族信仰万物有灵。植物崇拜是所有民族的民间信仰。台湾的少数民族虽然早在几百年前就失去了平原土地,但以土为社,祭拜土地神(山神)的"社"建制却一直传承下来。当了几百年的高山族群,森林是他们的家园,树木千年不倒,枝叶繁茂,非常符合"原住民"灵魂不死的原始心态。因此,除了烧荒种植旱作物外,原则上不许乱砍森林。各社周围都是郁郁葱葱的森林。"原住民"把树木看成是全村兴衰的标志。树龄长,人则长寿;枝繁叶茂,则全社人丁兴旺。这种精神寄托,形成"原住民"生活中的俗信,因此,对森林中的所有树种都有崇拜,使大片森林得以保存下来。课题组在苗栗、新竹、台东、屏东、新北等地采访了泰雅人、阿美人、赛夏人、排湾人、卑南人等少数民族,这些民族中有将神树视为祖先灵魂寄托之树的习俗,对植物崇拜是非常虔诚的。

二、闽台林业禁忌

闽台地区自古以来就是森林茂盛的地区,山高林密、地形复杂,盘根交错,上山作业除了怕野兽、害虫、蛇之类的动物突然侵害之外,还怕不顺风向,被砍倒的树打倒,所以在林业生产高危产业中,因生畏而产生禁忌。闽台山民林农禁忌的避凶趋吉意识十分强烈,把禁忌当作自我保护功能的意识十分鲜明。传承至今,在林农生产生活中,这种原始功能仍发挥一定的作用。

山民因需要产生信仰和禁忌表现在衣食住行、生产、生活等方方面面。与林业相关的禁忌主要如下:

闽台地区的闽人在自家房前屋后种树时,房前忌种桑树,屋后忌种柳树。因为取其谐音:桑与丧谐音,院前种桑(丧)不吉利;柳树弯腰驼背,虽然在文人们笔下柳树的弯腰驼背是美丽的"婀娜多姿",但在林农眼中,柳树不结果又弯曲,不直顺,不是好事。

榕树是福建自唐代以后普遍栽植的植物,福州因榕树种植历史悠久、数量众多而被称为榕城。民间普遍有种心理,千年榕树会成精。因此,福州等地忌讳小孩在榕树下小便,小孩百日哭、咳嗽不止或夜哭,老人久病不愈,家人便会在榕树上挂红布,焚香求神树保佑。有的地方还会认树做干爹。

闽西龙岩一带客家人认为榕树是不祥之树,忌讳在村子附近种植榕树。①

种植前烧山时忌烧死有生命的小动物。进山时忌遇戴孝和送葬,认为出门不利。进山后不能随便说话,特别是不得说不吉利的话,忌讳说红、跌倒、起火流血等话。红,意味着血色,有要流血之意,特别是伐木时说红,会被认为是不祥之兆,有受伤流血之灾。

漳州一带林区伐木忌说"肉",尤其是野外吃饭时,吃肉时不能说吃肉,要说吃猪菜。吃肉隐匿着斧头砍伐时砍伤自己,让斧头"吃肉"。吃饭时筷子不能交叉放在碗上,意为不吉利。

罗源县人砍伐木时不能吃平时最爱吃的"光饼",因为方言中"光饼"与"扛饼"谐音,怕发生被树压成肉饼被人扛回家的悲剧,所以认为不吉利。

光泽县、浦城县等林区的林农忌在山上叫别人的名字,若有人喊你的名

---

① 福建省地方志编纂委员会:《福建省志·民俗志》,北京,方志出版社1997年版,第292页。

字,不能答应。据说如果搭腔了,山鬼就会记住名字,日后上门来寻衅生事,让人不得安宁。

据课题组考证,闽北、闽南等地,上山伐木时,忌主动砍伐,要等旁人再三催促,才装作无可奈何去砍树。这是暗示树神,砍树是不得已而为之,请树神莫怪。

砍伐竹木,忌砍幼树。要选择一棵容易砍的树先砍,叫"试斧"。禁用斧头再劈这些树根。

浦城、安溪等地因"桐"与"童"谐音而忌伐桐子树。

大田人伐木扛树忌4、8数,不能4人一组或8人一组。那是抬棺材的人数。

闽北、闽西和闽南山区砍伐树木时,若遇到有人受伤见血,忌继续作业。一般会停止砍伐,然后回家。

茶树是福建闽北、闽南普遍种植的经济林,有上千年历史。安溪县茶农开辟新茶园时,要焚香敬山神,动土时忌怀孕之人和服丧之人到场观看。

忌外人偷砍竹和盗木。上杭、永定客家人若出现盗木者,必须给全族人家每家送三块豆腐,逢初一、十五还得敲锣打鼓上街认错。现今罚制蒸糕分送全村各户表示认错。

台湾少数民族的林业禁忌主要表现在进山前要拜山神,不论是狩猎、伐木、采集野果、挖笋等,忌说脏话,尤其是不吉利的话。"原住民"信仰万物有灵,森林中每棵树都有灵魂,所以对树神很敬重。有些民族把千年古树视为祖先灵魂寄住之地,加以祭拜。这个习俗与西南少数民族一样。

第三节　闽台渔业生产习俗与禁忌

闽台渔业生产引申出的文化现象分海洋渔业民俗文化和淡水渔业民俗文化以及生产技术和生产经验等,淡水渔业民俗又分疍民民俗文化与渔农民俗文化。疍民民俗文化有自己一套完整的文化体系,渔农的民俗文化没有独立的文化体系与文化事象,但因地理环境不同,积累的生产技术和经验也不同。如南平市浦城县富岭镇双同村和圳边村,因长期在森林与溪河边生活,积累了与海洋、大江捕捞不同的方法。这里的村民不仅会使用鱼叉、渔网的常规性等工具,还会从山上摘下一种叫作雨果的小果子,这果子并无毒,但扔进水里鱼吃了之后就会晕眩,人们就抓住它。淡水渔民基本上传承的是农耕民族的民俗文化事象。闽台地处沿海地区,内地溪河遍布,丰富的水资源生产约定俗成了丰富多样的生产习俗。

渔民生活在海边,海洋渔业民俗基本上是围绕下海捕捞产生,捕获量关系到渔民的生计,因此从造船到捕捞生产、加工、出售,规范性要求共同遵守的习惯很重要,所以从生产技术、经验到编织渔具都有自己独特的规律和习惯。海上作业危险性很大,生命安全第一,于是渔民因安全需要产生了民间信仰和许多生产禁忌与生活忌讳,从精神上让自己感到安全。

一、福建疍民生产习俗与禁忌

疍民民俗文化是渔业民俗文化中一项很特殊的群体文化。疍民是以船为家,世世代代生老病死都在船上传承的一个非常贫困的群体。古时多被当朝者视为“贱民”,不许疍民上岸居住。直到新中国成立以后,人民政府一直动员疍民迁到岸上居住。所以全国疍民现象几乎消失。课题组走访了大半个闽台沿海、沿江地区,也只到九龙江的西溪看到真正的疍民连家船和疍民生活习俗。

据郭志超《闽台民族史辨》载,疍民是我国古代东南沿海地区的少数民族,古称“蜑”、“蜒”、“蛋”、“疍”,另有“白水郎”、“庚定子”、“科题”等别称。疍民在唐时“始输半课”,宋代编号为“夷户”。宋《与地纪胜》云:“蜒户,以船为生,居无室庐,专以捕鱼为赡”。[①] 有学者认为疍民是古越人的一支后裔。据该书载,最早记载疍民文字的史料见诸于西晋初年陶璜的疏文:“广州南岸周围六十余里,这宾服者五万余户,皆蛮、蜑杂居。”

在福建,唐人刘禹锡曰:“闽有负海之饶,其民悍而俗鬼。居洞砦、家桴筏者,与华言不通。”[②]《泉州市志》、《漳州市志》等地方志上都有关于“疍民”的记载。泉州湾惠东沿海、漳州九龙江一带、龙海一带等,都是疍民世居之地。2012 年 12 月在漳州市龙文区郭坑镇西溪和北溪靠村镇的河边,仍然有十余条“连家船”。小船靠岸边用锚稳定,三根木柱用马钉钉成一条长约五六米的桥板,连接连家船和岸地,在岸边竖一简陋、用几根木条钉成的大门,

① （宋）王象之:《与地纪胜》,中华书局 1992 年版,第 3678 页,转摘郭志超《闽台民族史辨》,2006 年版,第 330 页。

② （唐）刘禹锡:《刘宾客文集（卷三）》,商务印书馆 1935 年版,转摘郭志超《闽台民族史辨》2006 年版第 331 页。

以示居家户室在此。渔民煮饭、洗衣则在连家船旁边紧挨着的一条小船上进行。看得出这条小船是随时可单独行船和捕捞作业的。衣服洗好后则晾晒在岸边的临时木架上、竹竿上。据镇党委书记说，让疍民上岸居住一直是政府努力想解决的问题，尤其是近三年，明文禁止疍民居住船上。但即使是政府给每户投资，只要住户按住宅面积支付一部分资金就可到岸上定居，但少数老人还会偷偷地回到船上住。考察看到的这十几户疍民连家船的岸上排着好几栋漂亮的砖木结构的民居，采访中，几位老人不愿回答我们的问题。说是听不懂我们的普通话。但感觉得到，这几户疍民连家船生活几乎是我国疍民文化的活化石，他们没有上岸住，却意外保存了上千年的疍民民俗文化遗风（见图3-69）。

图 3-69　生活在九龙江上的疍民日常生活写真

疍民的民俗文化主要表现在其婚丧嫁娶、人生礼仪习俗和捕捞生产的技术与禁忌习俗上。

课题组在厦门厦港及闽东调查时问之，福建的疍民普遍信仰妈祖（天后圣母），旧时，一般船家请人于黄色符纸写上"供奉妈祖娘娘神位"悬挂舱中，早晚朝拜以求行船平安。每年的三月二十三日是湄洲妈祖的诞辰日，闽东、闽南疍民以亲缘关系为对象，聚会祭拜打牙祭。

疍民除了妈祖信仰，还信仰"下界爷"，每年七月三十日"地藏王诞"时，疍民特制"冥头"，准备香烛、冥衣、纸钱上岸供祀"下界爷"。

清末以后,有些疍民开始信仰天主教,崇拜圣母玛利亚。

疍民为繁衍生存,在婚俗上也约定俗成自己一套特别的习俗。如《厦门志》(清)"风俗记"载:"港之内或维舟而水处,为人通往来,输货物。浮家泛宅俗呼曰五帆。五帆之妇曰白水婆。自相婚嫁。有女未字,则篷顶必种时花一盆。伶娉女子驾橹点篙,持舵上下,如猿猱然。习于水者素也。"意为疍民有女未嫁之前,到了成婚年龄,每逢运货泛舟人来人往的时候,姑娘家的父母就会在自家的船篷顶上放置一盆鲜花,并让姑娘在船头驾橹撑船,以此引起往来船上未婚男性的关注、选择。

在生产上,疍民在漫长的生产过程中积累了一套丰富而完整的捕鱼技术与经验。

大河、大江里捕鱼以撒网、拖网为主。小溪、小河捕鱼有以下几种方法:

捉鱼:是最原始的捕鱼方法,鱼儿离不开水,只要把水一排开,就可空手捉鱼。这种方法主要用于石沪围鱼。

摸鱼:在水中徒手摸鱼或在浅水石缝中捕鱼。疍民积累长期摸鱼的经验,摸清了"水清无大鱼,浑水好摸鱼"的规律。

叉鱼:是最早使用工具捕鱼的方法,早期的鱼叉由一根削尖的木棍子发展到带铁叉木杆的鱼叉。之后又发明了叉头上系绳,成为一种更有效的带索叉。

钓鱼:是一种古老的捕鱼方法。据厦港老人介绍,古时有骨制鱼钩,钓鱼也有不用钩的,只在竹竿上系绳,绳头上扣饵,垂下水就可钓鱼。一般钓鱼为傍晚或无事时的带娱乐休闲性的生产。

渔业生产的禁忌源于捕鱼生产的危险性。水能载舟,也能覆舟,稍有不慎,便遭翻覆之灾。因此,形成了生产上的禁忌。

一是一切行为听船老大的指挥。一般疍民是以船(家)为单位进行渔业生产的,父亲多为船老大,因此,父亲是全家(船)的总指挥,平时也是说一不二。

二是渔船上从扯篷、提锚、航行、撒网、起网、出货,都要集中人力和精神,协调动作。于是渔业生产中产生了"打号子"这一特殊的习俗。这种与动作协调相呼应的"号子",节奏明快、高亢有力,既能提神鼓劲,又能宣泄情感、增强团结,特别是遇到狂风恶浪,船有颠覆危险时,全船人都要站到甲板上齐声大喊。据说,这样让妈祖听见,还能镇住水鬼。

三是忌讳说话带不吉之句。疍民最忌船翻人亡,所以日常言语中禁说

"翻"字,吃鱼时,不能将鱼翻过来吃,在船上掀锅盖、揭舱盖、晒鱼筐、晾家具等,都不能将器物翻倒过来。睡觉不能趴着睡,认为趴着好似人落水、遭淹死等。

渔民俗禁忌是非常严肃认真的,人人都要遵守。看似迷信,从另一个角度分析,这种严厉的禁忌,让人们时时警惕危险的存在,在从事渔业生产这项高危产业时更注意规范性,体现了安全是创造的,事故是人为的原始哲学理念。

二、造船习俗

船是渔民生活的全部希望,又是关系到出海、下河捕捞时性命安全的保障。所以自古沿海地区把造船看作非常重要的事。造船如同修房建宅,对船的建材要求十分严格和精细。特别是作龙骨的木头,不仅要千挑万选,还要办祭祀。

厦门市湖里区钟宅村现年73岁的钟庆丰师傅,17岁进造船厂工作,现是闽南民间造王船的制作师傅。据钟师傅介绍,旧时造船很讲究,动工前,一定要请道士择吉日(有的地方老师傅自己择吉日),确定好良辰之后,动工的第一天清晨,在造船作坊旁边设坛点香,摆上茶酒、糖果、米粑(糕点),由主人牵头敬拜天神、海神,祈求造船顺利,开张大吉。从设坛开香起,到造船制作结束之前,整个造船过程中,不允许孕妇和一年内有丧孝在身的男人进工坊看热闹。否则视为大不吉利,小则会伤师傅身体,大则会祸及主人全家。

长乐县造船习俗与闽台建宅一样,每天都要点香,求神保佑,一直到造船完工。闽台沿海造船习俗中,每月初二、十六两天,要备酒菜,在门外祭祀"天公"和"海龙王"等神。祭祀结束后,主人家要请造船师傅和徒弟、帮工等人打牙祭,与神同乐。东山、霞浦的渔民造船时,要煮六个蛋,浇上红酒,请师傅们吃,以示大顺。

云霄县旧时造船过程中,安装龙骨最为重要。渔民自古就视龙骨为灵物,竖钉龙骨时,还要再择吉日良辰,一定要在择定的良辰装钉龙骨。装钉龙骨时如同建长竖大梁一样,要用一块三尺以上的红布,钉在龙骨料上,在一阵鞭炮声中把龙骨钉好。平潭县在装龙骨时,还要留着头和尾上两根钉子嵌在眼内,要等主人家焚香祭神之后,在众人充满希望和憧憬的注视下,再将两颗钉子钉紧。人们称这为"寄钉"。主人把全家对今后生活的希望全部寄托在龙骨之上。平潭造船时,在龙骨的各节承接处,夹放棕、布等物品,说是可以辟邪去晦气。据《福建省志·民俗志》载,闽南沿海习惯在龙骨缝隙中塞进古钱数枚,大多用铜钱。当地渔民认为铜钱能驱邪,装进古铜钱,意味着航行有保障,不怕水妖作怪。厦门渔民在龙骨上藏有白银,寓意发财。当天,主人要沐浴更衣,穿戴整齐,表示对神灵的尊敬。龙海渔民喜欢塞些金银纸于龙骨缝中,据说以钱开道,能逢凶化吉。因此,这个环节叫"安龙骨"。①

云霄地方学者方群达介绍,春秋后期越国被灭后族人逃往闽地,与本地人结合,成为闽越族。如今,本地渔船的装饰仍有闽越遗风。船前有兽面,兽面中间有红底白色的月牙当舌头,兽面下有下门牙(学术界称之为吞口)(见图3-70)。闽越人崇蛇,船上人家还保留着以蛇为顺神的习俗。船帮两边画龙蛇图案,主要是因为蛇身光滑,无棱角,代表着顺利,而且蛇头与船头是反方向的,代表着蛇神在帮你推船。在蒲美镇高塘村霞美自然村,还保留着几艘这样的渔船。但是因为十多年过去了,除了船头两侧各有一个木制的"眼睛"外,船体油漆斑驳,看不出有什么图案。据在江边洗衣的妇女说,以前船身确实画有龙。

图3-70　台湾苗栗清代王船,头上为剑师的嘴形(西南称吞口)

课题组在台湾省台东县绿岛考察时,绿岛的船厂紧挨着港口,一位正在维修自己木头船的船长介绍,目前他们出海捕鱼的船基本上有两种:一是木头船,他的船就是一艘木质渔船,要花60多万新台币才能买回来,平常不出海时要维修护理;二是管筏船,旧时是用大竹扎排而成,一头经过烧烤,制作朝上弯曲的翘首(与福建武夷山地区的竹筏制作方式一致。笔者注)。现在改用塑料管,用尼龙绳扎牢,一艘可用十几年不会坏。管筏船身轻、浮力好,一般在近海捕鱼(见图3-71～图3-74)。

---

①　根据采访内容,参考福建省地方志编纂委员会:《福建省志·民俗志》,北京,方志出版社1997年版,第26页。

图3-71　台湾基隆大武仑澳仔渔村的木船

图3-72　台湾花莲县石梯坪渔港停泊的管筏船,可使用十多年

图3-73　台东绿岛渔民在维修渔船

图3-74　台东绿岛造木船

一般新船出海或者每逢新年第一次出海,船的桅杆上都要贴一副红纸黑字的对联,上书:万军主帅,八面威风。船里要拜妈祖,准备猪头和十五牲是比较隆重的大礼,一般是三牲十五果。

三、下水习俗

渔业民俗造船、下水、讨海,都有约定俗成的民俗习惯。

下水习俗,指新船下水或有特殊日子船下海之前的风俗习惯。新船下水,首先是卜卦择一个吉日良辰,备好祭品后,主人或主持人要举行热闹的下水仪式,仪式中,由主人或长者给新船龙头"点睛"。九龙江的渔民在新船下水或端午赛龙舟下水时,要用一只雄鸡和纸钱放在河边下水处祭拜天公和水神,再下水。内河水浅,船身相对海船要小得多,所以对船的称呼也有不同。比如称小船为"鸡公船"、"麻雀船"、"青蛙船"等。在西南则称之为"苗船"。闽江的船工,跟陆地学徒一样,也有三年期限,第一年当"三腰"(俗称船尾仔),主要负责船尾划桨及烧水;第二年当"中腰",主要负责右边划桨;第三年当"大腰",可以承担船左边划桨。三年后掌握了船上基本的程序和要领,可以掌桨,聪明能干的还可以当艄公,掌篙或掌舵。

新船下水时,也禁忌服丧戴孝之人、妇女和孕妇参加。东山、平潭、龙海等地新船出海,一定要择一个风和日丽的汛期下海,以确保第一网能满载而归,寓示以后网网丰收。

云霄县陈岱乡礁美村新船下水有特别的仪式。渔民船上供妈祖和三山国王,下水前都会请择日师挑选吉祥的日子,当日也请法师作法,以保平安。要为新渔船"点睛",准备牲礼、鱼以及汤圆,象征圆圆满满。还有"喷符水、撒盐米"的风俗,把法师给的符化成水,喷在船上,并将盐和米撒在船的四周。最后一步是试船,将船开到海上巡游一圈,仪式正式完成。

闽台各地的新船下海时,要在旗杆上贴对联,不许讲不吉利的话,办完祭祀,新船下水后,要在近海绕一圈,就返回,称为"试水"。龙溪县有一习俗,即造船工人不能搭新船离去,说是怕把好运带走,对自己不利。

造船、下水习俗在20世纪50年代前还十分讲究,现在下水虽然没有那么讲究,但不许讲不吉利的话,孕妇、女人不能上船的习俗仍然保留。近十余年,下水习俗又恢复起来,祭祀场面比旧时还壮观。

四、讨海习俗

讨海又称下海。讨海习俗是指渔民下海捕捞后,要共同遵守的习惯规律。下海后,在渔民的心里"三寸板内是娘房,三寸板外是阎王",意为船内安全,意为船外是一望无际的阔海,身家性命没有根本的保障,只能在心里寻求神灵保佑和希望他人他船互相救助。所以海上渔业的信仰也丰富,习俗也很讲究。

台湾沿海地区从事渔业生产的人群多是闽人和少数"原住民",粤人后裔多为客家人,以农耕为主。因此,台湾渔业生产习俗主要体现在闽南渔业生产习俗及"原住民"生产习俗之上。

比如,闽台的闽人出海后,在船上,不称职称,从船长到船工,从司航者(斗手,亚班)到司缭(收放缆绳的大缭)、船尾仔,多以兄弟相称;对遇到的死难者,不论何人,死者为大,也以"好兄弟"相称。

闽台闽人渔业民俗中,每年春节之后第一次出海,一定要占卜求吉日、测凶吉。闽台沿海地区渔民都保存了这个习俗。各个沿海渔村都有妈祖庙,妈祖是海上保护神,故各个渔村妈祖庙在这几天香火最旺盛。关帝在百姓中是重情重义之神,故渔民在出海时也会到关帝庙去拜拜,以求关帝保佑,在海上有难时能遇贵人相助。

新年第一次出海,一般在正月初九"天公生日"之后。据说如果过完春节就出海,会得罪天公,被天公怪罪,待初九天公过完生日再讨海,天公才不会生气。从年前回港到正月初九,这段休息时间又称"歇正"。各地的讨海习俗稍有不同。晋江渔民出海时,驾船到土地庙或妈祖庙前的海面上绕一圈才正式出海;霞浦县渔民新年第一次出海是象征性地做一下仪式,把船驾到近海处转一圈就回来,以示开航下海,所以不兴放鞭炮。宁德和平潭渔民在新年第一次下海时,在"龙目"或桅杆上钉挂一张求来的符,用以镇邪恶驱魔力,以保下海一帆风顺。平潭县的渔民还会把米和盐混合在一起,从船头撒到船尾,以图鱼盐丰收,下海大吉。

下海捕捞,旧时渔民没有钟表看时间,撒网以点香为准。香尽即收网捉鱼。第一网捕到的鱼,要挑选一条最大的祭献神龛前。下海捕鱼时,每逢初二、十六,还要在船上摆香案"做牙"祭神。东山渔民则是在每月的初一、十五进行。若遇到海上兴风起浪,则马上收网,同时会跪求妈祖显灵解难,将带来的纸钱撒向大海,孝敬龙王爷。如今遇到海上天气变化,则会用通信设备向渔业管理部门求救。渔民有组织,安全系数增加。

五、回港习俗

课题组在平潭东美村考察时得知,渔民出海打鱼,短则数日,若到浙江一带渔场捕捞,则长达一两个月才能返回。如今渔船回港时,全家人都会迎接亲人平安归来,妻接夫,母接子。然后用小船将船上的鱼卸下,迅速划回海滩,渔村的妇女非常能干和能吃苦,身量纤巧,看似弱不禁风,可挑起上百斤的鱼筐,走起路来身轻如燕。据渔民介绍,旧时渔船回港的习俗不同,渔船回港时,亲人不能去海上迎接,迎接的多是船工们的婶婶、姑姑、表叔、表亲之类的亲戚。年轻人已解释不了这种回港习俗,老人多只知道是怕亲人迎接时,听到自家的亲人已遇难之类的噩耗受不了,才形成这种亲戚接船的回港习俗。

闽台地区渔船回港卸货后,船主要还备三牲、香烛、茶酒、糖果等到妈祖庙或关帝庙去拜谢还愿。捕捞越多,备的祭品越丰富。

渔民回港习俗中最重要的一个报平安仪式叫"解平安"。据课题组调查,漳州云霄县渔民称之为"平安节",由择日师(风水师)在冬至之前,农历十一月挑一天举行,之所以解平安,是因为每年年初向神下了愿,年终要解愿。"解平安"之后,新年来临,又可以许新的愿了。云霄人喜欢遇到没有腊月三十,以腊月二十九为除夕的年。因为云霄有俗语云:"三年无二九,扛鼎陆上走。"意思是如果三年都遇不到腊月二十九过除夕,就要逃荒了。

六、渔业禁忌

渔业生产是一项高风险的劳动产业,为保平安,渔民在长期的生活、生活过程中约定俗成了许多禁忌,以图心安。

旧时闽台地区渔业生产禁忌很多:①

造船、新船下水时不许服丧之人和孕妇在场。

莆田造船材料板数不能用3、6、9,这是因为当地人流行"兴、旺、衰"口诀,3、6、9三个数都在"衰"字上,故用木板料时,很忌讳这三个数。

尤溪县造船工人很忌讳在初二、初八、十二、二十、二十六动工。因为这几个日子都是"龙日",不能造船动工,怕得罪龙王,被龙王误会与"龙"争高低,将来常会碰到大风浪,不吉利。

忌讳女人上船,这个习俗流传至今。

钉龙骨时不许讲不吉利之话,比如捕不到鱼或翻船之类。

在海上作业时,忌讳谈及海难等不吉利之事。

出门下海捕鱼,遇上杀鱼不吉利。

船工不能站在船头撒尿,会被认为对海神大不敬。

撒网时不许大喊大叫,有事打手势,才不会惊散鱼群。

在船上不能吹口哨,否则会招来海怪。

忌讳乌鸦在船桅杆上叫,那是报丧的信号,很不吉利。遇到此事的船会立即返航。

船上有老鼠不能捉,老鼠叫则表示有晦涩之运,小心避开。万一碰上,则吐口水以消晦气。

闽清渔船在航行中,不能吃煮蛋。方言"蛋"与"浪"谐音,怕吃蛋(浪)要翻船。

航行时船工不能把碗丢进水里,意味着丢饭碗(失业)。

渔民捕捞时捕到海龟,一定要恭恭敬敬地送回海里。海龟寿命长,是海洋吉祥物,也是渔民的保护神。

---

① 渔业禁忌是用平潭、东山采访资料与参考摘录《福建省志·民俗志》归纳、综合成文。

捕鱼时若遇到鱼随着波浪自动跃进船舱，"自投罗网"的鱼会被认为是凶鳅之物，应立即放生，绝对不留。

厦门厦港渔民还忌讳抓一种鱼，本地人称"镇港鱼"，惠安沿海渔民也有此俗。

渔民在生活上的忌讳也很多。如煎鱼时只能煎一面，不能把鱼翻身煎，怕出海打鱼时翻船；吃鱼时，吃完上面的不能翻过来，只能用筷子把鱼刺挑开再吃；长乐县吃鱼时不能先吃鱼尾，意为为后代留一些；霞浦县渔民不吃鱼眼睛，怕吃了后眼睛看不清航道，容易触礁。

石狮市永宁镇梅林渔村的渔业禁忌，如每年春节之后和农历八月初一出海前要将所有出海捕鱼的渔船召集在一起抽签，选出第一艘、第二艘、第三艘出海的船只。传说抽到第三艘出海的船只会有不好的事情发生。因此，村里都会有补贴，或者送一些白色背心等衣服以消灾辟邪。据说出过什么事故，但是具体的事件原委已经无人知晓。

在出海前，每艘船的船老大和船员及家属都会带点纸钱、三牲到庙里祭拜枉死于江中的孤魂野鬼，希望其不要在他们出海捕鱼的时候兴风作浪，保佑渔民们能够得到好的收获。忌女人上船。

说话的忌讳也很多，比如"翻"、"沉"、"倒"、"搁"、"破"等，都被视为不吉利之话，尤其在节庆祭祀、讨海等重大事情发生时最为忌讳。遇到"翻"，改字说"转"，"搁"说成"放"，"破"说"旧"等。在渔民家做客，不能先吃鱼头和鱼尾，否则会被视为对不人家主尊重。因渔民忌讳说"板"，故船老板不能称老板，一般称为"船老大"或"掌柜的"。在服装上，白与丧服同色，渔民忌讳穿白。

第四章
闽台农林渔业民间信仰

物质生产是人类维系生命、传承发展的物质基础。俗话说，一方山水养一方人，不同的自然环境会产生不同的物质生产方式，相同的环境，因不同的人群资源也会产生不同的物质生产习俗。据本课题组的学术梳理与实地调查，闽台地区农林渔业习俗与禁忌如下：

第一节　闽台农业信仰习俗

闽台地区的农业信仰主要表现在与劳动生产息息相关的神祇精神寄托之上。

一、土地神信仰

土地神信仰是中华民族的普遍信仰。中华民族是最早的民族，视土为生命。尤其是稻作民族，万物有灵是他们的原始宗教信仰。土，土生万物；土，吐故纳新。故稻作民族和旱作民族对土地的崇拜高过对祖先的崇拜。

长期的田野调查得知，"土地神"信仰与"福德正神"是有一定区别的。土地神，最早是指土地，是最早农耕民族对土地土生万物的原始膜拜；"福德正神"土地神崇拜则是源于中原民间传说。在南北文化交流的地区，土地神与福德正神逐步混为一体，形成人神化的一种信仰。如西南、中南一带古越人后裔族群中，至今仍然拜"土地"，在壮族、侗族、水族、苗族、黎族等地区，土地庙随处可见，简单的就用几块石块垒起，称之"拜土地"。在古傩戏中，传承下来的最早的剧目中，最普遍的是"问土地"。除了汉人和少数民族杂居的地方有个别土地庙有"福德正神"庙楣外，大部分稻作民族后裔的少数民族地区只有土地庙，没有"福德正神"。闽台一带在唐宋之前，多是称呼土地庙。如《厦岛后崎尾岐西保岐山古地土地公祖庙碑记》载："维公之像，厦岛伊始。维公之神,灵莫与比。悬匾旌扬,尊兼德齿。称之曰祖,自宋有祀。求焉辄应,遐迩一视。梯山航海,咸受多祉。护国助战,靖侯称旨。捐俸重建,一百余纪。"①这段珍贵的土地公庙重修碑记,说的是土地庙宋代之前在厦门岛上就有了,而且香火旺盛。因为土地公很灵验,有求必应,得到众民的好评。哪怕是远航的船只或是护国助战,都能达到求必应、起保佑的效果。例证了厦门(古为泉州辖区,同安县境)地区至少在宋以前对土地公的称呼仍然传承着古老的习俗。现存的"土地庙"大多是"福德正神"庙。这是因为闽台从唐宋以后,陆续地演变成中原入闽开漳继为主体民族的格局,土地庙也逐步由土地主公祖庙演变成福德正神庙。尤其是二十多年前,闽台地区重修族谱、兴修祖庙之风盛行,各地依族谱中原习俗,将重修的土地庙正名为"福德正神"庙。在农业民间信仰上,将"原住民"的土地崇拜与与之带来的福德正神土地崇拜融为一体,形成现今的"福德正神土地公"信仰崇拜。闽台地区旧时的土地神的主要职责是保佑风调雨顺、土生万物苗壮成长。而后来的"福德正神"却被后人赋予了更多的职责(见图4-1~图4-3)。

图4-1 云霄县列屿镇油车村土地庙

图4-2 漳州闽南稻田间随处可见的土地庙

图4-3 漳州云霄县城民间的福德正神

① 何丙仲编纂:《厦门碑志汇编》,北京,中国广播电视出版社2004年版,第345页。

据《民间信仰史话》载,"福德正神土地公"的来源有两种说法:其一,传说周朝有一位官吏名叫张福德,自小聪慧至孝。36 岁任朝廷总税官,为官廉洁,勤政爱民。他死后,有一贫户以四块大石围成石屋奉祀,不久奇迹出现了,该贫民由贫转富。此后,民众相信这位土地神神通广大,具有无穷的威力,于是纷纷合资建庙并塑金身加以顶礼膜拜,尊称其为"福德正神"。第二种说法,说土地神是周朝上大夫家的家仆张明德(或张福德),主人因赶赴外地做官,将幼女留在家中。后来,张明德带其幼女寻父,不巧,途中遭大风雪,张明德脱衣护主人幼女,自己被活活冻死。据说,临死前,空中出现了"南天门大仙福德正神"九个大字。事后,上大夫念其忠诚,建庙奉祀。周武王也赞叹"似此之心可谓大夫也"。因此,百姓供奉的"福德正神"有戴宰相帽者。①

闽台地区土地神又多称为土地爷或土地公,闽台地区基本上称其庙为"福德正神庙",民间也有称"土地公庙"。不论稻作地区还是渔业地区,20世纪 60 年代之前,土地公庙在农村、街头巷尾、田头地角、屋前房后随处可见,几乎每村都有一个。20 世纪 80 年代之后,随着乡镇修庙之风兴起,闽台地区土地庙重修的多,不过土地庙相比其他神祇要小得多,但比西南地区的土地庙要大许多,一般土地庙占地 4 平方米至 10 平方米不等。个别地方没有独立的土地庙,土地神放在一个庙里供奉。闽台地区"福德正神"多穿着官服或乡绅服。

近 30 年,闽台地区土地庙土地公的神职和功能比之前的神职范围增大许多。乡民们需要将更多的职责赋予"福德正神"。比如,土地公有保护土地上一切平安顺利之意;闽南各地农村如云霄县各乡镇、厦门同安花莲乡等地在荔枝林、龙眼林里建"福德正神"庙;为保村镇平安、出门平安,闽南地区和台湾台南、台中地区许多农村在村口公路旁建"福德正神"庙;为保人丁兴旺,土地庙中的土地婆又赋予生育和求子保佑的职责;为保佑祖坟不受侵袭,在进山的路口上要修一座土地庙;闽台沿海村庄,如湄洲岛、平潭东美村、台湾苗栗后龙镇外埔村、台东南八里等地,海边上也建有土地庙,土地公还被赋予保佑渔民出海如陆地平安、生意人出海经商顺利等多重职责。

2014 年 3 月 24 日,是农历二月二土地公生日,课题组在台湾新竹县竹东参与考察当地祭祀活动。各村的土地庙和福德宫均香火旺盛(见图 4-4 ~图 4-7)。在新丰改建的福德正神宫里,客家人在用糯米春成的粑团挤出一

---

① 侯杰、王小蕾:《民间信仰史话》,北京,社会科学文献出版社 2012 年版,第 17 ~ 18页。参考。

个个糍球,再裹上芝麻、花生粉,招呼香客来品尝(见图4-8)。宫前几个戏班的舞台已搭好,待晚上表演,另一座土地庙则安排有电影演出。

图4-4 二月二这天前来拜祭福德公的新　图4-5 福德宫内,客家人正在用糍果招待
　　　竹人一家一家络绎不绝　　　　　　　　香客(左三为刘芝凤教授现场体验
　　　　　　　　　　　　　　　　　　　　　　二月二新丰的土地公生日节俗)

图4-6 农历二月二台湾新竹县新丰　　　图4-7 台湾人为土地公捐献
　　　福德宫内的祭祀　　　　　　　　　　　的花篮

图4-8 糍球

闽南和台南、台中漳泉人地区,每年农历的二月二是土地公生日,又是新年第一次农耕祭典之时,古时人们需要杀猪祭祀,所以二月二的这天要去拜土地,又称"头牙(祭)",每年最后一次牙祭叫"尾牙",是"谢土地"之意。厦门市湖里区钟宅村是厦门市唯一的城中村,10年前土地全部被征用,村民改为城镇居民,失去土地的村民仍然保存着传统的习俗,每年二月二土地公的生日时,会带着牙祭到后山上的土地庙去拜土地,年底吃尾牙,要谢土地。

　　闽台地区一般一年中有二次拜土地,一次在开春的某日,一次是秋后择日。龙岩市攀登市镇春耕播种时,农民在田头插一份香纸,祈求田伯公(土地神)保佑禾苗生长好,耕牛加喂稀饭、黄酒,以壮畜力。安溪县剑斗镇红星村旧俗,立春过后天空中响起第一声雷时,家里的老人就要求子孙手持拐杖在家里各个门的门后敲一敲,同时口中念"经雅康,经雅窟,也入不出"(音译,意为敲蚂蚁洞让它能进不能出,是驱除蚂蚁的意思)。二月二在本地叫"头季福"(另外,六月初二称"中季福",七月十六称"尾季福"),家家户户在家祭拜土地公。"头季福"当天乡政集体要买猪"杀生",并在由义乡王氏宗祠的福坛祭拜土地公,祈求风调雨顺、五谷丰登;七月十六"尾季福"要置备"大三牲"(猪头)。五月初五端午节在本地称"五月节",当天要做粽子拜土地公,当地旧俗在"五月节"那天家家户户还要到药店买来雄黄,掺水后用艾草沾了,喷洒在房前屋后各个角落,并把艾草插在门口,此举是为了驱除蚊虫;"五月节"那天午时男女老少都要在水流处洗脸(农村家家从山里引来山泉水,大多不设水箱,一天到晚水流不止),称"洗烂吕"(音译,意为洗懒惰),洗脸时要嘴念"洗烂吕,精神来,爱困去"(音译,意为洗掉了懒惰,有精神)。随时代变迁,今已无此风俗。除此之外,六月初二、七月十六各"醮主"前往福坛"做福"(拜土地公)。①

　　漳州市漳浦县杜浔镇范阳村在除夕的前夜必须祭拜土地公,正月初九土地公生日,要杀鸡、鸭祭拜,以后每月逢初一、十五也都要祭拜。

　　莆田市仙游县盖尾镇前连村各家各户在每年的二月二和十二月十六,分别在家里做头福和尾福,主要拜厝主(用饭、菜)、土地公(用牲礼)以及天公。

　　台湾闽人地区,普遍崇拜"福德正神",近十年新竹、台中、桃园、基隆等地许多老庙都翻新建新庙。每年的农历二月二是土地公的诞辰,各地土地庙都在庆贺,请戏、请电影(见图4-9~图4-13)。

　　①　王煌彬:《安溪县剑斗镇红星村民俗报告》,本课题组田野调查资料。

图 4-9　农历二月二这天,新竹县新丰乡土地庙前搭台请戏

图 4-10　新竹县客家人打好米糍果招待进庙朝拜土地公的客人

图 4-11　新竹县竹东民间土地庙还有请电影庆贺福德正神诞辰

图 4-12　台湾中部地区福德正神二月二诞辰祭多是用汤圆甜点祭拜,中间是面条制作成的寿塔

图 4-13　农历二月初二这天,新竹县新丰乡福德宫内拜土地公的客家人和外人源源不断

二、五谷神信仰

福建是古闽越稻作之地，稻作民族自古对禾苗保护看得很重。没有苗壮的苗就没有颗粒饱满的穗。若想丰收，就得请神保佑。所以，稻作民族因需要产生了禾神崇拜。

禾神又称青苗神、苗神、谷神，随着中原文化的渗透和影响，唐宋以后，尤其是清代以后，禾神又被称为"五谷神"。把据福州市闽侯县鸿尾乡千里洋村83岁老人谢传叩口述，千里洋村至今仍然保存着百年老庙越王庙，庙里有村民信仰的诸神菩萨，还有谷神。每年的正月十五村民都要去越王庙焚香拜神，乞求越王和谷神以及诸神保佑全村风调雨顺，五谷丰登。过完正月十五，就要开始下田干活了。①

课题组所到之地，大部分妈祖庙、关帝庙、玄天大帝庙、娘娘庙和开漳圣王庙里的副神座上都置有五谷神神像。比如云霄县列屿镇油车村（原梅安村）、后安村、人家村、开漳圣王庙等，长汀关帝庙、漳州龙文区关帝庙、永定县坎市妈祖庙、南平、建阳、建瓯、浦城等乡下许多庙，都置有五谷神神像。在台湾妈祖庙、关帝庙、开漳圣王庙等也多有五谷神（神农）（见图4-14、图4-15）神像。

图4-14　台中丰园妈神庙神农像

---

① 谢辉：《闽台传统节庆调查报告》，本课题组学生调查报告。

图 4-15 16 – 17 世刘氏源于彭城郡的布质族谱,始祖六世,世祖十一世,其中五世前只有字,无辈分,百年老族谱左边小耳是土地神位,右边小耳是往生祖的灵位

漳州市漳浦县杜浔镇中秋节(八月十五),用糯米粿沾花生和芝麻粉,在田地里拜土地公,或在家拜神明,到庙里拜五谷神。

三明市沙县漈砺村三月初一是五谷仙诞辰,全村吃斋。村里家家户户拿香烛到五谷庙为五谷仙祝寿。那天还要抬五谷仙下山,放在康王庙门口的一座亭子里(直接停放,没有下田等仪式),四五个道士念经作法,为村里祈福。破四旧时曾停过一段时间,现在又恢复了。

"五谷庙"各神主位置图:

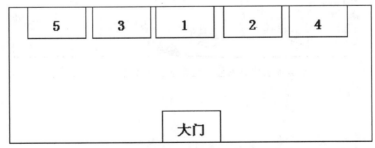

编号 1:"五谷真仙":上书"五谷教主五谷真仙香座",五谷真仙双手上举,持"日"、"月"。

编号 2:"五谷真仙",手持玉米。

编号 3:"五谷真仙",手持稻穗。

编号 4:"萧公",上书"灵通妙应欧阳大仙香座",不知何方神圣。

编号5：待查证，无人认识。

漈砱村同时有好几种五谷真仙的塑像，据笔者推测，应该是因为本村人口姓氏多，且多为外来的，形成较为复杂的信仰习俗。

五谷庙里有一口大钟，如果有人到五谷庙进香，要敲三下钟。本村习俗，当年生了男孩的家庭或者吃过狗肉的家庭就要负责抬菩萨轿子。

台湾嘉义县民雄乡丰收村有一座五谷王庙，原名谷丰宫。创建于清康熙三十二年（1693年），迄今已有300多年的历史。五谷王庙的庙产很大，1987年曾义捐60公顷土地，协助中正大学在民雄建校，曾为台湾美谈。① 而且谷丰宫还传习着一个古老的"提甘"习俗，据说在台湾嘉义一带十分灵验。"提甘"，即求子、祈子习俗。与众不同的是，民雄一带的居民不是到注生娘娘庙或求子观音庙去求子，而是到五谷神庙来祈子。据《台湾民间文学采录》载，嘉义县民雄五谷神庙的祈子，在每年的正月十五举行，过去一年内的新婚夫妇如果还没生儿子，到了元宵这天，要一起到五谷王庙，在五谷圣帝面前卜卦许愿，然后拿走一对柑橘，回家共食。据说如此可以早生贵子。至于嘉义县民雄人为什么到五谷神庙来祈子，学术界尚无统一的解释。但按农业民俗的习惯分析，可能与谷是发物有关。不论是稻谷还是旧时的栗谷，都是发根多籽粒的。嘉义民雄人是否把发子多福愿望与谷穗硕果结合一起产生信仰，还值得商榷。课题组在此地考察时，问过百姓其民俗的根源，现在没有人知道为什么，只知道有这个习俗。

在闽台地区，一般的五谷神祭祀在每年的农历四月至五月，插秧前后。在闽北、闽西地区，旧时农历四月还要举办隆重的"打醮"保禾苗仪式。仪式的程序主要是备鸡、茶、酒及香烛去祭"田公"（永定称田伯公），华安县后坑一带在农历四月初六祭祀"稻母公"，祭品主要用米糕和粑，还有红薯。用红薯祭祀的意思是想让稻母公保佑当年的稻禾穗像地瓜一样饱满硕大。闽西地区，除了抬春之外，还将村里供奉的菩萨抬出来，用稻禾或常青芭茅草扎成小捆，置放在菩萨的头上，抬神轿的四位男丁则要身抹泥水，还给菩萨身上也浇上泥巴去巡境，称之为"封泥"。当地人一个村一个村地排日子虔诚地去迎接巡境，以图"五谷真仙"福临本村，保佑本村五谷丰登。礼毕，到溪河中洗净菩萨和抬轿人身上的泥巴，再安放回庙中，祭拜完毕才算结束（见图4-16、图4-17）。

① 　陈益源：《台湾民间文学采录》，里仁书局1999年版，第104~105页。

图 4-16 浦城县富岭镇泽潭村五谷神信仰

图 4-17 长汀县举河、举林村给菩萨"封泥",以图菩萨福临本村,保佑本村五谷丰登

闽南云霄县人称五谷神为"五谷王生",视为炎帝神诞。每年农历的四

月二十六是约定俗成的"五谷王生"祭典日，又称为炎帝诞辰日。五谷王生的祭祀形式相对观音菩萨生日和开漳圣王祭祀来说，很小也很简朴，是小祭、家祭。一些农民在家中将谷粒盛入壶中，插上香烛权当香炉，并摆上酒、饭、牲醴等供品，望空礼拜。在庙中五谷神像前献供，据蔡清毅考察，云霄县农户多在此日暴晒农作物种子，认为经过此日暴晒的种子不仅能防霉变，而且可以提高发芽率。

南平地区旧时农历四月十九过"禾生日"，这一天要做豆腐，在家神龛上排供素食，焚香烧纸，祈求禾仙赐丰年，使稻谷"粒粒饱满，穗穗弯腰"。十天后即农历四月二十八，称"神农诞"，这天的传神更隆重，村民家家户户"五谷仙庙"上香摆供，祈求五谷丰登。秋收时，要择吉日到田里采撷颗粒饱满的稻穗，带回家中悬挂在神龛上，以谢祖宗神灵。开镰也要择吉日。开镰后的第一担新谷，经砻碾碓臼后，蒸米饭，设家宴，奉祀天地、祖先和火土神，邀集亲朋好友，共尝新谷，祝贺丰年。新中国成立之前，佃户还要先向地主缴纳数斗"新米"。浦城、屏南等地则是在秋收后戽桶收回仓库的那天拜五谷神、尝新。

在福建地区，也有地方把正月二十作为谷神的诞辰日，村民在这天以天气阴晴来预测这一年收成和行情的好坏。

五谷神信仰的传播方式也是由生产技术需要而产生。以福建省龙岩市连城县北团镇上江坊"五谷真仙"信仰为例：据调查，福建省龙岩市连城县北团镇上江坊有"五谷真仙"庙，每年农历二月十三日开始到十五日有三天打醮祭祀。传说上江坊旧时种稻产量不高，清康熙二十四年，上江坊三个村民到清流县学习播种技术，刚好遇上当地一敬神灵的节日，当地人称所敬之神为"五谷真仙"，于是上江坊的这三个人也加入了敬拜的人群。几天之后，三人回家插秧。这年很多人的秧苗大片烂掉，而这三户人家的秧苗比其他人家的秧苗长得茂盛。全村也就这三家人的收获最多，而且全家人都健康平安，万事如意。村民问其有什么秘密，他们说在外学习技术时遇到拜五谷神就跟着拜拜了。大家都认为是他们敬拜了"五谷真仙"，得到了真仙的庇护，所以他们的田地才有好收成。于是，由村里各姓氏族有名望的人领头全村集资塑了一尊"五谷真仙"神像，放在村里原有的兴隆庙里供村民朝敬。经村中各姓氏族商议，认为五谷真仙是管五谷的，当以五谷之物为供品才好。这样，家家户户就包好粽子来供奉，并用打醮等形式以示隆重，村民们则在这几天实行斋戒以示虔诚。每年农历二月十三日开始到十五日为游大粽时间，其中十三日接真仙，十四日打醮，十五日游大粽。

做大粽的过程和方法古有定制,及农历二月初二,大福首上山采摘粽叶;初三洗粽叶;初四用丝线穿连粽叶制作粽衣;初六到初九包大粽,同时也要一起把小粽包好;初九日起蒸大粽,蒸大粽要用特制工具,要蒸整整三天三夜,得烧掉上千千克的干柴。十二日起锅后,装扮好,先由大福首烧香燃烛敬奉一天;十三日就用琴瑟鼓乐把大粽迎至兴隆庙中,并派人二十四小时日夜看守,让村里人敬奉参拜。直到十五日全村游行后才罢。①

三、牛崇拜

闽台地区依山面海,因自然环境造成了若干个大大小小的冲积平原,为农耕提供了丰富的土壤结构,同时也为农耕提供了物质基础。

闽越地区先人在农耕生产实践中,发明了减轻劳动强度的辅助工具,即犁田耕地水牛的借力,先人们在漫长的生产过程中,学会并使用用牛犁田耕地的技术与经验。

农耕的主要生产力牛,在闽台地区是怎么产生的? 耕牛是如何形成的呢? 台湾彰化县北斗镇《北斗镇志》记载了一段汉人入台之前平埔人驯化野牛的历史:"会集社众,在长竿上绑绳子做成圈套,套住野牛的脖子,让野牛奔跑,等野牛的力气用完之后,再将其绑在木桩上,不给食物,等数日之后,再喂以草食,渐将其驯服,然后作为日常的使用工具。"②

有可能是古越血统的平埔人,比汉人先入台,这段史料记载了后为少数民族的平埔人入台后,开垦了农田,因劳动强度太大,想借牛来耕地,但因自然条件限制,与大陆隔着海洋,无法从大陆牵牛过海,于是想到了驯化野牛的古老传统技术。这样,台湾岛屿也有了自己的耕牛。而牛对农业的贡献是人们无可比拟的。闽台人因历史渊源等原因,培养了一种知恩图报的民族心理模式,牛吃的是草,使的是力,犁田耕地,为人们的生存提供了辅助性的条件,于是对牛的感情也传承下来,为感谢牛对生产的贡献,约定俗成了对牛的崇拜。这种崇拜表现在古闽台地区重视农耕和祈求丰产等农耕民族文化的外在表现,即给牛过生日放假、以牛为生肖像等方面。

给牛过生日是古越人和古濮人古老的传统。西南地区至今仍然盛行牛王节,而且节日的内容与形式十分丰富和奇异。牛王节有多种称呼,如牛魂节、

---

① 姜海文:《福建省龙岩市连城县北团镇上江坊游大粽调查报告》,课题组学生调查报告。

② 张哲郎总纂:《北斗镇志》,彰化县北斗镇公所 1997 年版,第 624 页。

牛生日、牛王节、脱轭节、开秧节、牛王诞等。古越地区的后人壮、侗、布依、水、瑶、土家、苗族、仫佬族等民族仍然保持这一传承节日。闽台地区，因人文环境形成的因素不同，故不是全部地区都过牛王节。闽西、闽北、闽中地区的大多数乡村还保存着牛崇拜，过牛王节。闽南、闽东地区大多不过牛王节。

将牛当作中国传统十二生肖中的一员，也是古人们对牛崇拜的一种形式。由史前对牛的信仰，将牛视为万物有灵的灵性动物，拜为牛神。至唐宋以后，人们将牛神人化，视牛崇拜为崇拜祖先，祭祖先时有祭牛。如宁德畲族的"让牛见三"习俗，畲族饲养母牛的家庭，遇生小牛后的第三天，要举行一个仪式，要杀鹅、做麻糍、酒菜，请亲友欢宴，给牛吃红糖米饭、鸡蛋酒，把麻糍送给孩子们吃。一是感谢牛给家里添财添旺，二是托牛的福，全家沾光，表示喜气。

闽台农耕地区，大多农村一年中在冬至节和四月八会给牛放一天假，给牛喂好吃的，有的地方还会给牛喂鸡蛋和甜酒。

四、鸟崇拜

鸟崇拜大约产生于公元前 1 万年前后的新石器时期，古人们在将野生稻或野谷驯化成栽培稻或栽培谷的原始生产过程中，对鸟的认识可能是从季节变化开始。因为鸟的活动能预示季节的变换，这对农作物的播种和收获至关重要。当古人们无法解释鸟类为什么能掌握气候变化和秋去春来的自然规律时，会认为鸟的灵性是上天赐予的。对于稻种的来历也无法解释，因为鸟会飞，于是又产生稻种是鸟带给人类的假想。古人们发现鸟多在禾苗上吃虫，也吃谷，于是又可能产生鸟是稻禾保护神的假想。处于长江中下游和东南沿海的百越族群奉以神农炎帝为神，长江下游地区著名的古帝少昊氏属下的官职以各种鸟类命名，说明古代南方各族群也曾经以鸟为崇拜对象。所以，许多学者认为鸟崇拜源于最早开发原始农业的定居的先民。

闽台地区鸟崇拜源于何时，至今尚无统一结论。《山海经》中有关人鸟图像的记载："如羽民国在其东南，其为人长头，身生羽。……其为人长颊。《归藏宝筮》载有羽民之状，鸟喙赤目而白首。"说的是"羽民国"里的人，生有翅膀，能飞，和鸟一样从蛋里生出来。《史记》正义引《神异经》载有：南方荒中有人焉，人面，鸟喙，而有翼，两手足扶翼而行，食海中鱼，即斯人也。《神异经》中半人半鸟的形象，大概是崇拜鸟图腾并加以人格化。

上述文献史料中谈到的"东南"（地理）、"南方荒中"（地理）和"食海中鱼"、"人面,鸟喙,而有翼,两手足扶翼而行"的人,是否与闽台相关,尚有待考察。但很明显说的是东南沿海古人类的生活状态。可见鸟在古代不仅是崇拜之物,还成了人们生活中最珍贵的饰器,这些都足以说明在远古时代,鸟崇拜在闽台氏族部落的普遍性。

"象耕鸟耘"是稻作民族地区一个古老的成语。传说大禹"崩于会稽,因而葬之,有鸟来为之耘,春拨草根,秋啄其秽"。① 《越绝书·越绝外记地传》载:"大越海滨之民,独以鸟田,大小有差,进退有序。"② 这里说的是古越地区包括东南沿海稻作民族,因山区地少,开垦时见土即垦,所以稻田大小不等。这一地区很早就流传着鸟田的生产方法。这种"独以鸟田"的原始科学性在于"鸟田得利",学者们解释"鸟田得利"主要是除草、灭虫、杀鼠和肥田四个方面。稻作民族先民就是在自然界中观察飞禽动物的动作而创造的耕作技术。如象踏走过的洼地野生稻长得特别好,鸟吃过虫子的野洼地上稻也长得饱满,鹰类的大鸟可以啄鼠,鸟类拉在稻田洼地里的粪便可以肥田等,于是在模仿中掌握了人工耕耘培育稻谷的技术。这些文献史料说明闽台地区与鸟田史有着渊源关系。在福建省博物馆和台东史前博物馆的文物展览中,有许多史前文化至春秋时期陶器上的鸟形装饰,说明闽台地区在春秋之前就有普遍的鸟崇拜。在台湾泰雅人、阿美人、噶玛兰人等高山民族中,还保存有出门听鸟鸣辨凶吉的习惯。在闽北、闽西一带,出门听到乌鸦叫,感觉一天不吉利,出门要吐一口唾沫以禳解释怀;出门听到喜鹊叫,则轻松高兴,感觉一切顺利。燕鸟与喜鹊一样被视为吉祥鸟,从不伤害,怕遭报应。农民家建房时,喜欢把竹片钉在墙壁的上沿,让燕子做巢。有燕子来家做巢被认为是件吉利事,兆示着全家平安,福喜进家。《五杂俎》载:"猫头鸟即枭也,闽人最忌之……城市屋上,有枭夜鸣,主必死丧。"③ 2012 年 8 月课题组在南平市建阳县水吉镇考察时,村民介绍说,建阳还传承着与云南拉祜族一样的鸟步求雨舞。稻作民族在三、四月份插秧前,择吉日占卜试鸟叫声,强音视为吉利,弱声视为不吉利(也有在祭祀时,以顺卦为准定凶吉音)。在认定遇到吉日时才下田插秧。这些习俗明显地遗存着鸟崇拜的历史痕迹。

① (北魏)郦道元著,易洪川、李伟译《水经注》卷四《浙江水》重庆,重庆出版社 2008 年版。
② 陈龙:《鸟田考》,摘《百越民族史论丛》,广西,广西人民出版社 1985 年版,转摘林国平:《闽台民间信仰源流》,福州,福建人民出版社 2003 年版,第 55 页。
③ (明)谢肇淛:《五杂俎》卷六《人部》,中央书店 1935 年版,卷六,上册。

　　在闽台地区鸟崇拜传承得最普遍、最完美的是"凤凰崇拜"。龙凤呈祥是中华民族的传统象征,在闽台地区,所是祖庙,必有龙凤。若家族中出过二品以上的大官,则祖庙的前栋屋脊上必雕双龙(双龙戏珠),后栋正殿屋脊上必有龙凤呈祥或龙凤朝阳之图塑。如果没有出过大官,出过文人秀才,前栋屋脊上多是双凤朝阳,有花有草有八仙。凤凰在闽台人们的心目中是鸟类最高的崇拜(见图4-18、图4-19)。

图4-18　闽南建筑特色:红砖古厝燕尾角

图4-19　道地村村民清代祖厝上的燕尾角

　　鸟崇拜在闽台地区很普遍,在闽台农耕民族占有很重要的位置。某些鸟被视为能呼风唤雨和能给人带来福喜与安宁的报信使者,具体表现在稻作民族的人生礼仪上。比如,鸟类鹤,在神话故事片中是可以把人的灵魂引入云霄上天堂的吉祥鸟。古越之地各民族传承至今的丧俗中,老人去世时,多有用纸扎的仙鹤为其送葬引路。闽台人传承着古越人的习俗,老人丧事时,也用仙鹤引路。厦门集美区英村吴姓的祖先是从北方中原过来的将士之后,传说与当地妇女结婚成家,其后人在办丧事时,若是老年妇人去世,用仙鹤,男性去世用雄狮引路(见图4-20)。

图4-20　闽南地区丧俗中,男性棺材上置狮引路

五、蛙崇拜

　　蛙崇拜是古越稻作民族的一种文化特征。在西南古越之地的壮族、侗族等民族,至今还传承着蛙崇拜。闽台地区古为闽越之地,虽然从唐宋以后,大量的中原汉人入闽赴台,但落地为民后,在学习稻作生产技术的同时,同样期待风调雨顺、稻谷丰收,所以在稻作文化上对与之有利害关系的民俗与稻作技术同时接受并传承。

　　福建传承至今对蛙崇拜的稻作地区主要集中在南平地区。在南平市延平区樟湖镇溪口乡,据溪口村《张公庙碑记》载,旧村东向有一座蛙神庙,每年农历七月二十一日,全村村民都要举行游蛙神活动。全村男女顶礼膜拜。该庙在"文革"中被毁。2007年村民黄瑞德在原蛙神庙遗址挖得蛙石雕像一座,经文物部门鉴定,为明清时期文物。后村民将蛙神庙重建。当地学者认为,溪口村崇蛙习俗至迟不会迟于清道光年间。据溪口村几位70多岁老村民说,他们小时候就参与祭张公(蛙神)活动,他们听老辈人说,蛙神巡境活动自古便有。据樟湖镇文化馆王馆长介绍，溪口原址不远的地方，有一个"九峰岩寺"，殿前有一巨大樟树，10来个人才能合抱，树荫广达五六亩。大樟树前有一天然石洞，洞口宽约2米，有石阶可下到洞内，石洞可延伸至大殿神像座下。每年七月有"青甲"蛙20多只集于洞内，先民们便奉其为神。因此每年七月二十一，张公生日都要举行盛大游神活动。据说在迎神活动前数日，有一种大青蛙会聚集到蛙神庙（张公庙）附近，这种青蛙背绿腹白、有七个绿豆大的黑色圆疤点，群众称之为"青甲"，庙管人员把它捉来放在铁丝笼内喂养备用。待迎神这天，将青蛙"请出"放在神像的肩上，游蛙神队伍出发前由道士作启动法术，然后鸣锣开通，周游全村，各家各户信徒们在门前备香案迎接蛙神，燃放鞭炮，香火拜神。在整个迎神游街过程中，神铳、鞭炮轰鸣，锣鼓喧天，这些青蛙伏在神像上，绝不会跳走，俨然如神灵接受村民们的顶礼膜拜。迎神结束后，神像归座，青蛙放生，伏在神像上的青蛙待众人散去后自然离去。此习俗一直沿袭至今。① 2005年，"延平蛙崇拜民俗"入选福建省第一批省级非物质文化遗产代表作名录。

樟湖蛙崇拜源于何时，无从考证。据南平市文化、广电部门及樟湖镇文化馆提供的资料，《闽杂记》是清道光至咸丰年间在福建为幕僚的浙江钱塘人施鸿保所著。《闽杂记》②载，闽江上游的建州、延平、邵武、汀州四府的百姓还"祀（蛙）甚谨，延平府城东且有庙"，它所至人家，必多喜庆。跑到社庙官衙之中，就预示本地安定无灾。蛙神喜又高又干净的地方，尤喜卧室壁间。这时此户老少必用净器拜接，主人设酒作食。蛙神嗜烧酒，饮后两颊红晕若神醉之态。蛙神又爱看戏，且能自点剧目。主人恭敬献上戏目单，蛙神必从头到尾看一遍，然后用脚蘸上酒溅去，一二点或三四点，依酒溅的戏目演戏，甚合蛙神之意。《闽杂记》中还记载："一日蛙神出游，止凤仙花叶上，见其身大如顺治、康熙钱币，背色绿润可鉴，腰间金纹一缕，灼烁有光，腹下红白色，目眶亦有金圈，睛如点漆，灼灼瞪视。掬至茶盂中，以盖盖之，施视之，则盂空矣。人谓此青蛙将军也。"《福建省志·民俗志》载："光泽百姓视蛙神为善神，有一次县衙出现金线蛙，每天前来参拜的人'几二三千人'，为此上演连台戏给蛙神看。邵武有人为蛙神设簿册，专门记载蛙神的灵异。

---

①　南平市文化广电新闻出版局:《延平蛙崇拜民俗》,2012年5月14日稿,南平樟湖镇文化馆摘。

②　(清)施鸿保:《闽杂记》。

南平城内百姓将蛙神奉为保护神,传说蛙神显灵保护城池免遭强盗的洗劫。"①这些记叙足以看出旧时人们对蛙神的崇拜之情(图4-21、图4-22)。

图4-21 南平市樟湖区溪口村搬迁的蛙神庙

图4-22 南平"张公庙"里的蛙崇拜

---

① 福建省地方志编纂委员会:《福建省志·民俗志》,北京,方志出版社1997年版,第290页。

延平城东蛙神庙的建庙碑帖也非常神奇。施鸿保在《闽杂记》中写道，咸丰六年（1856年），施鸿保因事到汀州，汀州府幕僚王砥斋告诉他这么一件事，即道光十三年（1833年）王砥斋在延平当幕僚时，恰逢永安、沙县的土匪攻打郡守，城池岌岌可危，郡人惶惶不安，只好到神庙和延平府学泮池旁的蛙神庙烧香祈祷。一天，太守朱沁石巡城后回衙门，发现有一蛙神停在衙门前的竹枝上，遂将它延请入官司署，朝夕焚香祈祷。两天后，蛙神倏然不见，而援兵正好到汀州，解除了长达一个月多的围困。郡人以为乃蛙神保佑才使城池安然无恙，在太守朱沁石的倡导下，纷纷捐银兴建蛙神庙，不久便落成，即位于城东的蛙神庙。也有史料记载说，咸丰三年（1853年），有兵众围困延平城，据说受青蛙神保护，延平城才免被攻破。

蛙崇拜是早期稻作民族在生产过程中总结出的稻作培育过程中的借力经验。在长期的稻作生产实践中，古人们发现青蛙的某种声音预示着雷雨即将来临，但他们又解释不了其中的奥秘，便以为青蛙是受上天的旨意，有呼风唤雨的本事，可以兆示稻作收成的丰歉。加上蛙能吃害虫护稻，所以对青蛙倍加崇拜。

闽越族是百越族中的一支，新石器时代就从事水稻种植，对青蛙的崇拜也早已有之。至晚清，对青蛙图腾的崇拜达到高峰。据市宣传部门介绍，闽江流域拥有多处蛙神庙宇，溪口村的"张公庙"只是其中之一。樟湖镇文化馆王馆长介绍说，据省市有关学者调查，其他地方祭祀张公及迎神巡境活动都没有青蛙陪祀，只有溪口村在抬张公菩萨巡境时，必须将事先请到的活青蛙放在菩萨的肩上，同巡境。

溪口村与樟湖镇隔着一个水库，2012年8月，课题组在王商书馆长的陪同下，渡船到溪口村。王馆长介绍说，因修水库，旧镇和旧村都已淹埋在水库底，成了水下旧镇旧村。现在的蛙神庙是近几年才修的。因没有地了，现在的蛙神庙没有旧庙一半大。溪口村蛙崇拜习俗始于何时，因无文字记载，全镇人没人知道，但樟湖镇在修水库前是一个典型的农业镇，经济作物主要是水稻，崇拜蛙自然是有历史年头的了。张公为何人？有几种说法，一种说张公是当地一个地主的长工，另一种说法跟漳州、莆田的连氏祭的"三公"一样，蛙神庙（张公庙）和蛇神庙（连公庙）的"三公"，也同样是祭南宋末年在福州别立朝廷，宁死不降元的张世杰、陆秀夫和文天祥三公。因怕敌人报复，其打散四处逃难的将士改名换姓，张公庙里的三公就成了连公、萧公和张公。第三种说法，张公庙里祭的三公不知是指什么仙人,张公(蛙神)和连公(蛇崇拜)庙是互换的。张公、萧公和连公是会法术的道士(法师)。传说几百年前溪口村闹虫灾,虫子多得把稻子都吃光了,颗粒无收。张公平日里就乐于助人,看到农民们没有收成很着急,他抓了几只青蛙,在它们的背上用香烫上7个点作记号,然后放入田里,并交代农民如果抓到这些青蛙不要杀,要及时放生。农民们记住他的话,将这些青蛙保护起来,稻田里的虫子很快都被青蛙吃光了,农民们迎来了好收成。从此以后,每逢农历七月初一到七月廿一,都有一种背绿腹白、背上有七个绿豆般黑圆疤点的青蛙聚集到张公庙附近,3到20多只不等。溪口村民便以此为神灵信仰崇拜物,每年七月廿一张公生日这天都要举行盛大的游蛙神活动。2011年农历七月二十一日的张公庙巡境(见图4-23、图4-24),迎蛙神活动参加者有300多人,游蛙神一开始,鞭炮轰鸣,锣鼓喧天,长铳开道。七八米的长旗领路,队伍的最后是三尊神像:张公、萧公和连公。每位神像的肩上都伏着一只青蛙,随着巅轿和潮水般的人流,不跳走。巡境队伍将全村1000多户都巡游一遍,各家各户将香火插在专人挑着的香火担里,开门迎接蛙神。结束后,村民们一起走到村落外的河畔,将象征蛙神的青蛙一一放生,用此传统活动来祈求风调雨顺、五谷丰登、国泰民安。

图4-23　南平市樟湖蛙神巡境队伍(王商书摄)

图 4-24　南平樟湖区蛙神巡境中,活青蛙视为神灵,由童年男孩捧供巡境(王商书摄)

六、狗崇拜

古越人好巫崇鬼神。闽越虽然早在汉朝时所灭,而且在此后的两千多年时间里,逐步为中原人所占领,形成以中原人为主体的民族区域文化特征,但古越历史民俗却顽强地通过越人后裔和中原人"入乡随俗"保存下来。尤其是农业历史民俗保存得比较多。如在农耕民间信仰习俗中的狗崇拜,就是一个典型的农耕历史民俗民间信仰现象。

狗在闽台农耕地区,不仅有稻种传播的贡献,还有禁蛇、预警、守护家园的作用,自古以来就与人有亲情联系。龙岩一带,尤其是长汀县对狗的崇拜还保持传统样貌。

2012 年春节期间,课题组在长汀县童坊镇举河村、举林村和彭坊村采访了一周,住在农家,早饭前到村里拍摄民俗活动时,看到好几户村民端着白米饭、猪肉到后门外喂狗。问乡亲为什么,没人知道渊源,只知道自古传下来就是过年的第一碗饭要喂狗。长汀有句民谚:"猪来劳,狗来富,猫来著麻布。"说的是如果不是自家的猪进了自家的门,会给家里带来衰运,很沮丧;但别人家的狗跑到自家来,则是好兆头,表示财运到来,运气旺;如果是野猫进家门,则表示有丧事发生,老人很惧怕。

福建畲族崇拜犬。自古以来,畲族与苗族、瑶族一样,视盘瓠为祖先图腾。有传说盘瓠是神话中的先祖化身,有说稻谷的种子是狗从很远的地方带来的。在闽台农耕地区,汉人也有信仰犬的习俗,不过闽台农耕地区汉族的"犬",多为神庙里的附神。比如在闽台广泛信仰的戏神"田都元帅"(又称"田公元帅")神庙中,多有一只白犬精作陪祀。传说白犬精以前是害人精,后被田都元帅收获为将,并为田都元帅的得力助手。许多地方百姓认为白犬精比田都元帅还灵验。

狗是人类最早驯化的动物之一。闽台地区许多农耕和狩猎民族,除了祖先之外,把狗也视为神灵进行崇拜。台湾嘉义东石鹿草庄员山宫里的主神为王孙大使,副神为犬公。据《闽台民间信仰源流》介绍,嘉义县员山宫的王孙大使是宋代泉州人,原名谢贤圣,因解救百姓连年受水灾之苦,奋不顾身地与田螺精搏斗,不幸被水淹死。谢贤圣的爱犬为助主人,也与主人一道跳入水中咬住田螺精的尾巴,帮助主人杀死田螺精。当地百姓为纪念谢贤圣尊他为神,其爱犬也敬为陪祀。康熙初年,泉州人陈国祚等三人从泉州移民台湾,在员山地区开垦田地,把从家乡带来的王孙大使和其爱犬的神像当作守护神祭祀,①传承至今。

第二节　闽台林业民间信仰

一、林业植物崇拜

闽台地区林业生产崇拜主要体现在树崇拜信仰上。

古时,古人们就在生产、生活实践过程中摸索出树对环境的作用。比如说山可以藏风,水可以聚气,而山上的树能藏风聚气。由此产生风水术,山的走向、水的形状和树的成林,便成为风水先生们首先考虑的问题。风水学家将起伏的山脉形象地比喻为龙,"主龙山形应端正圆润,山上植被茂密,是最佳的宅选地。"选择一个十全十美的基址不是一件容易之事。如果自然环境有些缺陷,就要用树进行必要的补救,以弥补现实的不足。所以古时进村的村前、村中、村后大多有人工植树。植树是古人最常用的保护和改善居住环境的手段。为保护环境、改善风水格局而建的树林称"风水林"。风水林又可分为"挡风林"、"龙座林"、"垫脚林"三种。漳州龙文区郭坑镇九龙江

① 林国平:《闽台民间信仰源流》,福州,福建人民出版社2003年版,第50页。

北溪西岸的两个村,都保存着典型的风水树。闽东、闽南及台湾各县地区因依山面海,风灾多,风水林对环境的改造和风沙的抑制作用更明显。闽西、闽北位于山区,易旱,同样对树有特殊需求。故闽台地区的植物信仰更加明显。

南平地区山林资源丰富,有"半年农田半年山"的劳动习俗。据相关资料显示,南平旧时农事稍懈即上山造林护林,且每个村庄都保留了一片水尾树林,称风景林或风水林,无人擅自砍伐。村民认为水尾树有神灵依附,极为灵验,若家有不顺,则备香烛纸箔和供品于水尾树下摆供祷求。发生山林火灾,众人踊跃上山扑救,灭火后,由肇事者出资购物,奉赠每人猪肉、糍粑各250克。松、杉成材后,择吉日良辰,雇工搭棚建厂,开辟辘轳。砍伐之前,要祭"山神"和"三圣公",受雇工人均参加祭祀,求神保佑安全生产。祭祀之后,开怀畅饮,酒醉饭饱。采伐者戒律严格,不得犯忌。早晨起床,忌碰撞用品,忌说不吉利话和高声谈笑。日用品不能错拿,否则,被拿者休息一天,由错拿者"顶工"。用膳时,筷子不能插在饭里或架在碗上,汤匙不能俯放。倘若饭菜不熟或有异味,雇工可用筷子横架碗上以示不满,雇主则无条件补偿一天工钱。上工途中,不能高声谈笑,若碰伤手脚或草鞋破损,以及失足跌倒等,须悄悄返回休息。砍伐木材时,须在砍伐区内选择最粗大的树木,由首伐者把工具置于树根之上,焚香点烛烧纸,下跪叩拜,并在树前杀一只雄鸡,在树四周洒鸡血,意为恭请树神退避。随后由老者先砍3斧,再由青年采伐工将此树砍倒,再经叩拜后,其他砍伐者才开始砍伐。偶遇树木砍而不倒,砍伐者应立即脱下衣服和斗笠,包着斧头朝砍倒方向扔去,让树木跟随倒下。砍伐期间,每逢初一、十五要做"福",雇主须备酒肉供品,敬神之后酬劳雇工。完工时,亦得置办酒宴酬劳。新中国成立后,林业生产逐步向科学化、集约化、机械化发展,上述习俗基本改变。

榕树在闽台地区备受崇拜。因为榕树(见图4-25、图4-26)易活,发根多,根发落地成林,对抑制风灾、烈日蔽荫、保持水土有着不可替代的作用。闽台人对榕树的崇拜和珍惜有增无减。漳州市云霄县列屿镇人家村村口有几株数百年的大榕树,枝径长达十多米,一根支杆,一个成年男人都抱不拢。绿叶成荫,是人家村的风水林。树下有祭拜的碗、杯子、香焚尘、红布条。列屿镇的南山村,村中古城墙下有一株古榕树,树下有一专门用于祭祀的祭坛。类似这种神树信仰,在闽台地区非常普遍。

图 4-25　云霄县列屿镇后坡村祭神树

图 4-26　南靖云水谣古榕树

　　省城福州自汉代就开始有榕树的记载,现在的福州仍然盛产榕树,故称榕城。现今城内街道上仍然保存着数百年的古榕树。旧时人们认为榕树可历千年,必成精,苍老须根,树大成荫,是神仙落脚的理想场所。所以在榕树下或榕树旁建一小土地庙,供人祭祀。

　　在福建各地,除了榕树崇拜,还有樟树崇拜。长汀县童坊镇举河村、举林村至今还有认樟树为干爹的习俗。孩子不好带时,拜樟树为干爹,准备红布、手帕和衣服挂在樟树上,孩子取名有的还会带樟字。

　　台湾上百年的老村,多有榕树古址。除了榕树崇拜,还有古树崇拜。人们相信神灵最喜欢游荡的场所是树林、竹林。因此竹木草林会沾染灵气。树有旺盛的生命力,长生不死,必有神灵相助,所以对上了百年、千年的古树,均称之为"神树"。闽台是一个非常讲究礼仪的地区,对树也是一样,将千百年的古树敬奉为"公"(爷爷之长称)或"王",如"大树公"、"榕树公"、"树王公"、"龙树王"等。

　　台湾各地都有古榕树,树下有祭坛,或在古庙周围有古榕树。苗栗县后龙镇山仔顶北极宫后面有一株 300 年古榕树,榕树胸径达 460 厘米,树高 5 米,冠径 8 米。① 山坡还有 4 株上百年的古榕树,胸径也都上了 300 厘米。彰化县北斗镇有一个传说,传说该镇原有 7 株榕树,排成北斗七星阵,一直庇护着全镇,让镇上风调雨顺、人畜平安,但如今镇上只保存着 3 株古榕树。其中位于宝兴宫前面斗苑路上的"北斗大榕树"(大松脚)与宝兴宫一道是北斗镇的镇标。北斗镇居民将此树当神,称之为"大树公",有红布当祭坛,设香案奉祀,每年中秋节,镇上居民都会到大树公来顶礼膜拜。

　　闽台地区对风水林神树的崇拜和信仰,还表现在对森林的保护与栽培上。

　　植树:民国以前,山区育林时,要先放火烧山,俗称"炼山"。焚烧山草前,须先祭拜山神。祭神礼毕,就可放火烧山,但要遵守若干传统的禁忌。比如进山后不能随便说话,特别是不能说不吉利的话,忌讳说跌倒、起火、流血等话。光泽县的禁忌是在山上忌讳叫别人的名字和别人叫自己的名字,若听到有人喊自己的名字,不能答应。据说如果搭腔了,山鬼就会记住名字,日后上门来勾魂索命。炼山后,等到春天来临,再上山挖穴植树。各地习惯在清明节前后进山植树。这个习俗在整个越人地区都保存着。

　　据《北斗镇志》②载,台湾彰化县北斗镇现存最古的"北斗大榕树"是在清乾隆年间(1736 年—1795 年)人工栽植的,终年枝叶茂盛,树高四丈余,主干的直径达一丈五,10 个成年男人才能环抱。旧日商旅搭竹筏经北斗靠岸之后,多会到"大松脚"歇脚休息,如今大松脚除了中秋祭祀之外,平时成了居民喝茶聚乐聊天、相互联系感情的场所。因而这株老榕树的人气很旺。

　　福建一些山区还流行结婚或生小孩须种树的习惯。福建各地农家还喜欢在河边、村口、屋前、屋后种树。这类植树主要目的就是补救风水地理环境,历来百姓都十分重视。

　　护林:闽台各地山区自古就有封山育林的习惯,各村寨都划定有护林封山的范围,并竖起石碑昭示。不仅本族本村的人必须严格遵守封山护林的

　　①　苗栗县后龙镇公所编纂、出版:《后龙镇志》2002 年版,第 477 页。
　　②　张哲郎总编纂:《北斗镇志》彰化县北斗镇公所 1997 年版,第 671 页。

条款,外乡人也必须尊重当地习俗,不得越界盗伐。这一点在现存清代至民国时期的禁伐乡规民约条款中都有明确规定。由于闽台地区旧时把封山育林看成是保护本村宅风水的重要手段,因而制裁盗伐滥砍的规定都用碑帖示众,由家族宗祠负责监督和执行。

二、山神崇拜

闽台地区的山神信仰没有具体的庙祭。一般是林农、狩猎人进山前或砍伐之前要拜拜的神灵对象(见图4-27)。

比如闽台地区每年清明至白露之间,是各地上山砍伐的黄金季节。这时雨水较少,便于伐木作业。杉木树皮容易剥落,木质也光泽鲜艳。入冬后,杉木树皮就不容易剥落,不利于砍伐和销售。所以,伐木工人常挑选春末至夏仲之间进山砍伐。

图 4-27　台湾山区进山的山神庙(廖贤德摄)

上山砍伐前,闽台地区的伐木工人必须先敬山神,烧香纸。即在进山的地方事先找好一株粗大挺拔的常青树,择为山神,除了大节要去祭拜保佑平安之外,主要祭拜的时间在进山之前。上山伐木作业,由于山势陡峻、地形复杂,树木藤条盘根交错,很容易引发一些意想不到的事故。轻者伤痛皮骨,重者危及生命。因此伐木工人为了祈求砍伐过程平安、顺利,自古以来就有若干乡规民约之类的伐木禁忌。比如上山伐木不许说不吉利的话,怕带晦气等。

林业山神崇拜还体现在林木贮运上。树木商产生经济价值,就得有流通。树木的流通自古就主要靠河运。即把木头从山上放倒后,找一处垂直度强、坡度大的地方,把树木剔枝留杆,放下,让其自然滑到山脚下的溪河边或路边,再拖到河边。而后将一排排木头扎成木排,顺溪河漂流而下。福建的尤溪、大田县、三明、屏南、浦城等县,大凡押运木排的人,进山前要拜山神,出山前再在心里拜山神祈祷平安顺利。出山后,每过一座山头或主要河口,都要去当地神庙进香上烛,求助神灵保佑一路顺风、平安。据课题组田野调查,旧时,放排人还在木排上搭造方形小木屋,除用于休息外,内部还放置祭祀的神像或牌位,在遇险滩的前后,都要烧香祈祐。

在闽台地区,除了林农进山造林、育林、砍伐、贮运时要拜山神,生活在林区和山里的狩猎民族,如台湾高山各少数民族、福建山区的狩猎人,对山神信仰也十分虔诚。

旧时狩猎生产所面临的危险是巨大的,生死不可预测。因此,猎民把生命安全的保护期盼放在神灵身上,他们崇拜山神、猎神和本民族的保护神。

台湾植物信仰比福建植物信仰保持得更完整,而且更丰富。台湾除了榕树、樟树崇拜外,还有杧果树的保护神"橬仔王"崇拜和"茄冬公"崇拜。

台湾嘉义有"橬仔王庙",橬仔王不仅能保护杧果树,还能保佑孩子起死回生,香火很旺。关于橬仔王,还有一个传奇的故事。传说有一户人家死了孩子,伤心的父亲抱着孩子到郊外的果林去掩埋时,竟然忘记带掘土的锄头,于是放下孩子,回家拿工具。等他拿着工具回到郊外的树林时,孩子竟然复活了。他对孩子身边的橬仔树千恩万谢,认为是橬仔树神让他的孩子起死回生。回到家后,他捐资修了"橬仔王庙",供后人世世代代感恩。四乡八里的乡亲得知这个神奇的传说,也都纷纷前去朝拜,以求橬仔王保佑自家的孩子健康成长,保佑自家的果树硕果累累。

台湾屏东县有茄冬公神树崇拜。传说茄冬树有神的灵气,人们心中的"木神"就住在茄冬树里,所以设坛供奉。茄冬树容易寄生榕树、大抱树、乌树、朴树等,民间认为茄冬树是树中王,又称之"树王公"。台中县大肚镇乡下有茄冬树,每年中秋节时,那里的百姓就前去拜"树王公"。课题组在台湾苗栗县后龙镇考察时,该镇同光"国小"有株老茄冬树,树龄超过 90 年,树围 260 厘米,树高 8 米,上分五大枝干。后龙镇南龙里营盘社还有一株被乡民视为神树的合抱奇树。奇树的主干为刺桐,树龄约 200 年,刺桐树干约在百年前腐烂中空,落入榕树与茄冬树种子,萌芽抽枝后三树共同生长成奇异之树。树高 12 米,树干需要 5 个成年人才能合抱,被村民称为"树王公"、"父子树"。

第三节　闽台渔业民间信仰

信仰是人精神和心态平衡的支点。尤其在高危险的工作环境中,信仰的作用更大。海洋渔业民间信仰具有安定人心的强大力量,是渔民无助彷徨时心里求救的希望。福建水资源非常丰富,也为渔业民间习俗的形成与传承提供了广阔的空间。

渔业民间信仰因水而生,强调的是善。除了为自家出海的亲人寻求保护神,对所有陌生的海难者,都会付出发自内心的善良举措,如称孤魂野鬼(客死他乡的死难者)为"好兄弟",每年农历七月做一个月的"普渡"等。

2011—2013 年课题组在厦门市思明区厦港考察,厦门渔港早在明清前就形成,使得九龙江下游两岸的人生计由贸易转向传统渔业。厦门港是九龙江出海的必经之地,是淡水向海水的转折点,渔业资源丰富。厦门港周边的渔民和造船手工业者向厦门港迁徙,使厦门成为闽南沿海的重要渔港。由于厦门开埠和第二次世界大战的影响,厦门外来人口剧增,渔港迁延集中于神前澳与塔头澳的中间地带,通常称为"厦港"(现今思明区厦港街道一带)。据厦港老人介绍,当时蜂巢山下旧海滩简易码头遍布,有大桥头、马鞍桥头、太平桥头、料船头以及大中小埔头等,大部分是船只装卸鱼货物资和渔民上下海岸的起落点。

渔家聚居之地还有一个特别的民俗风情,即以寺庙殿宇命名的地方也多。据《厦门地名录》记载,厦门因所在地的宫、庙、寺、殿闻名。如福海宫、圆山宫、龙王宫、龙珠殿、风神庙、斗母楼、朝宗宫、金王爷宫、钓艚王宫、钩钓王宫、海蜃寺、大人宫、永福宫、太平殿、福佑殿、会福宫、龙山殿、安庆堂、安定堂、华严寺、田头妈等,名目繁多。旧时的厦港一带,百步一庙,千步一寺。奉祀的神明既有玉皇大帝、海龙王、王爷公、水仙王、关公、妈祖、大道公、观音、齐天大圣,也有土地、灶君、床母、城隍等。当时的福海宫与圆山宫在厦门负有盛名,渔家纷纷前来点大烛、乞寿龟,成为厦门有名的热闹地方。据说两宫点的大香有柱子那么粗,大烛有屋橼那么大,每对重达一百千克,大香、大烛上面还彩绘龙凤及八仙等图案。①

---

① 课题组厦港调研报告,参考"福建之窗"www.66163.com 2003 - 12 - 26,整理。

　　早期的金王爷宫建在港口,被尊称为海口宫,赋有神权神威,渔船出海,须先向"金王爷"抽签获准,并在神符上盖上大印,方能扬帆举棹。如果船上发生了什么不吉利的事情,返港后只能暂泊在港口水面,不能驶过避风坞口的龙王宫。

　　除了陆上的寺庙,每艘渔船都在男睡舱上方专门安置一处神龛称为"红格顶",起初各个"大字姓"各有奉祀的对象,如姓张的"老标元帅";姓阮的叫"三妈佬妈",后来统一为一组"关圣帝君":中间是关羽,两旁是关平和周仓。船上盛行敬"舟皮门",喜庆之事在右船舷,不吉利之事在左船舷。

　　厦港渔民尊奉中华白海豚为"妈祖鱼"和"镇港鱼"。据说白海豚曾救援过落水渔民,阻止凶恶的鲨鱼进入港口,故旧时渔家海上遇到它们,要烧香祝愿,祈求平安丰收(见图4-28～图4-36)。

图4-28 鹿港妈祖庙前的绕境

图4-29 台湾坪林思源台茶郊妈祖像

图4-30 湄洲岛上新建的妈祖庙

图4-31　台湾天后宫

图 4-32　台湾台中大甲妈祖庙

图 4-33　海神妈祖

图 4-34　泉州天后宫

图 4-35　台南妈祖庙

图 4-36　莆田乌石妈祖庙

　　渔业民间信仰因主要建立在水上安全的基础上,故信仰对象多是与水相关的、曾经在海(江河)上救死扶伤,或在世英雄死在水上的古人神化的神仙。如龙王信仰,闽台地区旧时造船下海之前,一定要举行隆重的试水仪式。下水要占卜选择黄道吉日,据建瓯造船厂老职工介绍,新船下海试水前,一定要在船头刻画一对"龙目",船眼朝下,因为他们深信船没有眼睛就会辨不清方向,容易迷航和触礁搁浅。

　　妈祖信仰也是海洋渔业生产信仰中重要的民间信仰。史书上记载的妈祖叫林默,北宋建隆元年(960年)生于莆田湄洲岛,宋雍熙四年(987年)因救助海难而逝。因她生前行善济世,人们对其感恩戴德,死后不久,民间自发在湄洲岛上立祠祭祀,肇称妈祖,尊为女神,并上报朝廷请求赐予。据史料记载,从宋代开始,历代对妈祖的褒封中,宋代14次,元代5次,明代2次,清代15次,共36次。

妈祖由人演变为神,从一个渔家女到四海之神,从民间信仰到朝廷钦定的历程,显示出海洋渔业生产的人们在思想意识上是多么需要一个保证水上作业安全的精神信仰。

2011年7月课题组在漳州考察,漳州市渔民的信仰包括儒、道、佛三教。仅云霄县陈岱乡礁美村海边各庙就约有50尊神像,包括观音、妈祖、玄天上帝、包公、王爹王妈、明有公、舍人公、太师公、土地公等。农历正月十四中午会将所有庙内的神像请出,放在本村的施氏祠堂大门前供全村人祭拜。请出的神像于正月十五元宵节中午十二点开始巡城,称为"姚神",即在新春时把神请出来晒太阳,供大家祭拜。为时三至四小时,有锣鼓等乐班子演奏,届时每家每户会摆出香案和供品迎神。

施氏祠堂为"树德堂"。祠堂大门前贴有"树立本根根深方知蕉山叶茂,德涌渊源源远乃见浔海流长"的对联,横批为"百业兴旺"。施氏祠堂内中间供奉的是"唐银青光禄大夫、万户侯入闽始祖施光瓒公画像"(即施琅将军——编者注),左边是礁美支始祖施文祥公画像,右边是肇基礁美施蔡祖妈画像。据村人介绍,施氏先祖明朝时来到礁美,到现在共有1100多户,4500多人。历史上礁美村以晒盐为生,新中国成立后不再晒盐,盐田改为养殖鲍鱼或花蛤,出海捕鱼的村民也有,主要是去东山一带打鱼。更多村民选择出外打工。放在祠堂神像前的供品有苹果、梨、橘等水果,还有各式小点心。祠堂大门前,各尊神像前最大的供案中间放一方鼎香炉,两边为插香烛处。渔民的祭拜流程一般为:1.摆供品,有五香、年糕、猪肉、鱼等;2.上香;3.分香,将香插在各个香炉里;4.是添香油;将红纸包的钱在香炉上绕一绕后,放于供品旁,然后分一部分供品送到祠堂内;5.最后一步是放鞭炮,有的人家放,有的人家不放。

渔民除了祭各庙神像外,还会去祠堂旁边的一堵墙前祭拜"大人公","大人公"没有神像,墙上只有三个洞,墙前摆一小案几,供品放在上面。祭后将香插在墙上的洞里。民俗学家方群达说,"大人公"是只有渔民才会去祭拜的集体神,祭的是海难事故中死去或失踪的游魂野鬼。台湾的渔民也有祭拜海难中的游魂野鬼的习俗，但是会供一个牌位，称"九贤七祖"，庙叫"有应公庙"。农历七月普度就是祭拜"大人公"的。渔民摆上祭品，烧香迎神，等神吃饱了，还要送他们走。所以，云霄海边渔民有放水灯的习俗。即折一纸船，在上面放置小碟，涂一点花生油，再放灯芯草，点亮灯芯草后，纸船顺流而走，有渔船的人家，无论是运输船还是捕捞船，每户都会放一灯。七月普度从初一至三十都可以，大部分渔民选择七月十五普度。只有崎美村的普度是七月下旬，因为古代船户有一年七月十五出海时遇到海难，死了很多人，故推迟到下元。

霞美村和其他村一样，渔民出海前要拜天后宫的妈祖，回来也要拜。全村共有6座庙，土地庙3座，关帝庙1座，天后宫1座，观音庙1座，每逢初一、十五，所有的庙都要拜一次，八月十五也拜田地公保佑丰收，正月十五晚上在观音庙有卜海龟的习俗。这里也有崇龟的习俗，龟为四灵之一，民间过年过节喜欢做龟粿，祝寿也以寿龟为大礼。求海龟，即象征求福，生意人求财利。当晚求海龟时，最大的海龟有二十多斤。

莆田沿海地区除了崇拜上述各海上保护神之外，还把临水夫人当海（水）神崇拜。据2012年8月课题组在莆田市仙游县盖尾镇前连村仙妃庙考察，临水夫人原本是一位二十几岁的夫人，因夫家家乡年年水灾，便散尽家财修水渠工程，结果水渠刚修好，又遭洪水冲毁，她一气之下投河自尽，感动了上天，变成神仙志治水灾。另有一种说法，临水夫人本是巫师（法师），怀孕求神祈雨，因有孕求神不灵，她便打胎求雨，结果大伤身体，不治而亡。死后变成保胎难产的神。但在民间信仰中传来传去，有些地方也将临水夫人当作水上保护神。

总之，福建省各地渔业民间信仰都有本地区的特别神信仰，全福建乃至台湾共同的渔业信仰占主流。闽台沿海地区共同的民间信仰如下。

一、闽台妈祖信仰

妈祖信仰是源于福建莆田，传播在以中国为主的东南亚沿海渔民、港岸的水上保护神。在中国内河沿岸，只要有福建商人居住的地方，就会有大小不等的妈祖庙（天后宫）。

妈祖又称"天上圣母"，也称"妈祖海神"，原名林默，是五代闽都巡检林愿的第六个女儿，生于宋太祖建隆元年（960年）农历三月二十三日，宋太祖雍熙四年（987年）农历九月初九日在莆田湄洲岛羽化升天。相传她逝世后经常显灵护佑过往船只,救助海难,因此被渔民视为航海保护神,在民间被尊称为"妈祖""娘妈"。

妈祖信仰起源于北宋初期,至今已有 1000 多年的历史。为抚民心,同时也为了社会从善教化的需要,从北宋宣和五年(1123 年)开始,朝廷赐予"顺济"庙额,南宋绍兴年间(1131－1162 年)、淳熙年间(1174—1189 年)又先后赐予"灵惠夫人"、"惠灵妃"封号,从而开始确立了妈祖海神的地位。此后,元代、明代、清代,历朝帝王对妈祖一再褒扬诰封,封号从妃到天妃,直至天后、天上圣母,徽名懿号愈加显赫,规格提升。民间信仰也不断广泛展开。只要靠海、靠水作业的村庄大多数都有妈祖庙。就连古时船行内河做生意的福建人,也是走到哪里就把天后宫建到哪里。仅湖南西部与贵州黔东南清水江(下游为沅江)一线,洪江、芷江、镇远、铜仁、凤凰、吉首等县城沿河城镇,都有福建人在明清时期修建的天后宫。

民国时期,妈祖的官祭仪式依然如同清例,但因兵乱之由,时断时续。20世纪 80 年代,湄洲岛开始了妈祖祖庙重修的浩大工程,1985 年起逐步恢复了民间祭祀活动。1987 年农历三月二十三日,妈祖祖庙举行了"妈祖千年祭"盛大祭典活动(图 4-37、图 4-38)。①

图 4-37 元代妈祖石像

图 4-38 莆田湄洲岛上的妈祖雕像

① 林金榜:《湄洲妈祖庙祭典》,福建省非物质文化遗产保护名录第一批申报材料。民俗代码:NO:14。

2012 年农历三月二十三日前后一周,九月初九一周,课题组在湄洲岛妈祖庙、台湾大甲镇妈祖庙、大肚区妈祖庙进行跟踪考察,台湾岛祭妈祖比大陆祭妈祖形式更多样,内容更丰富。

2012 年农历三月二十二日,从下午 4 点之后,湄洲岛上的渔民便陆续挑着香和祭品赶到妈祖老庙去祭祀。庙内请了专业的道士们颂礼,湄洲岛妈祖祭时,由头年排序主持祭祀的人家组织大家祭祀,参加庙祭的家家户户 50 岁以上的男人,身着传统的长衫,戴着传统的礼帽。妇女们则着红色的传统右襟便衣,头扎"妈祖发式",跟着道士的颂礼跪拜。这样的祭祀仪式持续到半夜 12 点以后。23 日从清晨开始到下午,岛内外信民源源不断登岛朝拜,全岛香烟缭绕,有时还挤得水泄不通。湄洲岛渔民每逢妈祖祭祀前后数日,不下海捕鱼或垂钓,以示对妈祖的纪念(见图 4-39、图 4-40)。

图 4-39　湄洲岛上祭妈祖仪式,全岛 50 岁以上的男性进庙参加祭典仪式

图 4-40　岛上的渔村妇女挑着祭祀进庙朝拜

鹿港的闽南人因战争渡海和海洋生产需要,承接了海上保护神妈祖信仰和关帝信仰等主要的民间信仰,并将神灵巡境保平安的历史民俗传承下来。鹿港老街的天后宫供奉的是黑面妈祖神像,传说是300多年前施琅将军平台的时候请过去的六尊妈祖祖像中的第二尊,又称"二妈"。至今,每逢农历三月二十三日妈祖诞辰前一个月左右,全台70多座由鹿港天后宫分出香火的妈祖庙神像,由各地香火社团组织銮驾陆续前来鹿港朝谒祖庙。而大甲的妈祖之前要回大陆上泉州的湄州岛妈祖祖庙进香,回台湾岛时,全镇所有庙宇的神灵都将出来参加巡城绕境,人山人海,盛况非凡。人们以四肢伏地迎妈祖,以能让妈祖轿从身上巡过为幸和满足。就连怀中抱着出月婴儿的妇女,也会挤进排队的人潮中,钻到轿下迎妈祖。其虔诚之心可见一斑。

　　民间的祭祀得到官方的认可并推介,更是一呼百应,普遍而热烈。从上述各类文献史料看,地方上把妈祖信仰推到了民间信仰的极致,官方的祭祀重于礼制,庄严而肃穆。

　　1997年5月,湄洲祖庙举行妈祖1010年祭大典。2000年5月隆重举行千禧年妈祖祖庙祭典,还应邀到香港、澳门、台湾、金门等地进行示范祭仪活动,2011年12月莆田赠送台湾的翡翠妈祖入台时两岸600余名信民护送,入台上岸后,数万名信众簇拥跟随巡境(见图4-41),在海内外产生了巨大影响。

图4-41　台湾大肚翡翠妈祖巡境盛况

二、水仙信仰

闽台地区因依山面海,海洋渔业和航海经商的人很多,故对水上神灵有着非常虔诚的崇拜。民间不但纪念海神妈祖林默、三娘(即观世音菩萨),还有多个庙宇祭拜水仙(即项羽、屈原、伍子胥等)。

闽台地区崇拜的水仙,一般以治水或生死与水有关的名人神化为崇拜对象。比如大禹治水的禹王,怀才不遇、投江自尽的爱国词人屈原,还有古代将领、谋士伍子胥、项羽、平浪侯宴公,散尽家财修渠防洪灾死在水里的陈静姑,航海历险家郑和等。这些生死与水有关联的英雄人物或为民办事的古人,被沿海地区的人们崇拜为水仙,尤其是闽南各地都有水仙庙。

漳州市云霄县列屿镇的人家村、东夏镇竹塔村海边村庄一带,还看到拜南海菩萨大娘、二娘(传说是观世音妙善的两个姐姐)。大坑等村则以五月初二为太保公生日,有庙祭祀。传说是为纪念航海家郑和,因其当年下西洋时曾两次到达云霄而建。1955年,福建省分级文物保护单位名单中,有"郑和碑,在云霄马山"的记载。泉州有平水庙祀禹王,水门巷有水仙宫,厦门大学旁边的厦港原有水仙庙,现改为龙王庙。鹭江道水仙宫已不存在,水仙码头却因水仙宫而得名。漳州芗城有项田霞禹王庙,泉州四堡永潮宫也是清初重修的水仙庙,称之为永潮宫。主要祭奉晏公、康王爷、刘星等主神祇。泉州东街圣公宫也是一个水仙宫,主祭晋江籍昭福侯倪国忠。传说倪国忠护幼主入闽,战死福州郊外。据《闽南民间信仰》载,在圣公宫内的东西内壁上有四幅清光绪十一年(1885年)壁画,描绘了昭福侯解救皇后产厄、皇宫爱灾和驱除水怪、救护船户等民间传说。四幅壁画长2.68米,宽1.63米。① 水仙崇拜在闽台内河建庙很多。九龙江西溪、北溪沿岸有好几座。在龙文区,每年端午节祭屈原等水仙神的活动是一年民俗活动中最热闹的,这天除了在岸边水仙庙中办祭祀之外,还有赛龙舟活动(见图4-42)。

---

① 连心豪、郑志明主编:《闽南民间信仰》,福州,福建人民出版社2008年版,第142页。

图 4-42　位于漳州市龙文区霞溪河边的水仙庙

闽台水仙中比较有名的几位水神：禹王，是神话中的治水英雄大禹。《庄子·秋水》云："禹之时，十年九潦。"传说大禹在位时，十有九涝，为此其决定开新江，导洪流，保坞湖，用疏导方法治水，效果显著，因此深受百姓尊敬。久而久之，大禹成为沿海沿江地区的水上保护神。闽台地区建庙祭祀，称之为禹王庙。

伍子胥，春秋时吴国大夫。《越绝书》载："威陵万物，归神大海。盖子胥水仙也。"

关公，原型为三国蜀国大将关羽，宗教中护法神名，相传旧时南阳沿江堤塘经常坍塌，老百姓饱受洪水灾难之苦。老百姓对咆哮的洪潮无可奈何，只能寻找一个镇武将军来保护。关羽忠君镇恶的英雄形象正合百姓之意，由此他便成了人们心目中的保护神。民间曾流传一首民谣："南面乌石头，北面盐官头，中间龙王推潮头，关帝引潮坐上头，龙王逃走不回头，洪潮奔腾惊不休。"可见关公在老百姓心目中的地位和影响。在闽台沿海地区，关公庙数量众多。人们在海边、江边建造关帝庙，塑关帝镇海治潮像。

晏公，江西人，元初为文锦局堂长，因病回乡，死在船上。《越中杂识》载，相传晏公常"灵显江湖，人立庙祀之"。明代封为"神霄玉府晏公都督大元帅"，后因保佑海运，被封为"显应平浪侯"。

三、玄天大帝信仰

在闽台民间信仰中,玄天大帝崇拜主要流传在唐代从河南入闽的后人中。

玄天大帝又称真武大帝、玄武大帝、佑圣真君、玄天上帝等。玄天大帝本为道教之神,但闽台地区沿海一带海洋渔民却把玄天大帝尊为水上保护神。《后汉书·王梁传》曰:"玄武,水神之名,司空水土之官也。"在渔民的心中,玄天大帝有道法,可伏魔降妖。在民间故事中,玄天大帝位于北方,属水,其色玄,故称玄武。北方玄武(龟蛇)代表北方七宿,与东方青龙、西方白虎、南方朱雀同为道教的护法神,后来奉玉帝之命镇守北方,成为道教的至尊神。

据课题组调查,大凡有玄天大帝庙,并以玄天大帝为主尊神的村庄,多是唐宋以后入闽的河南后人。比如闽南漳州的漳浦、华安、云霄等县,厦门同安区顶上村山顶阳自然村,泉州惠安、石狮等地,都有玄天大帝庙或主奉玄天大帝神位。2013 年 1 月 14 日,课题组在厦门市同安区顶上村山顶阳自然村马锐家采访时,发现其家中神龛上一方红纸,写着玄天大帝神位。问其族源,72 岁的马锐只知道他们的祖先是从河南来。在漳州市漳浦县杜浔镇正阳村,每年最隆重的二月社就是祭玄天大帝。漳浦县旧镇、霞美、沙西、佛昙、杜浔一带都信仰玄天大帝,称玄天上帝为"帝爷公"。旧镇包括旧镇镇内,桥头,狮头,玉厝高林,南景、东厝、后埭、霞美镇内、五社、香山、竹仔林、后山、竹屿、北社、尾厝、东欧、黄厝、港仔头、中社、城关的芦尾、鹿溪、后港,梅林等地,有从当地著名的玄天大帝庙——甘霖庙分香的祭庙。杜浔镇正阳宫是洪姓为主的玄天大帝庙,2012 年二月初九,福建漳州市漳浦县杜浔镇正阳村举行一年一度的祭玄天大帝活动。上万人参加了菩萨巡境走城活动,在玄天大帝庙前,摆满了各家各户送来的祭品,首事(每年选出 24 首事主组织此活动)中最多的一家摆了 10 张八仙桌,供品合人民币十多万元,最少的首(小)事,也(见图 4-43 ~ 图 4-46)摆了 6 张八仙桌,少则上万元。其他老百姓有置 4 桌供品的,置一桌供品的不等。与其说是祭天,不如说是村民的一次饮食大比拼。他们把供品升华到艺术欣赏,比如用猪肚做成大象朝贡,把公鸡和鸭做成金鸡鸣晓,用肉圆做成五谷丰收的谷仓,用海产品做成双龙抢珠等。在云霄县东坑村,仅供奉的大小糯米龟就多达 48 个。一个米龟小 3 ~ 5 斤,大则 10 多斤。

图4-43 杜浔镇正阳村二月社焚烧的纸钱数千斤

图4-44 杜浔镇正阳村二月社祭玄大帝场景

图4-45 杜浔镇正阳村二月社祭祀

图4-46 173 云霄东坑村祭米龟

四、二郎神信仰

闽台地区水神崇拜中"二郎神崇拜"也是一大特点。

二郎神是中国神话传说中的一个重要人物,传说职为司水,为水神。宋朝以后,二郎神演变为人神混血、力大无穷、法术无边的战神。随着中原人大量入闽赴台,二郎神的崇拜也随之传播到闽台地区。

在闽台地区,二郎神又称清源真君,其来历有两种说法,一是认为二郎神是指宋代杨戬;二是认为二郎神是指战国李冰父子。传说李冰在成都灌县筑堤分堰,使万库存稻田变良田。民间故事中李冰父子是身披金甲、手执大刀、白面三目的英武神仙。

据厦门市集美区灌口镇资料简介,灌口街北侧有座"凤山祖庙",始建于明朝启祯年间(1621—1644年),距今有370多年的历史。凤山祖庙供奉的是李府清元真君二郎神。凤山二郎神庙在台湾及东南亚各地有160多座分炉。漳州长泰县溪东的龙锦宫,建于明万历年间,位于长泰县武安镇溪东村龙津江边,主祀清元真君二郎神,俗称大使公。漳州古塘也有清源真君庙。宁德屏南县棠口乡公路边有一座醒目的二郎神庙,为当地杨姓人家建庙祭祀。

五、闽台王爷信仰

闽台沿海地区在民间信仰上有一种特殊的文化现象,就是王爷信仰。历年的瘟疫让失去亲人的闽台人形成了一种超出内地人的悲悯和宽容之心。瘟疫自古就是人们最恐惧、最无奈的死亡方式之一,为了克服心理上的恐惧和压力,不知从什么时候开始,闽台沿海地区有了王爷信仰。所谓王爷,指瘟神信仰。即使是瘟疫,也把它当作瘟神来崇拜和信仰。王爷信仰在台湾汉人地区非常盛行,几乎每座庙里都有瘟神王爷神像,不论关公巡境还是妈祖巡境,王爷都会出庙参与巡境,享受万人信仰崇拜。

王爷信仰在闽南地区民间信仰中所占比例很重。沿海地区多有建庙崇拜。人们借此来讨好瘟神,控制瘟疫。

关于王爷的来历有几种说法:一说是由秦始皇焚书坑儒时被活埋的360名文化冤魂演变而来;一说是周朝时的英灵所变。在厦门钟宅村和台湾苗栗县后龙镇外埔村又有一种说法,传说是唐(也有说宋代)时,有36名(钟宅村的说法是5名)进士受冤被皇帝砍了头,用36个陶罐把头装上后甩进大海,这些装着进士头颅的陶罐随海水漂流,被沿海的渔民拾起,建庙进行祭祀。平反昭雪后,皇帝封他们为王爷。后人便把祭祀这些冤魂的庙称为王爷庙。

台湾新竹和池宫的池府王爷又是一种说法。池和宫,又称池府王爷庙,位于台湾新竹县新丰乡新丰村池府路156号,主奉瘟神池王爷,是一位黑面长髯,两眼睁大翻白,为中毒身亡之痛苦惨状之瘟神。据《池和宫志》载,关于池王爷的来历也有几种,一种如闽南地区所言,是冤死的进士头罐,从福建漂流到新竹,被人们拾起建庙供奉。二是说王爷为唐代先贤,任福州知府,姓徐名春生,因地方百姓不敬神明、不孝父母、忤逆长上、作恶多端,上天欲给予惩罚,便派使者携毒药下凡,于池水中投毒。王爷知晓此事,代为受过,中毒身亡。上天感动,度化成神,封为"代天巡狩"。还有一种说法是,池王爷是从厦门同安马巷"元威殿"分香火而来,池王爷原籍南京,为明万历三年的文举人及武进士,在出任漳州府道时,为拯救漳郡万千生灵自服瘟药而亡。玉帝逐次加封为"代天巡狩总制巡王"等。

六、闽台田头妈信仰

田头妈是闽台渔民特有的民间信仰。即沿海各渔村在码头不远处建一座阴庙,旧时有专人管理,称田头妈。

渔民出海打鱼时,如果遇见死尸或尸骨,会立即停止打鱼,用红布把船的"龙眼"蒙住,将死尸或尸骨运回岸上。其他船看见该船要用红布蒙住"龙眼",侧身避开。渔民将打捞上来的死尸或尸骨送往岸上,交由田头妈处理并对死者进行祭拜。因此田头妈庙在民间称为阴庙,属于鬼的系统。它的功能类似于慈善机构。在民间,人死后讲究入土为安。但海上遇难的死者往往无法做到这点。同是海上捕鱼人,任何地方的渔民遇见这种情况,一般都会将死尸或尸骨送回岸上,几乎没有人会违背这一风俗。①

田头妈信仰在厦门港传承的历史很久,在玉沙坡一带旧时保存着这一习俗。2012 年 9 月,课题组在台湾苗栗县后龙镇外埔渔村的石沪岸边,也看到一座由石头垒起的无主野坟,是渔民们安葬每次出海捕鱼时打捞上来的海上遇难者尸骨的地方。在村里有阴庙,很明显这里仍然传承着田头妈信仰(见图 4-47)。据该村王先生介绍,这种习俗在台湾沿海渔村非常普遍,几乎每村都有。在台湾东海岸沿岸渔村大多也保留此俗,台东绿岛的坟地上有三四处"田头妈"。

图 4-47　台湾省苗栗县后龙镇外埔村海边的"田头妈"

---

①　钟毅峰:《厦门港疍民生计方式及民间信仰》,载《中国社会经济史研究》2007 年第 1 期。

七、大人公（有应公）信仰

课题组在云霄县礁美村调查时发现，元宵节渔民除了祭各庙神像外，还会去祠堂旁边的一堵墙前祭拜"大人公"，"大人公"没有神像，墙上只有三个洞，墙前摆一小案几，供品放在上面。祭后将香插在墙上的洞里。据当地民俗学家方群达说，"大人公"是只有渔民才会去祭拜的集体神，祭的是在海难事故中死去或失踪的游魂野鬼。台湾的渔民也有祭拜海难中的游魂野鬼的习俗，但是会供一个牌位，在有应公庙祭"九贤七祖"。农历七月普度祭拜"大人公"。渔民摆上祭品，烧香迎神，等神吃饱了，还要送他们走。所以，云霄海边渔民有放水灯的习俗。即折一纸船，在上面放置小碟，涂一点花生油，再放灯芯草，点亮灯芯草后，纸船顺流而走，有渔船的人家，无论是运输船还是捕捞船，每户都会放一灯。七月普度从初一至三十都可以，大部分渔民选择七月十五普度。只有崎美村的普度是七月下旬，因为古代船户有一年七月十五出海时遇到海难，死了很多人，故推迟到下元。

大人公（有应公）信仰在台湾沿海地区也非常普遍。基本上上百年的渔村，都有一个祭祀海难事故中死去或失踪的游魂野鬼的阴庙。每年的七月半鬼节，有放灯祭有应公的习俗。2012 年鬼节，课题组在台湾新竹县义民庙考察，义民庙本身就是台湾客家人生活区中最大的阴庙，专门祭祀因战争或海难死去的无名鬼魂。在整个祭祀仪式中，最隆重而肃穆的仪式就是在河边放灯。与漳州云霄县基本一致的是，鬼节灯祭也是折一个个纸船，在上面放置小碟，涂一点花生油，再放灯芯草，点亮灯芯草后，纸船顺流而走。这里沿海渔船人家，无论是运输船还是捕捞船，每户都会放一灯。

八、神鱼崇拜

福建周宁县浦源镇清源村郑氏族人 800 年来传承着一个约定俗成的习俗，即神鱼崇拜习俗。更准确地说，是鲤鱼溪爱鱼、护鱼习俗。

周宁县浦源镇是闽东通往闽北的交通要道，林地约占全镇面积的72.96%，浦源村群山环绕，鲤鱼溪穿村而过，两岸元明清古宅林立，一座石板桥和七座木板桥将两岸连接在一起。上万尾灰黑、墨绿、丹红、金黄、红白相间、红黑交错的各色鲤鱼在溪水中戏耍，大者三四十斤，群鱼见人影而动，闻人声而聚，人鱼同乐，奇妙无比，令人流连忘返，因而得名"鲤鱼溪"。据周宁县文化体育局负责人陈源清介绍，浦源鲤鱼溪里的鱼死不吃，要葬之，爱鱼、护鱼的习俗长达800余年。

据郑氏族谱记载，南宋嘉定二年（1209年），河南开封郑氏始祖朝奉大夫因避战乱，辗转举家迁至今浦源。因要饮用溪水遂放养鲤鱼去污澄清。至八世，郑氏家族兴旺，族长晋十公为感激鲤鱼功劳，率村人拓宽山溪，沿溪建房，修建“T”形下水道，以便鲤鱼在发大水时躲藏。并借助神话故事，神化“鲤鱼”，称鲤鱼是“三仙姑”化身，并有林公庇佑，偷捕者会降灾得疾。之后，他召集村人订立乡规民约，禁止垂钓捕捞，违者严加惩处，他巧施“苦肉计”让其孙偷捕鲤鱼，当场抓住。在宗祠里，吊打其孙，并“罚宴”村人一日，“罚戏”三场。开宴前，他让村人立下毒誓：人在鱼在，只要有浦源村人，就有鲤鱼溪鲤鱼（见图4-48）。鲤鱼自然死亡后，安葬于“鱼塚”，划领地给鲤鱼，名“鱼陵”。后来，历代村人均遵循古训，将鲤鱼当成村中一员，关爱备至，爱鱼、护鱼蔚然成风。

图4-48　课题组师生在村中观看溪中鲤鱼

民国时，国民党游兵散勇到鲤鱼溪骚扰鲤鱼，郑氏村人中青年都参加护鱼，将兵痞赶出村子。1949年春，从淮海战役败退的国民党某部经过浦源村，大肆捕杀鲤鱼，村人将鲤鱼藏于水缸或村外深井，才让鲤鱼继续繁衍。“文革”时，带有神话色彩的鲤鱼成为“破四旧”的对象，郑氏力争“鲤鱼”是“卫生鱼”，利用贫民的特殊身份“围阻”红卫兵，终保护了鲤鱼。因此，鲤鱼溪的鲤鱼虽历经灾荒战乱及“文化大革命”，仍然安然如故，爱鱼、护鱼的习俗传承至今。

鲤鱼溪的鲤鱼自然死亡后,村民从不争吃,由村里德高望重的老人将它们送到鱼冢安葬,并燃香、烧纸钱、放鞭炮。如死的鱼较多,送葬场面则隆重,还拜读祭文。有时也有祭祀之礼后用柴草把鱼体烧成灰,安葬在本村一棵叫鸳鸯树的根部,那里有一个酷似墓茔的深穴,称鱼冢。在村里,鱼死不叫死,村民会自然地说鲤鱼上天了。①

①　参考福建省周宁县文化体育局申报第一批非物质文化遗产资料。

第五章
闽台农林渔业民间文学艺术

闽台地区民间,30年以前,"饭养身,歌养心"、"不听故事心发慌",无歌不热闹,无戏不成节的文化现象非常普遍。如今民间戏剧、民间故事、民歌、民谣虽然没有30年前那么普遍,但灯谜因为还有正月十五元宵节为载体,在乡间农村仍然有它的文化空间;对联因为有春节为载体,也保持完好;地方戏曲在各地菩萨过生日、办节俗时,仍然会搭台请戏班子,虽然没有多少人看,但仍然是民间节会的一项不可缺少的项目。许多民间文学艺术只能留在历史记忆库里。据本课题组的学术梳理与实地调查,闽台地区相关农林渔业方面的民间文学、谚语、歇后语、民歌等主要如下:

第一节　闽台农业民间文学艺术

闽台地区农业民间文学的文化特点,与内地农业民俗民间文学明显不同的是,这里的民间故事和民谣中带有中原文化元素。比如"五谷仙的故事"就是典型的中原农业民间故事。

一、民间故事

1. 神牛下凡

很久以前,百姓种田半年辛苦半年闲,收成很好。闲来无事,把米做成馒头搬到山上滚下取乐。

玉皇大帝见了十分恼火,于是派牛神到人间种草。牛神下凡前,玉皇大帝嘱咐其在脚下每十步远的地方种一粒。牛神没听清楚就答应了,结果记成一步种十粒。一袋草种很快种完。牛神回到天宫回禀玉帝,玉帝惊讶其速度,得知实情,罚牛神下界一天内一粒一粒捡起。

牛神来到凡间,捡着捡着就不耐烦了,于是召来几万只麻雀帮忙,结果还是捡不完,于是手脚并用,乱扫一通,随便捡起就回天宫复命。

玉帝见其只捡了半袋草籽归来,知道天上一日,人间十年,已挽救不了了。粗心的牛神犯下的错只能自己弥补,于是牛神被罚下凡间,专门帮老百姓吃掉草;又因他种草太多,害得农民一年要除好几回草,于是又罚他帮农民犁田。

因为牛神是被玉帝从天上推下来的,结果落地时上唇的牙齿全部跌断了。又因为其是农历四月初八下凡的。农民念及其到人间也辛苦,便把四月初八定为牛的生日,每到这天就让牛歇息,并煮上一桶米粥给他过生日。①

2. 金蚕姑娘与牛金星

弥勒佛管天下的时候,世间男女老少都是赤身裸体的,土地肥沃,满山遍野长粮食,世人也就不愁吃。这样过了很多很多年。后来,土质慢慢变贫瘠,不长庄稼了,世人没吃没穿的,很可怜。灶君娘娘就上天奏玉帝,玉帝派金蚕姑娘下凡,教天下女子养蚕、织布、做衣裳;派牛金星带几千箩几万种草籽下凡,教天下男人撒草籽,三步一撮、两步一把地种好肥田草。可是牛金星偷懒,他没有教会人们怎么种草籽,人们不晓得怎么种,拿来草籽遍地乱撒。第二年,满山遍野长满野草,却没长出一粒粮食,很多百姓因此饿死。

灶君娘娘看不下去,又上天奏一本。玉帝听了,一鞭打倒牛金星,牛金星立即现出两个角、四角蹄的本相。玉帝要把他贬落凡间替人犁田,牛金星耍无赖,倒在地上不起来。玉帝就叫人把他捆起来,由金蚕姑娘背着一起去人间。牛金星不甘愿,一路上用四蹄拼命去踢金蚕姑娘的背,金蚕姑娘痛得受不了,背到半空,便把他丢落人间。这一丢呀,牛金星跌在地上,上唇的牙全跌落了,肠胃也摔坏了。所以一直到现在,牛还在替人犁田,上唇没有牙齿,一吃草就反胃,背上也四处是伤痕。讲述者:钟梅娟(福鼎);采录者:蓝俊德(福鼎)。②

3. 牛大王的故事

很久很久以前,牛在天庭做司草官。每到春天,他便遵照玉帝的旨意,

---

① 课题组在将乐县采访,参考《中国民间故事集成·福建卷·将乐县分卷》,将乐县民间文学集成编委会 1991 年版,第 14 页。

② 钟雷兴主编:《闽东畲族文化全书·民间故事卷》,北京,民族出版社 2009 年版,第 45 ~ 46 页。

向人间施撒一次草种，草种长成肥草，让牧畜有食物吃。

一年春天，遇上大旱，牛官撒到人间的草种都枯死了，不少牧畜活活饿死。土地爷就上天向玉帝禀奏，恳请再给人间赐草。玉帝说："一年向人间撒种一次，这是天规，不得有违。"土地爷见状只好失望地回到人间。牛官也不自在，心想：不给下界撒草，牧畜都要活活饿死；给下界撒草吧，没有玉帝旨意，要犯天条！他感到左右为难。这时，他看到人间一片枯黄，许多飞禽走兽饿死在山野，有的饿得倒在地上哀鸣悲叫，心里十分难过。到了晚上，牛官想呀想呀，最后什么也不顾了，爬起来，偷偷向人间撒下了新的草种。

没过多久，漫山遍野都长出了青草，牧畜又在林间山野欢快地吃起草来。牛官看了心里十分快活。但是他万万没有想到，自己在夜里偷撒草种时，没看清哪是山野，哪是田园，结果把大量草种撒到田园里，连庄稼地里也都长满了青草，害得农夫们怨声冲天。

玉帝知道了此事，大发雷霆，责备牛官冒犯天条，违抗旨意，下诏把他贬下人间，永远为人犁田翻土，除去杂草。牛官本是好心，不想闯出大祸，心里十分委屈，跪在金阶前面苦苦哀求玉帝开恩恕罪。同朝的天神知道牛官的为人，也都为他求情，玉帝喝道："此乃天旨，谁敢违抗，皆与牛官同罪！"这时，灵霄殿上鸦雀无声，谁也不敢再开口了。玉帝随即命二郎神把牛官押走。来到南天门时，牛官请求二郎神让他回家探望一下老母再走。二郎神不依，把脸一沉，叫过哮天犬，直扑牛官。牛官急着躲闪，还没站稳脚跟，就被二郎神趁势推下了南天门。

当牛官在人间醒过来时，发现自己的大门牙全被磕掉了。据说，牛的上嘴唇没有牙齿，就是因为从天上被推下时跌掉的，至今一直长不出来。因为牛在人间为种田人辛勤劳作，畲家人深受感动，特地为它盖起了"牛大王庙"，把它当作神来供奉。讲述者：蓝孝吉（霞浦）；采录者：汤滔（霞浦）。①

4. 牛与草

古时，世上没有牛，也没有草，满山满壑长着珍奇果树，一年四季硕果累累，人们只要伸伸手便可以填饱肚子。人温饱了就想入非非，个个精明如神，专门算计人、损人。一时间争争吵吵，乌烟瘴气，对神明、玉帝都大不敬了，讲："人不求神平平大。"

① 钟雷兴主编：《闽东畲族文化全书·民间故事卷》，北京，民族出版社2009年版，第46~47页。

一天,玉帝因受不了人们的藐视,就想给闲得寻事的人找点事干干,便召来牛神,命令他:"这里有上界仙草种子,你下凡去,一里撒一粒,撒遍人间就回天庭复命。"

笨拙的牛神将"每里撒一粒"听成"每隔一粒米撒一粒"。他飘落云头,每隔一粒米撒一粒草籽,撒了无数个日夜,后来不耐烦,索性将剩下的半袋草籽通通埋到土里。

人间遭殃了,男女老少不分昼夜地锄草也没用。果树枯了,连大田里的禾苗也不出穗了。人劳累死了大半,一股怨气直冲九霄云外。

玉帝查来查去,竟是牛神传错旨,做了大孽。玉帝死爱面子,虽明知自己是罪魁祸首,但他要让牛神去当替罪羊。他佯装大怒,狠狠地踢了匍匐在地的牛神,踹得他一跤跌下南天门。牛神头朝下跌了个嘴啃泥,把两颗大门牙给摔掉了。

贬到凡间的牛神抹眼一看,漫山遍野的野草,确实凄惨。他良心发现,忙大口大口地吃起野草,拼命地往肚子里塞,塞得肚皮绷得像鼓。等天黑下来,躲在角落里慢慢地反刍,为的是省点时光,吃更多的草。

但吃了地上的草,地下的草根却生结成团,不是凡间的犁耙能翻得动了。牛神便在自己脖上架上轭,下死力去拉犁,把纠结的草根兜底翻起来。

人们见牛真心出力,就原谅了它,还和它订了生死之交,当心腹看待。玉帝见人间怨气平息,又想起天庭得有做粗使气力的奴仆,便降旨召牛回天宫。牛这回是真心抗旨了,它不愿为神所用,情愿世世代代和人相依为命。牛由此便长久留在了人间。讲述者:钟石富(寿宁);采录者:郑锦明(寿宁)。①

5. 天生日与稻谷的来历

传说很久很久以前,只有白天没有晚上,天上的太阳把大地照得如同火炉,凡人赤条条地在地里干活,晒得焦黑,汗流浃背,背上被汗淌出一道深深的沟,还种不出粮食,吃不到饭,无处遮阴,累极了倒地就睡,苦不堪言。凡人祈求上苍,玉帝知道后,命夜神给人间夜晚,让凡人入睡。命日、月、雷、电、雨神给人间定出星辰更替和响雷春分布雨,还令五谷神向凡间播撒稻谷、瓜果等。有一日,人们还在地里干活,天忽然黑了下来,电闪雷鸣。人们

---

① 钟雷兴主编:《闽东畲族文化全书·民间故事卷》,北京,民族出版社2009年版,第48-49页。

被吓得屁滚尿流，绝望之极时，雷雨停了，天边泛起鱼肚白，一阵阵清风迎面吹来，眼前出现了绿水青山，田里长出了稻谷，坡上长了果树。人们为了感谢玉帝的恩赐，把这天（正月初九）当作感恩日，每年这一天，都会早早地把从田里摘下的禾和瓜果供在门前，拜谢天公。（三明采访）。

6. 五谷仙的故事

相传远古时候，凡人不会建房，住在树上山洞里，用树叶为衣，兽肉当食，经常几天吃不到东西。玉帝知道后，很同情凡间百姓，指示神农王下凡投胎。神农王下凡后投胎出生那天是农历的五月二十五日，母亲用细树藤串起红树叶当衣扎在他的腰上，所以我们现在看到的神龙都是赤身裸体、腰扎树叶裙的模样。

神农力大无比，他尝遍百草，告诉人们什么能吃，什么不能吃，又教会人们识五谷，栽种五谷。于是人们开始种谷，谷从根部就开始长穗，割了又长，长了又割，吃不完。人们的日子好过了，就不把五谷放在眼里，斗大的馒头随意放在地上当凳坐。玉帝看到人们闹得太不像话了，就叫弥勒佛把神农收回，用神袋把五谷收走。神农上天当了五谷仙，人间没了神农，就没有五谷，年年闹饥荒，这才想念"五谷仙"的好处，于是建庙塑金身供奉，祈求五谷仙保佑风调雨顺、五谷丰登。五谷仙看到百姓太苦，又有后悔之意，于是请神鼠去弥勒佛的袋里偷谷种。神鼠乘弥勒佛熟睡之际咬破袋子，钻进去在谷子里打了几个滚，浑身沾满谷种后逃出来，但被天河隔着，只能游天河，结果身上的谷子被水冲走，只有尾巴上剩下一点带到人间。从此人间又有了谷种，只是谷子不再从根部长起，只在禾穗头上长谷。人们为了感谢五谷仙的宽容和善良，每年的五月二十五这天，都会蒸糕做馒头带到五谷仙的神像前拜祭。旧时老人拜祭时还要唱：

五谷仙，五谷神，

先保禾米后保人。

保得禾丛擂钵大，

保得谷穗扁担长，

保得农家仓仓满，

保佑大小都平安。①

---

① 课题组在将乐县采访，参考《中国民间故事集成·福建卷·将乐县分卷》将乐县民间文学集成编委会，1991 年版，第 12 页。

7. 老鼠存粮闹饥荒

相传远古时人间没有谷种也没有老鼠,老鼠从天仓偷出谷种带给人间播种后,就没有再回天庭,而是留在人间,到田里把人们打谷掉在田野的谷穗收拾进洞,留着过冬吃。后来,连续三年大旱,田里颗粒无收,饿死了很多人。老鼠早就知道会大旱,早早地把旱粮蓄积在洞里,所以没饿死。但看到很多人都饿死了,心有不忍,又把谷穗从洞里搬到种田人家里。种田人得知老鼠蓄积有旱粮谷种,于是四处挖鼠洞,把老鼠的窝都挖了,取出谷穗育秧播种,于是又有收成了。人们被旱灾吓怕了,秋收割禾时特别小心翼翼,十分珍惜,颗粒归仓,仓门上锁。老鼠在田里捡不到谷穗,又进不了谷仓吃谷。于是气愤地跑到玉帝面前告状。玉帝很同情老鼠,说:"你对种田人有恩,就赐你铁牙利齿,什么都可以吃。"从此老鼠想吃谷时就咬破仓壁或打地洞进仓。田里谷子熟了,老鼠就去咬谷穗吃;如果知道有大旱,它就会咬很多的谷穗藏匿在洞中备荒。后来种田人发现哪年田野的谷穗被老鼠咬得多进洞,就知道这年恐怕有大旱了。①

8. 狗头人身的祖先

在南平市浦城县富岭镇圳边村的宗祠里面供奉的祖先神像是一尊狗头人身的神像。传说很久以前有个皇帝得了重病,脚上一直生疮,腐烂得都看得见骨头,寻遍名医也治不好。于是皇帝便贴出皇榜,说谁能治好他的脚,便把三公主嫁给他。这时给村里带来谷种的狗在他脚上舔了一会儿,他的脚竟然好了,光滑得不见一丝皱纹。皇帝心情大好,可是又不想把自己的女儿嫁给一只狗,便对狗说:"狗啊狗,你虽然给我们带来了谷种,又治好了我的脚,我本应按诺言把女儿嫁给你。可是你是一条狗,我总不能把自己的女儿嫁给一条狗吧?"不曾想,这时狗竟然说话了:"尊敬的陛下,我可以不娶您的女儿,其实我是一个人,只不过被恶毒之人施了法术才变成狗的,只要你让我在您的龙椅下待上一些时日,我就可以恢复人身。"皇帝便按他的话做了,可是坐了一些时候,发现龙椅上越来越烫。皇帝害怕了,便命人把龙椅的坐板打开,发现狗的脖子以下都已经变成人的模样,但是头还没变过来。皇帝很后悔,只好把三公主嫁给它。于是这个狗头人就成了当地人传诵的

---

① 课题组屏南双溪镇采访,参考《中国民间故事集成·福建卷·屏南县分卷》1992年版,第 9 页。

先祖。这一地区以前逢年过节,如果家里做了什么好吃,的必须先喂狗,人才能吃。

二、农业谚语

人误地一时,地误人一年。——漳州云霄

正月惊(蛰),下种慢;二月惊(蛰),下种快。——长汀童坊

雨打元宵灯,早禾一束稿。——泉州

二月初二霆雷,稻尾较重秤锤。——漳州云霄

二月不播种,三月不插秧——南平建阳、建瓯

三月雨,贵似油;四月雨,好动土。——厦门市翔安①

春分前好播田,春分后好种豆。——漳州云霄

清明节后插秧,十薯里十薯憧憧,惊蛰下种。——漳州云霄

清明种芋子,谷雨种大薯(生姜)。——长汀童坊

稻秧插下后,立夏做盐豆腐吃。(喻出门不会吃到脏东西,蚊子也不会咬你)——长汀童坊

东雷闪,西雷闪,马上变天。——长汀童坊

未到惊蛰先响雷,四十九天乌黑黑。——永定坎市

霜降对重阳,十家烟火九家亡。——永定坎市

蟋蟀叫,马上下雨。——长汀童坊、漳州漳浦

有田园就有牛犁耙。——厦门同安

稻田重种,知识重用。——厦门同安

地瘦栽松柏,家贫子读册。——厦门同安

乞雨不好修圳,请佛不如烧土粪。——厦门同安

冬无积把粪,春来无好眠。——厦门同安

鸡晒翅膀出大日,鸡晒腿淹大水。——厦门同安

半暝蚯蚓叫,明天大日照。——厦门同安

蚂蚁搬家会下雨。——漳浦

吃了清明果,田头慢慢做。——南平浦城

天上棉花云,地上雨快淋。——南平浦城

憳憳懂懂,惊蛰浸种。——漳浦

① 厦门市翔安谚语由课题组学生季玉清根据王福春、陈供应口述整理。

芒种雨,无旱土。——漳州云霄①

芒种雨,没干土——漳州云霄

敬园头,土地公,好作食——厦门市翔安

农业懂农时,下海懂流水。——漳州云霄

种田的吃米糠,泥瓦匠住草房。——漳州云霄

春雾雨,夏雾日头公,秋雾风,冬雾霜。——漳州云霄

四月二十六雨那滴,早粟春无米,龙眼开花结无仔。——厦门同安②

立夏不下,高田莫祀;小满不雨,芒种莫管(立夏及小满都宜雨)。——泉州

五月粽破袄不敢放。——漳州云霄

六月吼雷田坂白,七月吼雷倒厝宅。——厦门同安

六月天雨水烧埔。——漳州云霄

六月立秋要到秋,七月入秋不到秋(立秋若在六月终,则早禾反迟)。——泉州

夏天猪咬草,天晴出日头。——厦门同安

夏雷至,割稻穿蓑衣。——漳州云霄

夏至在月头,一吃一边愁;夏至在月中,愁杀粜谷翁(夏至在五月中稻谷收成不好)。——泉州

七月芥菜——假有心。——漳州云霄

雷打秋,年冬大收。——漳州云霄

稻尾赤,党爬壁。——漳州云霄

一阵太阳一阵雨,栽下黄秧吃白米。——厦门市翔安

立了秋,哪里下雨哪里收。——厦门市翔安

是日又宜雨,为秋熟之兆。——泉州

十月初一晴,柴炭土样平。——泉州

十月雨连连,高山也是田。——泉州

立冬日及十月朔日,不雨,冬和暖。——泉州③

---

① 漳州云霄县谚语由课题组学生黄雅芬收集整理。

② 同安区花莲道地村洪参义口述同安民间文艺,参考同安区宣传部:《同安民间文艺》,内部印刷文本,无时间,第145–146页。

③ 泉州农业禁忌为叶小娇调查材料。叶小娇:《泉州传统物质生产文化资源调查》,厦门理工学院学生调查报告。

冬至前挖金,冬至后挖银(冬到前犁地泡田来年会大丰收,冬至后则不如前者)。——屏南、漳州云霄

农业歇后语、俚语、俗语①
脱体穿棕蓑——够赤(穷)。
锄头柄抹黑油——假枪(虚,装派头)。
饲老鼠咬布袋——(帮倒忙,害自己)。
吃果子着拜树头——(知恩图报)。
打索子双头紧——(齐心协力)。
食稳睏无懔——(安身立命)。
相拍不过田岸——(不相上下)。

三、农业生产歌谣

《七逃歌》②
一日离家一日深,心中挂意家内人。
出门受尽千般苦,亲像(好像)孤鸟入山林。
有人做阵路上走,没人做阵身边眠。
出外良君真艰难,何不在家想做田①。
劝君在家做田好,半年辛苦半年闲。
芼(音茂)柴盐米②那和聚③,避风避雨又避寒。
紧冬时季④着种作⑤,闲时讲古⑥说七逃⑦。

《二十四节气歌》
一月小寒接大寒,二月立春雨水连;
惊蛰春分在三月,清明谷雨四月天;
五月立夏和小满,六月芒种夏至连;

---

① 同安内容,参考厦门同安区委宣传部:《同安民间文艺》,文本印刷册,无时间,第145～155页。

② 王煌彬:《安溪县红星村调查报告》,①做田:耕田之意。②芼柴盐米:类似"柴米油盐"。"芼"是一种野生杂草,闽南人家以往多割烧火煮饭。③那和聚:齐全之意。④紧快冬时季:意为农忙时节。⑤种作:耕作,种田之意。⑥讲古,聊天。⑦七逃:游玩之意。

七月大暑和小暑,立秋处暑八月间;

九月白露接秋分,寒露霜降十月全;

立冬小雪十一月,大雪冬至迎新年。

《四季歌》

春雨惊春清谷天,

夏满芒夏暑相连,

秋处露秋寒霜降,

冬雪雪冬小大寒。

第二节　闽台林业民间文学

一、民间传说

1. 宁德畲族"丞相竹"的来历

相传南宋末年,文天祥在家乡庐陵起兵勤王,转战南下。有一天,夜里行军到了广东凤凰山脚下,正愁黑夜无物照明。山上畲民得知后,就打着火把下山接应。后来,文丞相就叫将士入山砍竹子,如法炮制,解决了军中的照明问题,因此,军民就称这种竹子为"丞相竹"。

丞相竹高两三米,直径一厘米左右,属畲山野生植物。畲民砍之从头到尾均匀地捶至四分五裂,连而不断,并扎成小捆,沤到水田里,浸泡七天七夜后捞起来晒干,夜里点着十分明亮。畲族有谚语说:"七光作暗。"语意即火篾一定要浸泡七昼夜。少浸一天,被烧过的篾炭就会"不过牙",即不会自熄灭后变黑,掉到易燃物上还会引起火灾。多泡一天又点不着。过去畲村生活简单,夜间人们围在用相竹做的火把下吃饭、喝茶、编织、缝补、唠家常或对山歌。篾花"噼啪"响,照得满寨光影交错,笑声不断。讲述者:蓝长柏(福安);采录者:蓝兴发(福安)。①

---

① 钟雷兴主编:《闽东畲族文化全书·民间故事卷》,北京,民族出版社2009年版,第135～136页。

2. 澎湖白沙榕树

澎湖列岛中有一个白沙岛，岛西边通梁村前有一座琉璃碧瓦的保安宫，宫前一棵世界罕见的大榕树，枝繁叶茂，树荫遮天，覆盖面积达 660 多平方米，比两个足球场还大。这棵大榕树有个神奇的故事：

传说，清朝康熙年间，福建漳州月港有个陈爱勇，经常运货到台湾做生意。他有个爱好，船头放一两盆盆景，什么水仙花、榕树、万年青等，就像漳州民谣唱的那样："一只大船要出外，船头一盆水仙花……"有一次，陈爱勇运载货物去台湾，路过澎湖白沙岛前的海吼门时，不幸船遇台风沉没，船上所有的货物都沉入大海。陈爱勇什么都不顾，唯独把那盆自己精心栽培育了二十多年的榕树盆景死死抱在怀里。陈爱勇在海里漂泊了三天三夜，最后被海水冲到保安宫前的沙滩上，被白沙渔民救了上岸。

为了感谢白沙渔民的救命之恩，陈爱勇就亲手将这棵心爱的榕树种植在保安宫前。他改名叫爱榕，在保安宫后的通梁村安家落户，至今三百多年，已传十几代。随着岁月流逝，这棵小榕树也越长越高，越长越大，长成了参天大树，周围繁殖 99 条气根，形成一大片森林，成为了澎湖白沙的一大奇景，常有中外游客到此观光，人们在榕树下乘凉聊天，畅谈陈爱勇当年在此植树安家的故事。两岸同胞深情厚谊，如同这大榕树根深叶茂，历久常青。（搜集人：汤吴汾；整理人：青新，丹桔）[1]

3. 福州泗洲神的故事

福州城乡遍是榕树，大多老榕树都有民间祭祀，当地百姓称之为泗洲神神龛，每月初一、十五日，妇女们多在榕树下焚香膜拜。

传说泗洲神原是唐代高僧僧伽大师，曾在泗洲临淮县建伽蓝殿。每到黄昏，僧伽头上必发异香，因此闻名遐迩。景龙四年（710 年），僧伽大师端坐而逝。唐中宗命人在宫中建塔安葬。不久，臭溢长安城。后有人奏报，应在泗洲建塔，皇帝准奏，于是长安不臭。后有一泗洲人来福州为官，因病祈求泗洲神，忽见榕树现一道光芒，其病竟愈，以为泗洲神庇佑。遂在榕树置一小神龛，供奉泗洲神，因而形成了福州崇拜榕树的风俗。[2]

---

① 漳州市民间文学集成编委会：《中国民间故事集成·福建卷·漳州市分卷3》，1991 年 12 月内部印刷。

② 课题组在福州调查时听市民讲故事，学生黄辉海笔记。

4. 古樟的故事

莆田市仙游县龙华金沙村的金沙宫前屹立着一棵粗大的参天古樟,人们称之为"千年樟树"。相传是唐代人工种植的树。树高14米,主茎挺拔,树干粗壮,枝繁叶茂,苍翠浓密,树冠覆盖20多米,18个人伸开双手才勉强合抱树腰。每逢元宵佳节宫前广场演唱莆仙戏时,许多大人小孩可同时蹲坐在树茎上看戏。

关于这棵奇特的古樟,民间流传着一个富贵不淫、忠孝爱国的感人故事。

金沙村阮姓是主姓,历代出不少名官贵仕。传说唐朝时,金沙村人阮鹏进士有一次奉旨出使协律昌国(今越南),国王见他才华横溢,潇洒不凡,十分欣赏,欲招为驸马,高官厚禄相待。唐皇也同意了。阮鹏婉言解说家有老母,父母在,不远游,不能如愿。他的态度触怒了国王,国王下令软禁其于后宫,派人监视,企图用奢侈的生活腐蚀他的意志。

阮鹏不为所动,梦牵魂系着故园的家人。翌年,机会来了,他借随从出访唐都长安之机返回故乡,终于与亲人团聚。说不尽的生离死别,叙不完的骨肉情怀。当时,协律昌国国王见阮鹏迟迟不归,心生猜疑,便四处查访,唐朝廷亦发诏福建都督府、兴化府谏劝阮鹏返国。阮鹏心诚志坚,断然在金沙宫寺庙削发为僧。朝廷无法挽回僵局,只好修表回话。后来,兴化府赐金匾"金沙宫",以表彰阮鹏的爱国之情,树一郡楷模。

据张德成资料介绍,阮鹏死后,阮夫人在金沙宫西侧建造了一座祠堂,以示对这位爱国臣子的怀念。植樟树为风水树。阮鹏的坟茔坐落在阮里山上,坟碑上镌刻:唐·协律朗昌阮公阮鹏神茔,坟茔堂皇豁达,雕功精巧,字迹清秀,经历千年风侵雨蚀,沧桑巨变,仍然被完整地保存下来,虽然经过清代和民国的修整,仍展示出唐朝坟茔的风韵。每年清明节,阮族后裔子孙纷纷上山祭坟谒祖已成为惯例。我们听得入神,站在阮里山瞰览古樟好似一条蟒蛇镇卧金沙宫,樟树背靠阮里山,依傍金沙溪,清静的溪水,川流绵绵,泽源充沛,滋润着两岸田园,故树干挺拔苍劲,生机勃勃。

阮族子孙视这棵古樟为他们的"始祖树",世世代代予以爱护。如今这棵古樟被划为县级文物保护单位,政府拨款修饰一新。金沙人民像珍惜自己的生命一样爱护这棵樟树。①

---

① 课题组曾晓晖搜集整理。

5. 乌叶荔枝的故事

古时候,漳州的荔枝树虽然长得又高又大,但果小、核大、酸味重,小孩都不太爱吃,大人更不吃。

溪南村有户农家,在此村后山坡园头有棵大荔枝树。四月末,正当荔枝果已经露红,半生未熟之时,突然族长来通知那块地要营造祖坟,准备用别处的园地交换,叫先把荔枝树砍掉。族长的话就像是命令,树的主人只好照办。他想,这树枝多叶茂,要一下子砍掉不容易,也不安全,还是先把枝杈锯掉再砍树身。正当他对着一枝树杈锯到一半的时候,他12岁的儿子跑来,抓住他的手要求不要锯。在儿子的哭闹下,他只好硬着头皮去请求族长待荔果收摘后再砍。族长答应了。

他的儿子看到被锯得半断的枝杈,觉得很可惜,就弄了一些夹杂牛粪的湿泥把裂缝包裹,并用稻草绳扎了好几圈。

等到收完荔果破树时,这家人意外发现枝杈锯口糊泥的周围,长出很多小根。他们把这段枝杈移到新地方种下去,竟然成活,过了三年,这株新移栽的荔枝树结出了比原先老树大得多的果实,肉厚、核小、味道香甜。

村里人也知道了果树移植的好处,原来截枝移栽可以成活速长,还改良了品种结佳果,从此这种栽荔枝的新技术便传开推广。因为这种移栽的荔枝树叶特别繁茂苍翠,人们就把它叫作乌叶荔枝。①

二、民间谚语

山无衣,地无皮,人就要饿肚皮。

大路好走是人开,大树遮阴要人栽。

植树造林,有益后人。

人留子孙草留根,山无树木难养人。

前人种树,后人乘凉。

春天造林好时机,多种树木要趁早。

惊蛰春雷响,树木快生长。

树种早,春种好;虫害少,勿生草。

土储水,山育林;林保土,水养林。

---

① 漳州市民间文学集成编委会:《中国民间故事集成·福建卷·漳州市分卷1》,1991年内部印刷,赠课题组做资料。

植树造林,利国利民。

家要人撑,山要树撑。

树木成林,风调雨顺。

有林山泉满,无树田头干。

山顶和尚头,山下断水流。

山头光,良田荒;山头绿,谷满仓。

家有千株棕,不愁腹肚空。

种得一山松,不愁子孙穷。

要吃饭种谷,要致富种竹。

四月苦桃,五月苦无。

春分梨,雨水柿。

小暑荔枝大暑稻。

第三节　闽台渔业民间文学艺术

一、民间故事

1. 海水为什么是咸的

从前有一个穷后生仔,挑柴上街与人换回几两猪肉,挂在扁担头,走到树林边时,猪肉被老鹰叼走,他赶紧去追,追不到,气得坐在路边哭。忽然上来一个白发苍苍的老公公,问后生仔哭什么。后生仔说:"今天特意少买米,想买点猪肉给母亲吃,谁知猪肉被老鹰叼走。"老公公被后生仔的孝心感动,便让后生仔到他家拿东西。老公公带着后生仔来到一个石壁前,口中念道:"石门开,石门开,土地公来。"他手一比,石门"轰"的一声开了,里面是一个大石洞,石洞里有好多金光闪闪的宝贝。老公公让后生仔想要什么就拿什么,后生仔拒绝了,说是母亲不让拿别人的东西。老公公说:"我可怜你是孝子,拿件东西回去好照顾母亲。"后生仔后来决定拿一个石米磨,说:"母亲牙齿不好,拿石米磨回去,磨豆浆给母亲喝。"这老公公原是土地公的化身,说:"好好好,这是棋子磨,要金放红米磨,要银放白米磨,想磨什么东西,就放什么东西做母(闽南语)。"并把起磨、停磨的咒语教给后生仔。

拜别老公公后,后生仔回家试了一试米磨,果真灵验,母亲知道后,让他多磨些东西救济乡亲。

这个消息很快传到山下财主的耳朵里,这财主是后生仔的远房舅舅,见磨起意,就上门认亲,还说要把女儿嫁给后生仔。后生仔的母亲看他肯来认亲,就答应了这门亲事。

谁知这财主把女儿嫁给后生仔后,没几天便来借宝磨,财主女儿也在一旁帮腔,后生仔就把宝磨借给财主,并把起磨、停磨的咒语也说了。

财主得到宝磨后,叫上全家人连夜雇大船逃走。财主非常得意,想试试宝磨,就到后舱灶边抓了一把盐,放在宝磨上,念起咒语,宝磨真的转动起来,磨出一簸箕一簸箕的盐巴,不一会儿就堆了半舱,财主看了哈哈大笑。可宝磨越转越快,盐巴越磨越多,满船都是,财主想要停磨却忘了停磨的咒语! 盐越磨越多,船越载越重,便沉下海里,财主全家人也沉入海,一直到现在这个宝磨还在海里磨个不停,磨出来的盐全部溶在水里,所以海水是咸的。讲述者:黄永协(福鼎);采录者:朱泉山(福鼎)。[1]

2. 妈祖的神话故事

妈祖生平有许多神话传说,人们把生活中想做却做不到,想办却办不成的事和海上救苦救难的功德,寄予在为救海难牺牲的渔家女林默娘身上,借神话无所不能的力量,希望妈祖能保佑海上作业、航行的人平安。据《天后志》记载的有十五则,据《天妃显圣录》记载的有十六则。

(1)菜籽屿的由来

湄洲岛旁边有一个小屿,传说有一天,妈祖到小岛上游玩时将菜籽撒在地上,不久菜籽奇迹般成长,花开满地。随后,每年无须耕种,自然生长。当地人视为仙花采之。以后,人们就把这个地方称为"菜籽屿"。

(2)祷雨济民的故事

相传妈祖21岁的时候,莆田出现大旱,全县百姓都说非妈祖不能救此灾害。于是,县尹亲往向妈祖求救,妈祖祈雨,并说壬子日申刻就会下大雨。到了那天,上午晴空无云,丝毫没有要下雨的征兆,申刻一到,突然乌云滚滚,大雨滂沱,久旱遇甘雨,大地恢复了往日生机。

---

① 钟雷兴主编:《闽东畲族文化全书·民间故事卷》,北京,民族出版社2009年版,第14页。

（3）挂席泛槎的故事

相传妈祖在世时，有一天，海上起风浪，妈祖要渡海，岸边船只是有，但是船上没有船桨，也没有船篷，加上风急浪大，船手不敢开船。妈祖对船手说："你只管起船。"随即叫人将草席挂在桅杆上用作船帆。船开上海面，乘风破浪，飞驰而去。

（4）化草救商的故事

相传妈祖在世时，湄洲屿西边有个出入湄洲的要冲叫门夹（就是今天的文甲）。有一次，一艘商船在附近海上遭到巨风袭击触礁，海水涌进船舱，即将沉没。村民见狂风巨浪，不敢前去营救。在这紧急时刻，妈祖信手在脚下找了几根小草，扔进大海，小草变成一排大杉划到并附在即将沉没的商船上，商舟免遭沉没，船中人免难。

（5）降伏二神的故事

相传在妈祖23岁时，湄洲西北方向有二神，一为顺风耳，一为千里眼。二神经常出没，贻害百姓。百姓祈求妈祖惩治二神。为了降服二神，妈祖与村女们一起上山劳动，这样一直过了十多天，二神终于出现了。当二神靠近时，妈祖大声呵斥，二神见妈祖神威，化作一道火光而去，妈祖拂动手中丝帕，顿时狂风大作，那二神弄不清所以，持斧疾视，妈祖用激将法激二神丢下了铁斧。丢下铁斧之后二神再也收不起铁斧，于是认输谢罪而去。两年后，二神在海上作祟，妈祖用神咒呼风飞石使二神无处躲避，二神服输，愿为妈祖效力，于是妈祖收二神为将。

（6）解除水患的故事

相传妈祖26岁时，那年上半年，阴雨连绵，福建与浙江两省备受水灾之害。当地官员上奏朝廷，皇帝下旨就地祈雨，但灾情毫无改善。当地请求妈祖解害，妈祖道："灾害是人积恶所致，既然皇上有意为民解害，我更是应当祈天赦佑。"于是焚香祷告，突然天开始起大风，并见云端有虹龙飞逝而去，天空晴朗了。那一年百姓还获得了好收成，人们感激妈祖，省官于是向朝廷为妈祖请功并获准。

（7）救父寻兄的故事

相传妈祖16岁那年秋天的一天，其父兄驾船渡海北上之际，海上掀起狂风恶浪，船只遭损，情况危急。这时妈祖在家织布，忽然闭上眼睛，使尽全力扶住织机，母亲见状，忙叫醒她。妈祖醒来时失手将梭掉在了地上，见梭掉在了地上，她便哭道："父亲得救，哥哥死了！"不久有人来报，情况属实。兄掉到海里后,妈祖陪着母亲驾船前去大海里寻找,突然发现有一群水族聚集在波涛汹涌的海面,众人十分担心,而妈祖知道是水族受水神之命前来迎接她,这时海水变清,其兄尸体浮了上来,于是将尸体运回去。此后每当妈祖诞辰之日,夜里鱼群环列湄屿之前,直至黎明才散去,而这一天也成为当地渔民的休船之日。

(8)县尹治病的故事

相传妈祖在世时,有一年,莆田瘟疫盛行,县尹全家也染上了疾病。有人告知县尹妈祖有解难之法力。于是,县尹亲自拜请妈祖,妈祖念他平时为官不坏,加上他是外来官,便告知他用菖蒲九节煎水饮服,并将咒符贴在门口。县尹回去后遵嘱施行,不日疾病痊愈。

(9)收伏二怪的故事

相传妈祖在世时,湄洲有嘉应和嘉佑二怪,经常出没害民。有一天,一位船客遭怪物袭击,船将沉没。妈祖见了即化作一艘货船,前去救难。嘉佑见货船前来,立即来追货船。妈祖口念神咒,将其制服。嘉佑当即叩首服罪,妈祖将其收入水阙仙班。为制服嘉应,妈祖施计,于山路独行,嘉应以为是民间美女,便起歹心前来触犯,妈祖一挥拂尘,嘉应见不妙便逃去。时隔一年,嘉应又出来为害百姓,妈祖说:"这个怪物不归正道,必然扰害人间。"于是叫村民带符焚香斋戒,自己则乘小舟,到海上出其不意降服嘉应,将他也收为水阙仙班一员。

(10)窥井得符故事

相传妈祖16岁的时候,有一次,与一群女伴出去游玩,当她对着井水照妆时,一位后面跟着一班神仙的神人捧着一双铜符拥井而上,把铜符授给她。一起玩的女伴们都吓跑了,而妈祖则接受铜符,并不怀疑。妈祖接受铜符后,灵通变化,符咒辟邪,法力日见神通,以至她常能神游,腾云渡海,救急救难,人们称她是"神姑"、"龙女"。

(11)妈祖诞生故事

妈祖父亲林惟悫(讳愿),母亲王氏,二人多行善积德。惟悫四十多岁时,已生有一男五女。但他担忧一子难保传宗接代,所以经常焚香祷告,想再生一个儿子。惟悫夫妇的虔诚感动了南海观音,一天晚上,观音托梦给王氏并说:"你家行善积德,今赐你一丸,服下当得慈济之赐。"不久王氏便怀孕了。北宋建隆元年(960年)三月二十三日傍晚,王氏分娩时,西北处一道红光射入屋中,并伴有隆鸣之声——妈祖降生了。因妈祖是女孩,父母非常失望,但妈祖生得奇异,因此对她也十分疼爱。妈祖从出生到满月,一声不哭,所以,父母给她取名林默娘。相传妈祖诞生在湄洲岛。

(12)湄屿飞升故事

宋太宗雍熙四年,妈祖时年28岁。重阳节的前一天,她对家人说:"我心好清净,不愿居于凡尘世界。明天是重阳佳节,想去爬山登高。预先和你们告别。"家人都以为她要登高远眺,不知其将要成仙。第二天早上,妈祖焚香诵经之后,告别诸姐,一人直上湄峰最高处,这时,湄峰顶上浓云重重,妈祖化作一道白光冲入天空,乘风而去。此后妈祖经常显灵显圣,护国佑民,救人于危难。当地百姓感激她,在湄峰建起祠庙,虔诚供奉。据传祖庙后的摩崖"升天古迹"处就是妈祖飞天的地方。

(13)驱除怪风故事

相传妈祖在世时,湄洲对面吉蓼城西面,有一座跨海石桥,是当地百姓南来北往的要道。有一天,忽然刮起怪风,全部桥桩刮断了,一时交通断绝,人们无法过往。百姓以为是风神所为,于是祈求妈祖解难。妈祖到石桥处察看,见远处天空有一道黑气,知道是妖怪所为,于是施展灵术将妖怪驱逐远去,从此石桥通畅无害。

(14)收伏晏公故事

相传妈祖在世时,海上有一怪物叫晏公,时常在海上兴风作浪,弄翻船只。有一天,妈祖驾船驶到东部大海,怪物又开始兴风作浪,妈祖乘坐的船摇晃得非常厉害。妈祖即令抛锚,见前方波涛中一舟上有一金冠绣袖、掀髯突睛之神在作怪。妈祖不动声色,掀起狂风巨浪与之抗击,晏公害怕妈祖的神威,叩拜荡舟离去。但怪物一时为法力所制有所不服,于是变成一条神龙,继续兴风作浪,妈祖说道:"此妖不除,风波不息。"然后在中游抛锚,制服神龙。妈祖命令晏公统领水阙仙班(共有18位),护卫海上船民,后来晏公成为妈祖部下总管。

(15)收高里鬼故事

相传妈祖在世时,有一个叫高里的地方出了一个妖怪,当地百姓受其害染上百病,便前去求妈祖医治。妈祖给求治者一道符咒,叮嘱百姓回去后,将符咒贴于病人床头上。妖怪知符咒法力巨大,于是变成一只鸟逃去,妈祖追出,见鸟藏在树上,鸟嘴还喷出一团黑气。妈祖口中念道:"此怪物不能留此,为患乡里",追击并将鸟抓获,原来是一只鹪鹩。妈祖用符水喷洒小鸟,小鸟落地变成一撮枯发,妈祖取火烧之,枯发现出小鬼原相。小鬼忙叩请妈祖收留,妈祖于是将它收在台下服役。

(16)铁马渡江故事

相传有一天,妈祖要渡海,可是没有船只。这时候,妈祖见旁边屋檐前悬有铁马,于是灵机一动,取之挥鞭,铁马便向海对面疾奔而去。待妈祖上了对岸,忽然之间,铁马无影无踪,旁边的人无不惊叹"龙女"神通广大。

除此之外,妈祖显灵传说也有很多。如《甘泉济师》讲的是康熙二十一年十月,清军水师提督施琅奉旨率三万水兵驻扎平海,等待乘风东渡台湾。当时正遇到干旱,军中缺水。平海天后宫旁有一被填废井,施琅命令挖掘,并暗向妈祖祈祷。井挖好后泉水甘口,解了老百姓、兵士用水之难,泉水从此不竭。施琅以为这是神赐甘泉济师,亲书"师泉"二字,此井至今仍存。《佑助收艇》讲的是康熙二十一年十二月二十六日夜,施琅第一次率兵渡海攻打台澎,因缺风船行很慢,施琅下令回航平海。不久,忽起大风,战舰上小艇被风刮下海,不知去向。第二天风停后,命令出海寻找小艇,均安然停在湄洲湾中。艇上人报告说:"昨夜波浪中见船头有灯光,似人揽艇,是天妃默佑之功。"施琅大为感动,命令整修平海天后宫,重塑妈祖神像,捐重金建梳妆楼、朝天阁,并请回一尊妈祖神像奉祀在船上。如此之类的神话故事在民间普遍流传。

3.文昌鱼的传说

厦门市同安沿海的刘五店海湾是一个形似鳄鱼的小岛屿,叫鳄鱼岛。它周围的海底沙滩中生长着闻名中外的特产文昌鱼。传说很久很久以前,在同安沿海的刘五店海湾,有一条巨大的鳄鱼精,它经常兴风作浪,掀翻海上来往的船只,吞食船上的渔民和乘客。大家对它万分痛恨,却又无可奈何。后来朱文公(朱熹)调任同安当知县。有一天,他同随从登上县城后面的风景区大轮山游玩。游完梵天寺后,便登上大轮山的最高峰。朱文公放目远眺,到处风和日丽、花香鸟语,农人在田野上辛勤播种,渔民在海面上扬帆捕捞,真是处处充满着诗情画意。朱文公兴致勃勃,吩咐随从取来文房四宝,正待挥毫作诗,忽见沿海天空突然乌云密布,阴风四起,平静的海面上突然掀起百丈巨浪。一会儿,一条巨大的鳄鱼从水底升浮上来,张开血盆大口,正吞食附近渔船上的渔民。朱文公一急,忙把手中的毫笔掷出去。说也奇怪,那枝毫笔立即腾云驾雾,箭一般向海面上飞去,正好打中鳄鱼的额头。那鳄鱼翻滚一下,立即倒毙,一动也不能动。这时,沿海天空乌云顿时四散,风平浪静,海上脱险的渔民也感到奇怪:这条巨大凶恶的鳄鱼为何突然死亡?鳄鱼死后,腐烂生虫,许多的小虫子就变成了文昌鱼。后来,鳄鱼的尸体经过风化,也就变成了现在的鳄鱼岛。直到现在,刘五店海湾当中鳄鱼岛附近海底下的沙滩还衍生着这种著名的特产——文昌鱼。(讲述人:魏琪璞;采录人:魏进京。①)

二、渔业谚语

紧舵落割桅,澹舱焦水柜。

弃桅一半,弃舵无看。

有蚂仔相咬脚,小堀也摸得有大昭蚂。

要吃鲜鱼,遇着乌阴天。

六月水鸡雾目。

小流水清讨内海,大潮水涝讨外海。

四月廿四落雨,鲳仔鱼会烂肚。

海底无鱼,虾姑值钱。

小满前后渔汛旺,六月黄花鱼最肥。

天顶出彩云,渔家倒驶船。

六月海,空荡荡,七月海,船不空。

海水起金星,鱼多勿相争。

鱼靠海水,人靠咀水,船靠舵正,人靠神定。

秋过三日鱼回头,追过鱼尾迎鱼头。

渔船靠艄公,能驶八面风。

清明河豚归,谷雨带鱼肥。

抛网要撒迎头网,开船敢开顶风船。

四月十五潮,黄鱼满船摇。

春涌叫,天放尿,冬涌吼,好放钩。

元宵月光明,白鱼来看灯。

水面无风起浪,海底定有鱼群。

钓鱼要稳,掠鱼要狠。

鱼虾无失汛,潮水有定时。

---

① 厦门市民间文学集成编委会:《中国民间故事集成福建卷·厦门市分卷》,1991年版,内部印刷。赠课题组作资料。

过年尖头冬节鱼,三六九赤肥又圆。

鱼过千张网,也有漏网鱼。

正月蒙烟蒙上山,二月蒙烟蒙下海,三月蒙烟蒙金鳞,四月蒙烟蒙白带。

看鱼先看出水泡,大阵鱼群白花花。①

三、渔业歌谣

《摇去大霜去种茄》

舢板摇也摇,

摇去大霜去种茄,

种卜怎?

种卜拜妈祖,

保庇元仉阿爸,下海掠鱼会大着。

舢板摇也摇,

摇去小霜种路茄,

种卜怎?

种卜拜观音,

给仉公子状元考会着。

《十二月海产歌》

一夯,

二虎,

三沙鳗,

四丁古,

五龙威,

六只甲,

七蚵,

八蛴,

九虾姑,

十蚝蜞,

十一料少,

① 云霄县民间文学集成编委会:《中国谚语总成·福建卷·云霄县分卷》,1991 年版。内部印刷资料,赠课题组。

十二章鱼。

《一只船仔去载盐》
一只船仔去载盐,载到江中风打沉。
三暝三日无消息,娘仔牵团去抽签。
一勤船仔去载灰,载到江中风打飞。
三暝三日无消息,娘仔牵团去拨杯①。

《海水涨蓝蓝》
海水一涨蔚蓝蓝,船仔出海洗泥蚶。
健男肌健透身赤,蚶埕搏拼象龙翻。
海水一涨蔚蓝蓝,船仔回港满载蚶,
娘仔送饭见哥笑,见哥吃饭心也甘。

《渔业气候歌》
三四雷公北风吼,
五六雷公骑马走,
六月雷公煞九胎(台风),
七月见雷风胎来。

---

① 拨杯,在神前卜吉凶的一种形式。

第六章
闽台物质生产文化遗产资源调查分析

　　自 2011 年 5 月以来,课题组在闽台地区从非物质文化遗产的角度,对农、林、渔业等物质生产引申出的文化资源进行综合调研,一是组织师生进行了大量的田野调查,是在浩如烟海的文献史料中,勾勒出物质生产文化遗产的星点片语记载,进行对比、分析、研究。在大量的田野调查个案中,发现闽台地区物质生产文化遗产有大批珍贵的文化民俗项目需要高度重视与及时保护,有许多农业生产项目可以结合大文化背景进行产业文化开发。目前绿色文化产业开发方兴未艾,闽台各地出现的农业生态人文环境、文化产权问题非常突出,如农民退圃还耕再生产的产业开发问题;农业生产技术文化产权保护和安全问题;景区农民与开发商的利益分配矛盾;生态环境保护与文化产业开发矛盾;农、林、渔业生产民俗和生活习俗文化遗产资源知识产权的维护问题及生产性开发的诸多问题等,教训多于经验。本课题将利用实际调研个案,另立项目,对闽台农业文化遗产中生态环境与人文环境形成的文化产权的归属、安全、保护与农业民俗产权分配等问题的根源、因素及解决方案进行立项调查研究。

第一节　闽台物质生产传统技术文化遗产濒危现状

　　在两年多的田野调查、实地考察中,发现闽台物质生产历史民俗文化遗产项目中,有许多古传的弥足珍贵的项目已经消失,或正在消亡。如台湾物质生产中,因稻田的流失或转产,传统农业生产工具大多进了博物馆成为私人收藏;闽台少数民族传统的生产工具、生产祭祀、生产仪式、服饰和手工技艺,也多成为历史记忆。

　　比如台湾沿海的捕捞技术"石沪",不仅具备历史文化遗产的价值,其技术与经验都是非物质文化遗产的典型经验。据台湾学者王启仁先生介绍，早期苗栗县后龙镇本地沿海大约有 50 座石沪，蔚为壮观，在清朝年间至日据时代为本地主要经济生计活动之一。历经先人砌筑，至今湮没荒废，形成水平海面，触发后人思古之情。石沪在本地的环境中与居民生产、生活有着密切不可分的关系，它具有历史文化价值观和保存特色，是一种民族生活文化背景，也是人类社会生存演化的一种文物见证。先民辟地筑垦"石沪"经历二三百年以上的沧桑岁月，只剩弥足珍贵的两座，无论在生活上或本质上皆糅合了先民的血汗和情感，历史上的石沪曾帮助人们度过漫长的日子，如果再不好好地珍惜保护，恐怕会步上湮没铲平的后尘。古迹是留给后代子孙最好的资源之一，珍惜"石沪"是珍惜先民血汗和智慧的结晶。它伴着先民走过艰辛岁月，为先民留下活生生的历史生产见证。若再不保护，在海中的石沪经日月积累的侵袭，总有一天会遭到铲平，事后用再多的补救措施，也难以挽回三百年的时空文化历史见证。①

据《澎湖的石沪》②分析，石沪的没落，主要原因是：

（1）环境的破坏。氰酸钾、石碳酸、电鱼、三层网、滚动渔网、扒网等，对石沪的破坏度很大。

（2）传统潮间带渔业的恣意开发和破坏。

（3）低杆网、定置网群的出现也对石沪破坏很大。

（4）建现代桥的后遗症，促使水文改变。

（5）筑港筑堤，对石沪的破坏很直接。

（6）建鱼塭。

（7）起墩拆沪。

在福建农业生产习俗文化中，随着农业生产的改制转型，一些地方稻田改作工商业开发用地或办厂，失去土地的农民也不再需要精神上对土地的寄托。因此，一些海神、镇恶之神的神职也转型，变成求财升学、升官的精神寄托。如妈祖神、关帝神的朝拜性质早已没有古时的单一、纯真。关帝几乎代替了财神爷的神职。妈祖神也扩大了职责范围，成了出门保平安、求子、求财的神。在采访中，城市郊区 40 岁以下的农民，有许多已不知道稻作技术和传统稻作谚语，因稻作产生的习俗也面临失传。如传承在龙岩一带的"百壶祭"，古时是稻作民族在禾抽穗长苞时尝新的一个盛大的"庆禾祭"，随着

---

① 2012 年 9 月 5 日在苗栗县后龙镇王启仁先生家中采访笔记。

② 洪国雄：《澎湖的石沪》，转摘台湾澎湖海洋生物研究中心制作的 PPT。

农业生产的转型,这项珍贵的生产习俗文化遗产也几近消失。

再如土楼是闽南、闽西一带农村就土取材,稻作民族以家族血缘关系为纽带的传统生活形式,但被纳入世界遗产名录后,土楼开发热兴起,短短的几年时间就出现空巢现象。课题组考察后提出"随而继之的就会出现一个没有生命的建筑群",那么"东方血缘伦理关系和聚族而居传统文化的历史见证"就会消失,所谓的世界文化遗产保护就没有任何意义"。① 福建龙岩市永定县 2223 平方千米的土地上,分布着两万多座土楼,其中三层以上的大型建筑近 5000 座,圆楼 360 多座。土楼造型之大,体积之大,堪称民居之最……浓厚的宗亲思想是永定土楼文化的一大特色。永定客家土楼建筑具有聚族而居的亲情感,一座土楼就有百余间住房,由同姓的家族成员一起居住,在这个小型的家族环境中,也会出现各种问题和矛盾,这时就由楼内具有威望的人出来商量和解决问题。毕竟同宗,处理起问题来也比较容易。土楼深厚的文化内涵和奇特的建筑特征引起了世界的关注,并最终获得了世界遗产的荣誉称号。然而类似这种以宗亲血缘为凝聚力的永定土楼文化现象,目前出现了令人担忧的状况。如下表所示:

楼名	建造时间	占地面积 (平方米)	房间数	曾住最多人口	现住人口
振成楼	1912 年	5000 多	216 间	200 多人	70 多人
福裕楼	1880 年	7000 多		200 多人	10 多人
如升楼	1901 年	200 多			10 多人
奎聚楼	1834 年	6000 多			107 人
环极楼	1693 年	1300 多	134 间		116 人
衍香楼	1880 年	4300 多	136 间		近百人
承启楼	1790 年	5376	400 间	800 多人	300 多人

出现土楼空巢现象的原因如下:

(1)福建土楼产生于宋元时期,经过明代早、中期的发展,明末、清代、民国时期逐渐成熟,并一直延续至今。尽管土楼有很多功能而且历史悠久,但是它缺少现代生活设施,不如现代住房方便快捷。这导致了许多人离开土

---

① 谢晓微:《福建土楼文化内涵缺失问题的分析与对策——以福建永定土楼的"空巢现象"为例》,厦门理工学院文化传播系学生社会调查,2010 年 5 月,指导老师:刘芝凤。

楼而追求舒适的现代化住房。

（2）土楼申遗成功，大大提高了土楼在国内外的知名度。不断增长的游人访客打破了土楼的宁静，明显的贫富差距激发了土楼居民对现代生活的向往，许多人纷纷离开土楼到城市发展，同时旅游带来的热闹也使许多人宁愿离开土楼去重新寻找生活的平静。观念的改变，人们日渐倾向于单门独户居住。一项调查研究表明（280 份有效调查问卷），在永定土楼居民对于旅游社会文化影响的感知上，38.7% 的当地居民认为游客在参观土楼的过程中已经影响到他们的正常生活。

（3）土楼旅游业拉动了县域经济，却制造和增加邻居、亲戚之间的生活矛盾。45.7% 的当地居民认为旅游影响到了邻里之间的人际关系，人与人之间的相互信任受到影响，这主要源于部分居民为了争夺经济上的利益而进行生意竞争，这种竞争有的甚至已经演变为武力斗争。

台湾"原住民"的农耕祭祀活动也与大陆一样，旧时每年隆重而神圣的丰年祭，如今在政府拉动旅游文化产业的措施中，也逐步演变成表演性或象征性的节日。

第二节　闽台物质生产资源与新能源开发可行性分析

为贯彻落实《福建省"十二五"科技发展专项规划》和《福建省人民政府关于促进科技成果转化和产业化的若干意见》精神，2013 年省科技计划重点项目将重点围绕我省战略性新兴产业、高新技术产业、传统优势特色产业开展共性技术、应用技术、公益技术研究，以及科技成果转化和产业示范。课题组在"闽台物质生产传统文化遗产资源调查"中寻找到海峡两岸物质生产资源与新能源开发的契机，如闽台在物质生产资源方面，两地都属于林业、渔业资源较丰富地区。与此同时，福建是无油、无天然气、少煤的传统能源贫乏地区，台湾也属于传统能源蕴藏量极为贫乏地区。在如今经济高速发展、能源消耗日益增加的情况下，如何利用闽台地区的物质生产资源和资源废料进行新能源开发，成为两岸文化建设和经济建设共同的目标。

从地域上来说，闽台地区都为少煤、无油、无天然气的省份，对能源的需求导致了闽台能源对外依存度高，能源问题逐渐制约海峡两岸经济的发展。因此，利用闽台物质生产文化资源和生产资料废料进行新能源开发，是闽台地区发展新型能源替代产业,减少对传统石化燃料的依赖和对外能源的依赖,充分利用两地所具有的资源,开发和使用清洁能源的最有效途径。

台湾 2/3 以上是高山和丘陵,平原不到 1/3,全省耕地约 91.7 万公顷,占全岛土地面积的 25.5%,其中水田 54 万公顷,旱田 37.7 万公顷,全岛的灌溉面积为 67 万公顷,保证灌溉面积约 50 万公顷,占总耕地面积的 57%。台湾还有丰富的林业、渔业及农业资源,并拥有较全面的新能源开发利用技术,在太阳能、风能、海洋能等方面的利用技术已较成熟。对于物质生产资源来说,主要体现在生物质能的开发及利用。台湾已有利用甘蔗渣进行发电、利用农林业废弃物及禽畜排泄物进行沼气的制造。

闽台两地物质生产传统习俗产生的废料如何与新能源互动,分析如下:

1. 闽台林业废料开发新能源的可行性分析

(1)福建省林业资源、生产废料情况

作为我国南方的重点林区之一,福建的森林资源极其丰富,林地面积占全省土地面积的 75.29%,森林面积占林地面积的 83.80%,森林覆盖率达 63.1%,居全国第一,有"绿色宝库"之称。活立木蓄积量 5.32 亿立方米,居全国第七位,其中人工林蓄积量 1.96 亿立方米,居全国首位;竹林面积 1489.65 万亩,约占全国的 1/5,居全国首位。福建全省有木本植物 1943 种,有陆生脊椎野生动物 873 种,种类占全国的 1/3。生物多样性保护较好,药用生物资源十分丰富,共有 445 科 2468 种,属福建省地道名产药材 21 种,大宗主要药材 91 种,珍稀名贵药材 27 种。[①] 除杉木广布全省外,还有柳杉、福建柏、油杉、毛竹等,这些林业资源主要是被用来当作建筑材料。为了让林业资源更丰富,覆盖率更高,福建也采取了造林的措施,其中 2005 年造林 24.22 千公顷,2007 年造林面积为 35.45 千公顷,2008 年造林面积为 32.81 千公顷,2009 年造林面积为 33.26 千公顷,2010 年造林面积为 29.78 千公顷。造林的主要种类包括用材林、经济林、防护林、薪炭林以及零星植树。

作为林业剩余物料的薪柴资源在很早以前就被人类作为主要的能源,在做饭、取暖以及工业方面都有广泛应用。薪柴资源包括森林采伐木和加工剩余物,薪炭林、用材林、防护林、灌木林、疏林的收取或育林剪枝,四旁树的剪枝等,采伐剩余物的主要部分包括梢头、枝干、叶等,这些大约占林木生

① 福建省林业厅办公室 2010 年 12 月 29 日印发《福建省林业产业振兴实施方案》。

物资源量的 40%，木材加工剩余物一般占原木的 34.3%，包括板条、板皮、刨花、锯末等。根据国家林业局的有关技术规定，中、幼龄林在其生长过程中一般要采伐 2~4 次，而针叶树种以及阔叶树种的修枝次数平均为 2~3 次。由以上比例可看出，林业资源非常丰富的福建省，其林业废料数量巨大，若能有效利用，使之成为替代传统能源的燃料，可为福建省的经济发展提供可观的动力源。

（2）台湾的林业资料、产生的废料情况

台湾岛是祖国的森林宝库，台湾本岛森林面积约为 1.86 万平方千米，占全岛土地总面积的 52%，比著名的山林之国瑞士的森林面积还要大，是我国森林覆盖面积比重最大的省，其中天然林占 80%，总蓄积量为 3 亿多立方米。它们基本分布于海拔 300 米以上的山地，又以属于暖带林木种类的阔叶林所占面积最广，超过林地面积一半以上。许多是经济林木和珍贵的树种。台湾因此被誉为"亚洲天然植物园"。

台湾岛地势高低悬殊，温差较大，生长着热带、亚热带、温带和寒带树种4000 多种。林区中既有阔叶林、针叶阔叶混交林，也有针叶林。在台湾岛的森林中，经济价值较大的树木有 300 多种，其中用作工业原料的最多。例如：樟树、毕山松、马尾松、油洞、漆树、胭脂树、木篮、白檀、紫檀、红桧、相思树、冷杉、水柳、赤杨、扁柏等，总计不下八九十种。在这些经济树种中，最有名、经济价值最高的要数樟树了。其主要树种有本樟、芳樟、油樟，是提取樟脑和樟脑油的原料。在世界上其他任何地方也找不到像台湾那么多的樟树林和生产那么多的樟脑，因此，台湾岛又有"樟脑王国"的美称。台湾岛的一些热带林木也是祖国大陆比较缺乏的，扁柏等珍贵林木更是其他地方所没有的。其中油杉、肖楠、台湾杉、峦大杉和红桧被称为"台湾五木"，是世界著名的优质木材和珍贵树种，也是祖国的宝贵自然资源。

台湾岛的森林以阿里山最为著名。进入山间腹地，到处古树参天，遮天蔽日。丘陵地带，桉树、椰树、槟榔树高大挺拔，合欢树、相思树、榕树枝叶繁茂，香蕉树果实累累。樟树、肖楠、槠树、栎树等阔叶树四季常绿，红桧、扁柏、铁杉、亚杉等针叶树粗大笔直。每当风起，千枝摆动，林涛震荡山谷，几十里外都可听到阵阵轰鸣。

随着城市化的发展，台湾林业突出了森林的多种服务功能，特别是保障生态安全和提供休闲游憩功能，正在向以生态功能为主，兼顾景观、经济、文化等多种功能的方向发展，以服务于城乡居民的多种需求，其中城市林业是其重要的发展方向之一。台湾是我国最早引入城市森林概念的地区,重视城市周边地区森林资源的保护和景观资源的开发利用,注重城乡一体的森林生态体系建设,其城市森林(都市森林)主要包括庭院木、行道树、都市绿化造林以及都市范围内的风景林与水源涵养林。至今,台湾的城市林业已形成环境绿化、林业生产、生态保育、森林游乐、自然教育、民众保健等多元化的可持续发展模式。①

2. 福建省的畜牧业资源及产生废料情况

福建有丰富的畜禽品种资源,传统畜禽品种有:三大系传统猪种:华南小耳猪系,槐猪为其典型代表,分布于闽西南至闽南一带;华中型系,武夷黑猪为其代表,分布于武夷山脉地带;江海型系,福州黑猪为其典型代表。牛:闽南黄牛、福安水牛。家禽:河田鸡(主产于长汀、上杭)、白绒乌骨鸡(分布于东南部)、金定鸭(分布于东南临海)、山麻鸭(主产于龙岩)、莆田黑鸭、连城白鸭、番鸭(主产于古田、福州市郊和龙海等地)、长乐灰鹅、闽北白鹅等。其中,槐猪、金定鸭、连城白鸭、莆田黑鸭、丝绒(白羽)乌骨鸡、中国(漳州)斗鸡被农业部确定为国家重点保护名录。② 在养殖业不断发展的过程中,禽畜的粪便和加工废弃物成为环境污染的重要源头之一,这使得福建省局部流域、主要湖泊及过境河段均出现不同程度的富营养化,对水体、土壤及居民健康都造成不良影响。因此,对禽畜粪便和加工废弃物的处理及利用,成为如今福建省环境保护的重点目标之一。

(1)台湾畜牧业资源及产生废料情况

台湾畜牧业大致可分为家畜业与家禽业两大类。家畜以养猪业、养牛业为主,近年来,养猪业趋向地区集中化及大型化,产值在畜牧业中所占比重一直较高,排位第一;家禽业以鸡、鸭、火鸡、鹅的饲养为主。养鸡业和养鸭业都向专业化大规模经营方向发展。

(2)闽台畜牧业废料开发新能源的可行性分析

实际上,禽畜的粪便不但可作为粪肥加以利用,还可通过收集发酵处理产生沼气,是生产沼气的理想原料。可作为气态燃料对农村生活、工业进行

---

① 古琳,王成:《中国香港和台湾城市森林发展的经验与启示》,《世界林业研究》,2012.25(3)50－54 页。

② 福建省农业资源区划委员会办公室:《福建省农业资源报告(1996—2000》,2001年 11 月,第 3 页。

供暖供电,解决农村能源紧缺的问题。在台湾,禽畜废水及粪便的收集处理利用已达到一定规模,通过加入少量农林废弃物,如稻壳等,进行发酵处理,制造沼气,达到供暖供电的目的。

3. 闽台渔业废料开发新能源的可行性分析

(1)福建省渔业资源及产生废料情况

福建省大陆海岸线长度为 3752 千米,居全国第一位,渔业水域资源丰富,开发利用潜力巨大。海洋渔场面积为 12.51 万平方千米,水深 200 米以内的海洋渔场面积为 12.51 万平方千米,占全国海洋渔场面积的 4.5%。渔业废料主要存在于加工行业,如加工剩余的各类鱼脂、鱼鳞、贝壳及边角料等。

(2)台湾渔业资源及产生废料情况

台湾地貌复杂,四面环海,呈东北向西南走向,北通东海,南接南海,是太平洋地区各国海上联系的重要交通枢纽。充沛的雨量给岛上的河流发育创造了良好的条件,独流入海的大小河川达 608 条,且水势湍急,多瀑布,水力资源极为丰富。其中长度超过 100 千米以上的河流有浊水溪(186.4 千米)、高屏溪(170.9 千米)、淡水河(158.7 千米),大甲溪(140.3 千米)、曾文溪(138.5 千米)、乌溪(116.8 千米)。加上西部沿海为和缓平坦的大陆架,有大陆海流、黑潮等交汇,地处寒暖流交界,水产资源丰富,为渔业的发展奠定了良好的基础。同时由于众多河流的注入,其水中携带着丰富的有机质和营养盐类,饵料充足,是鱼类产卵、繁殖、洄游的理想场所。台湾海域的鱼类品种繁多,至少 500 种以上,有较高经济价值的就有 100 种,主要有金枪鱼、鲣鱼、虱目鱼、鲻鱼、鲨鱼、沙丁鱼、鲳鱼、乌鱼、旗鱼等。[①] 台湾渔业分为远洋渔业、近海渔业、沿岸渔业和养殖渔业。由于陆上水土资源使用压力渐长,预计其养殖渔业将逐渐萎缩。随着近年来台湾当局对近海和沿岸资源的保护措施不断增加,预计其近海渔业和沿岸渔业的发展仍有一定的潜力。而远洋渔业产值是其海洋经济中占有比值最大的一部分。

(3)闽台渔业废料开发新能源的可行性分析

福建和台湾都是渔业资源丰富地区,捕捞作业的渔船能耗较高,在优化船型、捕捞器具及动力系统的前提下,采用多种能源相结合的方式推动渔船作业,可大大降低其能耗及对环境的污染。同时应对渔场养殖投食进行有

---

① 袁成毅,钱志坤:《1949 年以前的台湾》,浙江,浙江大学出版社 2006 年版。转摘于百度文库《台湾农产品在大陆的销售问题研究》。

效控制,目前大多依靠经验确定饲料量及其组成,养殖对象对饲料吸收率不高,造成排泄量增加,或投放饲料未被完全食用,这些都加剧了水体的富营养化。研究表明,运用精确投喂技术与经验定量投喂相比,可节省 20% ~ 30% 的饲料用量,并减少养殖排放 30% 以上。[①] 海带、海藻中含有大量有用物质,如多种不饱和脂肪酸、膳食纤维等,可进一步加工处理,提高海产品的经济效益。并且,特殊的海藻品种还可进行生物柴油的制取。由此建议在远洋捕捞的过程中,采用新型节能技术,在近海渔业和沿岸渔业中提高其渔业加工剩余物资的利用,增加新能源开发在渔业所占的比例,提高渔业加工的附加值。

4. 闽台农业废料开发新能源的可行性分析

据本课题组的学术梳理与实地调查,闽台地区农业废料开发新能源的可行性分析如下:

(1)福建农业资源及产生废料情况

福建省有农业耕地 1.23 万平方千米,主要集中在沿海平原、沿河流域、山间谷地与低丘陵地带。福建省主要农产品以水稻、花生、甘蔗、茶叶、龙眼、荔枝、柑橘等为主,农产品种类繁多,而且数量较大。这些农产品经加工后会产生相应的废弃物。其中农作物秸秆资源是指农作物在收割或后期加工过程中产生的有机物资源,包括作物的茎、叶、枝、壳等,并不对粮食安全构成威胁。由于目前对这些废弃物的处置力度不够,尚未有效利用起这些废弃物,造成了大量生物质资源的浪费。在表 6-1 中介绍了福建省农业废料资源量的具体情况。

表 6-1 福建省农业废弃物资源量(万吨)[②]

资料类别	实物量	折标煤
农作物秸秆(用作能源部分)	345	172
农产品加工副产品	285	184
其中:稻壳	250	161

例如,就稻壳而言,福建省每年废弃的稻壳量达到 250 万吨,同样,以花生为例,福建省花生主要种植在闽东南沿海一带,一年可种两季花生。主产

① 袁成毅,钱志坤:《1949 年以前的台湾》,浙江,浙江大学出版社 2006 年版。转摘于百度文库论文《台湾农产品在大陆的销售问题研究》。

② 郑宗明:《福建省生物质发电特点和发展趋势》,上海节能,2010:(05)18 – 19。

县有晋江、惠安、同安、莆田、福清等,种植面积较大的有霞浦、平和、永定、龙岩,常年在 1 ~ 2 万亩;其他各县,一般为 2000 ~ 3000 亩。福建省主要年份花生总产量和单位播种面积产量见表 2。从表 2 可看出,福建省花生产量呈逐年递增趋势。有资料显示,花生壳的产量是花生果产值的 30% 左右,每 1 吨花生可以产生花生壳约 300 千克,近几年福建省花生壳数量估算见表 6 - 2。总体而言,福建省花生壳数量呈上升趋势。目前,花生壳除少数用于制作饲料,提取物用于食品加工,70% ~ 80% 都没有得到合理利用,一般被废弃。

表 6-2 福建省主要年份花生总产量、单位播种面积产量及花生壳估算产量

年份	单产量 (千克/亩)	总产量 (万吨)	花生壳估算产量 (万吨)
2005	158	25.47	7.64
2006	157	25.01	7.50
2007	161	21.91	6.57
2008	166	23.95	7.19
2009	167	24.62	7.39
2010	168	25.03	7.51

(2)台湾农业资源及产生废料情况

台湾的主要农作物为稻、麦、豆、薯、花生等。水稻一直是台湾的主要农作物。历史上,台湾有"米仓"之称。稻谷一年两熟、三熟。台湾盛产的"蓬莱米"名闻遐迩,不仅香软可口,米白如雪,颗粒饱满,而且产量高。稻谷产量占粮食总产量的 60% 以上,经济作物中甘蔗、香茅草、烟草、茶占重要地位,其中甘蔗最为重要。台湾是我国最大的甘蔗糖出产地,制糖业发达,素有"糖库"之称。台湾对甘蔗渣的利用技术较为成熟,台糖公司目前利用蔗渣发电约为 61MW。同时台湾盛产各类水果,加工出口成为当地的一大经济支柱。

(3)闽台农业废料开发新能源的可行性分析

福建省和台湾的农业产量都不算高,但可加以利用的废弃物种类较多,如秸秆、稻壳、花生壳、甘蔗渣等纤维较高的物料可制成固体燃料。例如,稻壳进行回收资源化,并制成生物质固体成型燃料,其燃烧的热效率相当于中质烟煤。表 1 中的稻壳量可为福建省每年提供相当于 161 万吨煤的清洁能源,不但缓解了福建地区对外能源的高度依赖情况,还可减少二氧化碳等温室气体的排放。以花生壳为例,就 2010 年来看,若将花生壳简单压制成生物质固体燃料,其燃烧产生的热量相当于 4.83 万吨标准煤。而含糖及淀粉较高的废弃果皮及边角料等则可进行发酵处理,从中获取沼气或进一步制成液态燃料。

福建与台湾地理位置上相邻,其传统能源储藏量也较为接近,皆为传统能源较匮乏地区。但适宜的气候条件为其带来了丰富的物质生产资源。因此,全面利用新能源,提高农林牧渔产业的附加值,成为具有重要实际意义的举措。

第三节　闽台物质生产传统文化遗产
开发引发的问题与思考

在我国,文化遗产保护是为了更好地传承和利用。闽台物质生产传统文化遗产早在 10 年前就已陆续被开发。有的地方被列为古文化村后,便被纳入古村落的开发序列之中,如武夷山下梅村,整体开发后,门票 60 元。据武夷山景区管委会负责人介绍,下梅村是他们扶持地方农村旅游开发做得最成功的典型。每年分配到村的收入有 200 万左右。从表象上看,这个开发真为百姓做了件好事。但据课题组实地调查,一年到头,分到户的股份,一股只有十几元,许多人对此很有看法,有的人家为此关上自家的大门,不让旅客参观;有的人家位置好,全家开店做生意,农田和茶山包给别人做,久而久之,年轻人不知道传统的技术与经验为何物。在崇武古城,门票只对公园负责,古城居民至今仍生活困难,旅游公司没有对古城做过什么旅游规划、建设之类的工作,古城的民俗文化产权没有得到任何保障和合理开发。在龙岩罗城县罗坊乡,最热闹的传统正月十五"走古事",近年也演变成表演性的活动。2012 年正月十五的"走古事"就是有关部门拿钱请村民"走古事",一棚 1 万元。当地乡政府对本地珍贵的物质生产文化遗产的抢救与保护研究似乎不感兴趣,只对新闻记者感兴趣。课题组在此采访就曾遭到难堪的对待。如此种种,课题组在完成两年多的考察任务后,从非物质文化遗产全新的角度来分析、研究现今闽台都面临的农业转型改制下的文化遗产保护与利用问题,经过分析和研究,认为以下几点是闽台地区当务之急需要调研解决的,应该引起政府和相关部门的重视。

1. 农村土楼旅游文化产业开发与空楼现象;
2. 物质生产技术经验文化遗产的村民文化资源产权价值评估;
3. 还耕后土地再开发的价值取向及地方政府行为;

4. 台湾农村民俗文化进博物馆的趋势问题；

5. 福建乡镇政府文化遗产意识与政府办节的行为作用问题；

6. 福建畲族民族文化旅游产业开发,传统文化元素归原问题；

7. 福建农业民俗文化遗产安全及开发商与"原住民"文化产权与利益分配矛盾；

8. 闽北农村原始宗教与外来宗教拉拢信民引申的政治人类学现象；

9. 闽东渔业旅游景区县乡村三级政府职能部门职责、权明晰及景区村民的环境资源产权归原问题；

10. 福建申遗成功后的非物质文化遗产保护问题；

11. 闽南农业大文化、大产业开发的产业链问题；

12. 闽台物质生产历史民俗生产性开发文化安全问题。

总之,闽台物质生产传统文化遗产的保护需要政府和全民的文化自觉。文化自觉是指人们对某种文化的认同和接受,并且自觉自愿地受其制约、为其自觉地进行传播与传承。民族文化自觉,则是更小范围地针对本民族或对某个少数民族的文化进行自觉的参与、维护、抢救、传播与传承。"只有民族的才是世界的",这是多年来人们最常引用的理论观点。我们不论从口头与非物质文化遗产抢救和保护的理论来提示文化自觉的重要性,还是按国际微观经济学"稀缺性"的核心理论来论证一个民族地区经济发展的文化品牌重要性,都离不开本民族的文化独特性。

一个民族的文化传承与文化自觉,关键就在"自觉"上。如何让人们在享受现代化信息社会带给人们生活方便的同时,又不丢掉本民族文化特色?这是一个政府和学者及爱国家、爱民族的人们都在关心的问题。最有效的途径,就是在社会经济发展日新月异、社会转型的这一非常时期,政府从思想上、道德上尊重民俗文化,珍惜文化遗产资源,造福人民。让"民族文化自觉"意识走进各地的大、中、小学,如台湾南投县仁爱乡仁爱中学,让学生们从行为意识认识到本民族的文化是民族的灵魂和符号,是本民族的标志。这样他们才会自觉地参与到社区的民族文化保护与抢救的队列中。

文献资料

1. 吴田泉：《台湾农业史》，自立晚报社文化出版部 1993 年版；

2. 卢美松、陈龙：《闽台先民文化探源》，福建人民出版社 2003 年版；

3. 王崧兴：《龟山岛——汉人渔村社会之研究》，台湾"中   院"民族学研究所 1999 年二版；

4. 福建省地方志编纂委员会：《福建省志·林业志   6 年版；

5. 福建省地方志编纂委员会：《福建省志·水产志》，方   95 年版；

6. 福建省地方志编纂委员会：《福建省志·民俗志》，方志出版社 1997 年版；

7. 郭志超：《闽台民族史辨》，黄山书社 2006 年版；

8. 施伟青、徐泓主编：《闽南区域发展史》，福建人民出版社 2007 年版；

9. 台湾彰化县北斗镇公所：《北斗镇志》，北斗镇公所出版社 1997 年版；

10. 福建省地方志编纂委员会：《福建省志·概述》，方志出版社 1997 年版；

11. 福建省政府办公厅：《中国福建》，http://www. fujian. gov. cn/photo/tpxj/lscs/

12. 江西省水利厅：《水利常识——台湾水资源》，2006 年 9 月 13 日；

13. 龙玉柱主编：《漳州史前文化》，福建人民出版社 1991 年版；

14. 福建论坛：《建国以来的福建考古成就》，http://bbs. 66163. com/thread－656423－1－1. html

15. 游修龄、曾雄生：《中国稻作文化史》，上海人民出版社 2010 年版；

16. 福建东南新闻网：《昙石山文化遗址》，2009 年 3 月 16 日；

17. [美]毕腓力著，何丙仲译：《厦门纵横》(In And About Amoy)，厦门大学出版社 2009 年版；

18. 袁成毅,钱志坤:《1949 年以前的台湾》,浙江大学出版社 2006 年版;

19. 蔡清毅:《从云霄民俗管窥闽南文化的多元复合性》,载《厦门理工学院学报》2012 年第 2 期;

20. 木尾原通好:《台湾农民的生活节俗》,台原出版社 1989 年版;

21. 周玺:《彰化县志》第 300 页,转摘张哲郎总编,《北斗镇志·第一章 北斗的先居民》,北斗镇公所 1997 年版;

22. 余文仪:《续修台湾府志》,乾隆二十五年,南投市台湾省文献会 1995 年重刊;

23. 松岗格:《日本稻作文化对台湾的影响》,人类学民族学第 16 届世界联合会昆明会议论文,2009 年 8 月

24. 泉州海外交通史博物馆:《福建丰州狮子山新石器遗址》,载《考古》1961 年第 2 期;

25. 司马迁:《史记》,中华书局 1982 年版;

26. 徐起浩:《福建东山县大帽山发现新石器贝丘遗址》,载《考古》1988 年第 2 期;

27. 黄瑶瑛:《福建晋江沙丘遗址原始人或为太平洋岛土著祖先》,中国新闻网,2007 年 7 月 29 日;

28. 郑金星、陈龙:《福建闽侯白沙溪头新石器时代遗址第一次发掘简报》,载《考古》1980 年第 4 期;

29. 黄丙煌:《后龙镇志》,苗栗县后龙镇公所 2002 年版;

30. 丹山市赴台渔业考察组:《台湾渔业考察报告》,载《舟山渔业》2009 年第 6 期

31. 龙溪县水利局:《龙溪地区渔业资源调查区划报告》,内部印刷品,1985 年;

32. 孟幸妃:《生物科学史·第三阶段报告》,台湾生物科技研究所,硕一学生 L66934039;

33. 台湾"行政院"公报:《农业环保篇》第 018 卷第 201 期;

34. 廖原:《出土木质文物保护加固剂初探》,载《文物与考古》2002 年第 2 期;

35.《太平御览》第 780 卷;

36.(宋)王象之:《与地纪胜》,中华书局 1992 年版;

37.(唐)刘禹锡:《刘宾客文集(卷三)》,商务印书馆 1935 年;

38. [台]"交通部"观光局东海岸国家风景管理处编:《寻觅新天地于山海间——东海岸族群故事》之《李玉芬:东海岸的族群——登场》,2009年版;

39. 林江珠:《对台湾政府保护原居民历史文化资源的田野观察与反思》,2012年10月21日"海峡两岸文化遗产高峰论坛"论文,厦门理工学院、厦门市社科联等主办;

40. 何丙仲编纂:《厦门碑志汇编》,中国广播电视出版社2004年版;

41. 陈益源:《台湾民间文学采录》,里仁书局1999年版;

42. (北魏)郦道元著,易洪川,李伟译:《水经注》卷四《浙江水》,重庆出版社2008年版;

43. 南平市文化广电新闻出版局:《延平蛙崇拜民俗》,2012年5月14日稿,南平樟湖镇文化馆摘;

44. 林国平:《闽台民间信仰源流》,福建人民出版社2003年版;

45. 钟毅峰:《厦门港疍民生计方式及民间信仰》,载《中国社会经济史研究》,2007年第1期;

46. 陈复授:《海洋文化的一朵奇葩——厦门渔民旧时习俗考略》,厦门市社会科学界联合会编《迈向21世纪海洋新时代——厦门海洋社会经济文化发展国际学术研讨会论文选》;

47. 林金榜:《湄洲妈祖庙祭典》,福建省非物质文化遗产保护名录第一批申报材料,民俗代码:NO:14;

48. 连心豪、郑志明主编:《闽南民间信仰》,福建人民出版社2008年版;

49. (宋)高承:《事物纪原》新一版第三册,中华书局1985年版;

50. [日]铃木清一郎著中,冯作民译:《台湾旧惯习俗信仰》,(台)众文图书公司2000年增订版;

51. 余文仪:《续修台湾府志》,乾隆二十五年,南投市台湾省文献会,1994年重刊;

52. 将乐县民间文学集成编委会:《中国民间故事集成·福建卷·将乐县分卷》,1991年版;

53. 古琳王成:中国香港和台湾城市森林发展的经验与启示,载《世界林业研究》,2012 25(3)50-54;

54. 王涛:中国主要生物质燃料油木本能源植物资源概况与展望[J]科技导报,2005,23(5):12-14;

55. 杨乐夫,蔡俊修:福建林业资源开发应用的新思考[J]福建林业科

技,2006,33(1):102 - 104;

56.福建省农业资源区划委员会办公室:《福建省农业资源报告 1996 -
2000》,2001 年 11 月;

57.刘芝凤:《中国稻作文化概论》,人民出版社 2013 年版。

附　录

一、闽台物质生产文化遗产调查报告目录

调查报告名称	调查人	调查地点
漳浦县杜浔镇物质生产民俗调查报告	朱秀梅、田楠、曾丽莉、唐文瑶、王煌彬	漳浦县杜浔镇
漳州市云霄县东厦镇东坑村物质生产民俗调查报告	林江珠	漳州市云霄县东厦镇东坑村
漳州云霄县渔业民俗调查报告	王文静、黄雅芬	漳州市云霄县礁美村、高塘村
漳州市云霄县列屿镇油车村物质生产民俗调查报告	王煌彬、池荣秀	漳州市云霄县列屿镇油车村
漳浦县杜浔镇文卿村物质生产民俗调查报告	王美琴	漳浦县杜浔镇文卿村
漳州市云霄县列屿镇油车村物质生产民俗调查报告	黄雅芬	漳州市云霄县列屿镇油车村
漳州市云霄县物质生产习俗考察报告	黄雅芬	
漳州市云霄县列屿镇南山村物质生产民俗调查报告	黄雅芬	漳州市云霄县列屿镇南山村
漳州市云霄县列屿镇后安村物质生产民俗调查报告	黄雅芬、卓小婷	漳州市云霄县列屿镇后安村
漳州市云霄县列屿镇人家村物质生产民俗调查报告	黄雅芬、卓小婷	漳州市云霄县列屿镇人家村
漳州市华安县沙建镇岱山村农业考察报告	康莹	漳州市华安县沙建镇岱山村
漳州市华安县仙都镇物质生产习俗考察报告	康莹	漳州市华安县仙都镇大地村
安溪县剑斗镇红星村调查报告	王煌彬	安溪县剑斗镇红星村

龙岩市长汀县童坊镇彭坊村物质生产习俗调查报告调查报告	黄雅芬、卓小婷	龙岩市长汀县童坊镇彭坊村
龙岩市连城县物质生产调查报告	黄雅芬、卓小婷	龙岩市连城县
龙岩市坎市镇物质生产习俗调查报告	李琦	龙岩市坎市镇
龙岩市长汀县童坊镇举河物质生产习俗调查报告	刘芝凤、陈燕婷、林婉娇、王煌彬、朱秀梅	龙岩市长汀县童坊镇举河村
厦门市翔安区物质生产民俗调查报告	季玉清	厦门市翔安区
厦门市同安莲花镇道地自然村物质生产习俗考察报告	伊水财	厦门市同安莲花镇
厦门市集美区后溪乡英村物质生产习俗调查报告	雷婉聪	厦门市集美区后溪乡英村
泉州石狮市永宁镇梅林村渔业调查报告	郑慰琳、王煌彬、朱秀梅	泉州石狮市永宁镇梅林村
泉州市安溪县湖头镇物质生产习俗调查报告	刘少郎	安溪县湖头镇
福州市平潭县流水镇东美村渔业调查报告	刘芝凤、曾晓萍	福州市平潭县流水镇东美村
南平市浦城县富岭镇双同村、圳边村物质生产习俗调查报告	刘芝凤、刘少郎、林婉娇	南平市浦城县富岭镇双同村、圳边村
宁德市屏南县双溪镇物质生产习俗调查报告	刘芝凤、王煌彬、刘少郎、朱秀梅	宁德市屏南县双溪镇
永春县岵山镇塘溪村物质生产习俗调查报告	刘少郎、王煌彬、黄辉海、林婉娇	永春县岵山镇塘溪村
安溪县湖头镇物质生产习俗调查报告	刘少郎,康家宝	安溪县湖头镇
三明市将乐县良地村余家坪物质生产习俗调查报告	刘芝凤、刘少郎、黄辉海、林婉娇	三明市将乐县良地村余家坪
宁德市屏南县棠口乡漈头村物质生产习俗调查报告	刘芝凤、刘少郎、林婉娇	宁德市屏南县棠口乡漈头村
泉州石狮市永宁镇梅林村渔业调查报告	郑慰琳	泉州石狮市永宁镇
南平市浦城县物质生产习俗调查报告	陈春香	南平市浦城县
莆田市仙游县盖尾镇前连村物质生产习俗调查报告	刘少郎、陈春香	莆田市仙游县盖尾镇前连村

泉州石狮市永宁镇梅林村渔业调查报告	郑慰琳、王煌彬、朱秀梅	石狮市永宁镇梅林村
江西万年县稻作之源调查报告	徐苏	江西万年县
三明市将乐县龙栖山余家坪概况及林业调查报告	曾晓萍	三明市将乐县
台湾物质生产习俗调查笔录	蔡清毅	台湾
金门陈坑渔业民俗的旅游开发调查与思考	吴应其	金门陈坑
厦门港的发祥地玉沙坡考	彭一万	厦门玉沙坡
龙岩市长汀县、连城县物质生产调查报告	黄雅芬等	龙岩市长汀县、连城县

二、闽台农林渔业生产资源调查采访对象基本信息

姓名	性别	年龄	民族	学历	职业	住址
施庆文	男	50岁	汉族	小学	农民	云霄县陈岱乡礁美村15组
施振成	男	79岁	汉族	小学	渔民	云霄县陈岱乡礁美村15组
郑丽婷	女	23岁	汉族	初中	茶叶	云霄县蒲美镇高塘村
方群达	男	66岁			云霄县文物保护协会副会长、文史专家、文化学者	
洪两全	男	60岁			杜浔镇正阳村村委书记,任职12年	
吴跃南	男	39岁			杜浔镇文化站长,当地人	
邱紫梅	男	75岁			杜浔镇文卿村村民,农民,三代同堂,世代种田	
邱和睦	男	72岁			杜浔镇文卿村村民	
刘玉阮	女	54岁				杜浔镇杜昌路

姓名	性别	年龄	民族	学历	职业	住址
卢乌人	男	70 岁			前村委干部(30 多年)	杜浔镇范阳村下路
洪天生	男	66 岁			原正阳村村委书记	
邱昆山	男				文卿村支委	
邱志权	男	43 岁			雇工	
邱木礼	男	84 岁			就近的镇党委书记,已退休 20 年	
邱耀海	男	69 岁			关帝君庙住持,已有 24 ~ 25 代住在文卿村	
李仕德	男	59 岁	汉族	小学	农民	浦城县富岭镇双同村
吴 平	男	66 岁	汉族		农民	南平市富岭镇马家村
卢岩有	男	38 岁	汉族	高中		富岭镇圳边村小际片区
黄布锯	男	74 岁	汉族	小学		农民
张书岩	男	64 岁	汉族	师范学校毕业	退休干部	
孙玉庭	男	78 岁				江西省万年县大源镇河西村 5 组
孙登庭	男	84 岁				江西省万年县大源镇河西村 5 组
刘火根	男	61 岁				江西省万年县大源镇河西村 5 组
孙辉光	男	30 岁				江西省万年县大源镇河西村 5 组
卢泉章	男	72 岁	汉族	高中学历	原坎市街社区书记	
高 串	女	84 岁			农民	福建省厦门市同安区莲花镇小坪村道地自然村
许 云	女	62 岁		没上过学		安溪县湖头镇湖二村旧衙一号

姓名	性别	年龄	民族	学历	职业	住址
易金泉	男	62 岁		小学学历	做媒、帮工,已退休	住在魁斗村
易其南	男	60 岁		小学学历	杂工	魁斗村
李清黎	男	61 岁		高中学历	安溪县湖头镇湖二村村书记	湖二村同德路
李建成	男	41 岁			安溪县湖头镇福寿村村长	
李建金	男	43 岁				安溪县湖头镇福寿村 2 组
陈　英		41 岁				安溪县湖头镇福寿村 2 组
苏　勤		70 岁				安溪县湖头镇福寿村 2 组
李仕德	男	59 岁	汉族	小学学历	农民	浦城县富岭镇双同村
吴　平	男	66 岁	汉族		农民	南平市浦城县富岭镇马家村一组
卢岩有	男	38 岁	汉族	高中学历		浦城县富岭镇圳边村小际片区
陆修干	男	73 岁		小学学历	曾任当地派出所调解员	屏南县环南路
黄玉兰	女	73 岁	汉族	没上过学	农民	屏南县双溪村
张元琼	女	25 岁	汉族	高中学历	务农	屏南县东路
连富春	男	76 岁	汉族	初中	农民	福建省莆田市盖尾镇前连村 19 组
王炳锦	男	61 岁		初中	村干部	福建省莆田市盖尾镇前连村 11 组
林春兰	女	53 岁		没上过学	农民	福建省莆田市盖尾镇前连村 11 组
傅丽清	女	47 岁		小学学历	农民	福建省莆田市盖尾镇前连村 11 组
凌宗文	男	75 岁	汉族	小学		莆田市仙游县盖尾镇仙华村 1 组

姓名	性别	年龄	民族	学历	职业	住址
梁小凤	女	47 岁		小学	农民	三明市将乐县万全乡良地村
梁起泉	男	73 岁	汉族		农民	三明市将乐县万全乡良地村
余宋銮	男	72 岁		没上过学	良地村原书记	
王胜福	男	42 岁	汉族		农民	福建省武夷山市下梅村
陈金树	男	55 岁		小学学历	村长	福建省永春县岵山镇塘溪村第十组
陈培植	男	57 岁			永春县第六中学教师	
郭丽钟		59 岁			农民	
郭户启		67 岁				华安县沙建镇上平岱山村
汤顺义		50 岁			漳州市华安县仙都镇云山村书记	在仙都居住了 30 代人
汤海洋					村长	漳州市华安县仙都镇云山村,在仙都居住 20 代人
汤地发		68 岁			茶农	漳州市华安县仙都镇云山村宫仔洋
蒋承强		63 岁				漳州市华安县大地村,第二十四代人,居住在二宜楼内
蒋跃进		62 岁		初中学历		漳州市华安县大地村,居住在二宜楼内
李育群		50 岁		小学学历	医生	石狮市永宁镇梅林村东一区
余长华	男	60 岁		没上过学	务农	家住书林门附近
张潭生	男	61 岁				建阳市书坊乡书坊村五组新街

姓名	性别	年龄	民族	学历	职业	住址
钟福团	男	73 岁	畲族	读过私塾		厦门市湖里区钟宅村 6 组
钟天赐	男	62 岁	畲族	小学学历		厦门市湖里区钟宅村 1 组
钟天补	男	71 岁	畲族	小学学历		厦门市湖里区钟宅村 1 组
钟国滨	男	70 岁	畲族			厦门市湖里区钟宅村
王积棉	男	86 岁	汉族		农民	安溪县剑斗镇红星村 11 组
王清国	男	50 岁	汉族		农民	安溪县剑斗镇红星村 11 组
施如山	男	70 岁		中专学历	机器维修工	漳州市云霄县礁美村
许秀菊		74 岁			农民	福建省漳州市云霄县高塘村
郑丽婷		23 岁		初中学历	茶叶销售	福建省漳州市云霄县高塘村
高淑武	男	83 岁	汉族	小学学历	渔民	福州市平潭县流水镇东美村
高桂富	男	57 岁	汉族	高中学历	干部	福州市平潭县流水镇东美村
高福生	男	62 岁	汉族	小学学历	渔民	福州市平潭县流水镇东美村
高传禄	男	55 岁	汉族	高中学历	村书记	福州市平潭县流水镇东美村
高桂情	男	56 岁	汉族	高中学历	村长	福州市平潭县流水镇东美村
郑光华	男	71 岁	汉族	小学学历	渔民	福州市平潭县流水镇
胡如春	男	80 岁			教师	长汀县童坊镇举河村
胡龙杨	男	73 岁				长汀县童坊镇举河村
胡如泉	男	42 岁			经商	长汀县童坊镇举河村
刘正纲	男	72 岁			村干部	长汀县童坊镇举河村
林启芳	男	42 岁			乐队成员	长汀县童坊镇举河村

姓名	性别	年龄	民族	学历	职业	住址
曹春莲	女	74 岁			农民	长汀县童坊镇举河村
陈 洲	男	49 岁				长汀县童坊镇举河村
胡如火	男	53 岁				长汀县童坊镇举河村
陈 辉	男	23 岁		学生		长汀县童坊镇举河村
陈启福	男	53 岁				长汀县童坊镇举河村
陈东升	男	23 岁		学生		长汀县童坊镇举河村
刘隆美	男	46 岁				长汀县童坊镇举河村
戴香香	女	39 岁				长汀县童坊镇举河村
戴如清	男	42 岁				长汀县童坊镇举河村
陈和标	男					长汀县童坊镇举河村
刘源章	男				农民	长汀县童坊镇举河村
刘书勇	男					长汀县童坊镇举河村
胡龙杨	男	73 岁				长汀县童坊镇举河村
胡王王	男					长汀县童坊镇举河村
陈启金	男	50 岁			农民	长汀县童坊镇举河村
胡如炎	男	74 岁			教师	长汀县童坊镇举河村湖上组
刘长斌	男	25 岁				长汀县童坊镇举河村
刘仰柳	男	65 岁			农民	长汀县南山镇朱坊村
曾李木	男	65 岁				长汀县童坊镇举河村河塘组
曾繁桂	男	54 岁				长汀县童坊镇举河村
曾 繁	男					长汀县童坊镇举河村河塘组
刘源章	男	56 岁		小学学历		龙岩市长汀县童坊镇举林村
罗二哩	女	53 岁		小学学历		龙岩市长汀县童坊镇举林村

姓名	性别	年龄	民族	学历	职业	住址
刘春美	男	63 岁		小学学历		龙岩市长汀县童坊镇举林村
刘经美	男	59 岁		高中学历		龙岩市长汀县童坊镇举林村
刘盛举	男	79 岁		读过私塾		龙岩市长汀县童坊镇举林村
刘书勇	男				村书记	龙岩市长汀县童坊镇举林村
刘长伟	男	52 岁		初中学历		龙岩市长汀县童坊镇举林村
吴二金	女	50 岁		小学学历		龙岩市长汀县童坊镇举林村
罗玉香	女	78 岁		没上过学		龙岩市长汀县童坊镇举林村
胡凤扬	男				小学退休校长	长汀县童坊镇举河村
彭慕喜	男	50 岁			农民	龙岩市长汀县童坊镇彭坊村上街组
彭怀桂	男	72 岁			农民	龙岩市长汀县童坊镇彭坊村
彭华轮		45 岁			农民	龙岩市长汀县童坊镇彭坊村
胡燊基		69 岁			小学退休校长	龙岩市长汀县童坊镇彭坊村
张廷玉		60 岁			小学教师、村干部	龙岩市长汀县童坊镇彭坊村
彭华生	男	54 岁				龙岩市长汀县童坊镇彭坊村中街组
彭怀权	男	72 岁				龙岩市长汀县童坊镇彭坊村上街组
彭择权	男	51 岁		高中学历		龙岩市长汀县童坊镇彭坊村
胡长金	女	50 岁				龙岩市长汀县童坊镇彭坊村
曾水莲	女	63 岁				龙岩市长汀县童坊镇彭坊村

姓名	性别	年龄	民族	学历	职业	住址
张五莲	女	68 岁				龙岩市长汀县童坊镇彭坊村
张冬菊	女	38 岁		初中		龙岩市长汀县童坊镇彭坊村
罗炳学	男	60 岁			退休教师	龙岩市连城县罗坊乡罗坊村
罗竹安	男	73 岁			退休教师	龙岩市连城县罗坊乡罗坊村
罗理事	男	76 岁			文馆会员	龙岩市连城县罗坊乡罗坊村
罗定太	男	80 岁			退休医生	龙岩市连城县罗坊乡罗坊村
罗益和	男	74 岁			农民	龙岩市连城县罗坊乡罗坊村
罗志鸣	男	52 岁			农民	龙岩市连城县罗坊乡罗坊村
罗福太	男	85 岁			农民	龙岩市连城县罗坊乡罗坊村
罗洪涛	男	53 岁			农民	龙岩市连城县罗坊乡罗坊村
罗水发	女	24 岁			农民	龙岩市连城县罗坊乡罗坊村
魏子英	女	36 岁			农民	龙岩市连城县罗坊乡罗坊村
罗协升	男	82 岁			农民	龙岩市连城县罗坊乡罗坊村
蔡衍康		52 岁			工程水电工人	石狮市灵秀镇华山村
蔡文焕					石狮市灵秀镇华山村村长	华山村华北二区
洪两全	男	60 岁			村书记	漳浦县杜浔镇正阳村
吴跃南	男	39 岁			文化站站长	漳浦县杜浔镇
卢国宾	男	47 岁		初中学历		漳浦县杜浔镇范阳村

姓名	性别	年龄	民族	学历	职业	住址
邱云池	男	72 岁			周宝堂管理人	漳浦县杜浔镇文卿村
邱木礼	男	84 岁			原镇党委书记	漳浦县杜浔镇文卿村
邱福邻	男					漳浦县杜浔镇文卿村
邱和睦	男	78 岁			退休干部	漳浦县杜浔镇文卿村
邱惠平	男	57 岁			工人	漳浦县杜浔镇文卿村
洪俊民	男	67 岁		初中学历	祖传第四代风水师	漳浦县杜浔镇近城村人
李宪孙	男	46 岁		小学学历		南平市浦城县城关和平路
陆美玉	女	47 岁		小学学历		南平市浦城县莲堂镇莲堂村下莲堂莲胜路
万翠玉	女	90 岁		没上过学		南平市浦城县莲堂镇莲堂村下莲堂莲胜路
熊兴强	男	37 岁		初中		南平市浦城县水北镇陈源村
李桂英	女	57 岁		小学学历		南平市浦城县水北镇陈源村
廖二娣	女	87 岁	汉族			三明市将乐县万全乡良地村
江玉英	女	86 岁	汉族			三明市将乐县万全乡良地村
梁启瑭	男	76 岁				三明市将乐县万全乡良地村二组
杜赛清	女	82 岁	汉族			三明市将乐县白莲镇余家坪
廖二娣	女	87 岁	汉族			三明市将乐县万全乡良地村
吴友欧	男	72 岁	汉族			三明市将乐县白莲镇余家坪铁程街

后　记

　　《闽台农林渔业传统生产习俗文化遗产资源调查》系 2011—2013 年厦门市社会科学重大课题系列课题之一。本课题自 2011 年 5 月开始做田野调查以来,跟大组(总课题)一起,走访了福建省的 58 个县和台湾省 9 个县市,每个县平均走访 2 ~3 个乡镇,每个乡镇平均走访 2 ~6 个村。两年多来共动用了 40 多位学生和 5 位老师参加田野调查。

　　本课题的主要任务是对闽台地区农林渔业传统生产习俗产生的非物质文化遗产资源进行调查和分析,采取学术考察和田野考察相结合的方法。学术考察以闽台地区考古成果及历史文献、地方史志、族谱为考察对象,厘清闽台农林渔业生产习俗文化的渊源和演变过程。田野考察采取参与考察法、全面考察法和比较法,对闽台地区相同的习俗和不同的表现形式进行实地调查记录与比较分析。

　　因此本课题是一本学术梳理和田野调查紧密结合的新书,从民俗学的角度,对闽台地区农业、渔业、林业的生产经验与技术进行了从古至今系统的梳理和归类,薄弱环节和学术空白通过细致的田野调查来补充,这两者的紧密结合,使本书成为对闽台地区农林渔业非物质文化遗产进行系统调查分析的专著,具有鲜明的开拓性。

　　其次,本课题对历史文献和前人成果引用的个案进行了全面的考证和勘误,改正了一些以讹传讹的史料错误。比如描写"立春"习俗的史料,许多论文、著作中引用的文献是宋代高承《事物纪原》载:"周公始制立春土牛,盖出土牛以示农耕早晚。"正确的史记出自宋代高承的《事物纪原》之《礼记·月令》"出土牛以示农耕之早晚"等。

　　再次,本课题把调研的重点放在对闽台地区农业、渔业生产技术与经验的挖掘上,取得了可喜的成效。如对台湾的石沪生产技术与经验的发掘,通过当事人的现场考察,获得了调查的新资料。在渔业生产技术的调研中,课题组成员连续 20 多个小时跟踪渔船的回港和渔业加工,和衣睡在渔村办公室的桌、椅和地上,终于获得了珍贵的第一手资料。为获得台湾渔业民俗,课题组四赴台湾本岛,从西海岸走到东海岸,在台湾诸多专家、学者和相关部门的帮助下,满载而归。

本课题因时间和经费关系,调查地点有限,调查内容也不全面,只能从不同区域寻找不同典型示范区进行调研分析,留下一些遗憾,有待日后进行补充和完善。

总之,本课题能顺利地完成调研与写作任务,得益于全体师生的吃苦耐劳和勇为人先的精神。借此机会,向参加本课题田野调查的所有师生表示真挚的感谢;向台湾学者谢赐龙、廖德贤、车守同、高江孝怀和王建平先生表示衷心感谢,同时感谢台湾"中央研究院"民族所所长黄树民院士、刘石吉研究员;"国立"台东大学人文学院院长谢元富教授、许秀霞主任;高雄海洋科技大学蒋忠益主任、柳秀英副教授;台湾佛光大学黄东秋副教授、邵维球先生以及新竹县原民委、新北市乌来乡公所、花莲县光复乡马太鞍阿美部落、台东知本卑南部落、槟榔阿美部落、苗栗县赛夏部落、泰雅部落和布农部落等热情好客的各少数民族同胞的帮助。最后,向认真审改本书稿的上海社会科学院的王宏刚和张安巡两位研究员表示万分感谢。因为时间紧迫,王宏刚研究员带病通宵达旦、夜以继日地审改此稿,这种精神让课题组所有成员大为感动。

本书稿分工如下:第六章第二节由徐苏撰写,其余章节由刘芝凤撰写,王文静负责一稿校对和部分插图工作,台湾学者廖贤德负责课题组在台湾新竹、苗栗地区的向导和农业顾问工作,谢赐龙、高江孝怀、蒋忠益、柳秀英、黄东秋老师和邵维球先生随课题组在台湾所在地采访。终审改稿由刘芝凤教授负责。全书图片除署名的外,均由刘芝凤教授和学生拍摄。

对一个大课题来说,两年半的时间实在太短。因此,本课题难免有不足之处,敬请斧正。

本书所有调查报告资源,均由总主持人刘芝凤教授率领相关师生做田野调查所得。

刘芝凤

2013.4.18 初稿

2013.8.26 二稿

2013.9.05 三稿

2014.3.24 终稿

图书在版编目(CIP)数据

闽台农林渔业传统生产习俗文化遗产资源调查/刘芝凤等著. —厦门:厦门大学出版社,2014.5
(闽台历史民俗文化遗产资源调查)
ISBN 978-7-5615-4973-5

Ⅰ.①闽… Ⅱ.①刘… Ⅲ.①农业生产-风俗习惯-资源调查-福建省②农业生产-风俗习惯-资源调查-台湾省 Ⅳ.①K892.29

中国版本图书馆 CIP 数据核字(2014)第 076626 号

厦门大学出版社出版发行
(地址:厦门市软件园二期望海路 39 号 邮编:361008)
http://www.xmupress.com
xmup @ xmupress.com
厦门集大印刷厂印刷
2014 年 5 月第 1 版 2014 年 5 月第 1 次印刷
开本:720×1000 1/16 印张:20.25 插页:4
字数:363 千字 印数:1~4 000 册
定价:52.00 元
本书如有印装质量问题请直接寄承印厂调换